THÈSE
POUR LE DOCTORAT

PRÉSENTÉE

A LA FACULTÉ DE DROIT DE NANCY

PAR

Alfred-Marie-Victor CHRÉTIEN

de SEDAN (Ardennes)

L'acte public sur les matières ci-après sera présenté et soutenu le
Vendredi 7 Janvier 1881, à quatre heures du soir.

Président : M. Dubois, professeur,

Suffragants : MM. A. Lombard, Binet, } professeurs.
Garnier, Chavegrin, } agrégés.

Le Candidat répondra, en outre, aux questions qui lui seront faites sur les autres matières de l'enseignement.

NANCY

IMPRIMERIE G. CRÉPIN-LEBLOND, 14, GRAND'RUE (VILLE-VIEILLE).

1881.

FACULTÉ DE DROIT DE NANCY.

MM. Lederlin, I ✿, Doyen, Professeur de Droit romain (2ᵉ chaire), autorisé à faire le cours de Pandectes et Chargé du cours de Droit français étudié dans ses origines féodales et coutumières.

Jalabert, ✻, I ✿, Doyen honoraire.

Heimburger, ✻, I ✿, Ancien Professeur de la Faculté de Droit de Strasbourg, Professeur honoraire.

Lombard (A.), I ✿, Professeur de Droit commercial et Chargé du Cours de Droit des gens.

Liégeois, I ✿ Professeur de Droit administratif.

Dubois, I ✿, Professeur de Droit romain (1ʳᵉ chaire), et Chargé du cours d'Histoire du Droit.

Blondel, A ✿, Professeur de Code civil (2ᵉ chaire), et chargé du cours de Droit constitutionnel.

Binet, A ✿, Professeur de Code civil (3ᵉ chaire), et Chargé du cours de Droit civil approfondi dans ses rapports avec l'Enregistrement.

Lombard (Paul), Professeur de Code civil (1ʳᵉ chaire).

Garnier, Agrégé, Chargé du cours d'Economie politique.

May, Agrégé, Chargé du cours de Pandectes, autorisé à faire le cours de Droit Romain (2ᵉ chaire).

Chavegrin, Agrégé, Chargé du cours de Procédure civile.

Gardeil, Agrégé, Chargé du cours de Droit criminel.

Beauchet, Agrégé.

Lachasse, A ✿, Docteur en droit, secrétaire, agent comptable.

La Faculté n'entend ni approuver ni désapprouver les opinions particulières du Candidat. Le visa n'est donné qu'au point de vue de la morale et de l'ordre public. (Statut du 9 avril 1825, art. 81)

UNIVERSITÉ DE FRANCE. — ACADÉMIE DE NANCY.

THÈSE POUR LE DOCTORAT

PRÉSENTÉE

A LA FACULTÉ DE DROIT DE NANCY

DE LA

LETTRE DE CHANGE

EN DROIT INTERNATIONAL PRIVÉ

DE

L'acquisition du Droit de propriété sur les fruits naturels

DANS LA LÉGISLATION ROMAINE

PAR

Alfred-Marie-Victor CHRÉTIEN

AVOCAT

NANCY

TYPOGRAPHIE G. CRÉPIN-LEBLOND, 14, GRAND'RUE

1881

De l'acquisition du droit de propriété sur les fruits naturels dans la Législation romaine

INTRODUCTION

Je me propose de présenter dans cette étude l'exposé général de la doctrine des jurisconsultes romains en ce qui concerne l'acquisition des fruits naturels. A Rome, comme de nos jours, les questions relatives aux fruits étaient fréquentes. Principales souvent, elles manquaient rarement de se présenter comme accessoires, dans la plupart des contestations. Elles avaient alors d'autant plus d'importance que les démembrements de la propriété étaient plus nombreux qu'ils ne le sont aujourd'hui. L'emphytéose, la surperficie, se rencontraient alors aussi fréquemment que l'usufruit et l'usage : la distinction entre la propriété quiritaire et la propriété bonitaire était fondamentale. Or toutes ces divisions, cette dualité si fréquente de droits séparés en des mains différentes, et concourant sur la même chose, l'existence même des fonds provinciaux

1*

pour lesquels le droit de propriété individuelle n'était pas admis et se changeait nécessairement en un simple droit de jouissance, tout cela contribuait évidemment à donner à ce qu'on peut appeler la théorie des fruits une importance incontestable.

La situation n'est plus la même aujourd'hui. Si le droit d'usufruit se rencontre encore assez souvent dans la pratique, on n'en peut dire autant de l'usage ou de l'habitation ; l'existence particulière et distincte de l'emphytéose est mise en question. La loi restreint autant que possible les démembrements de la propriété; elle s'y oppose au nom de l'intérêt général. Les idées de centralisation règnent aussi bien en matière de droits individuels qu'en matière administrative, et la loi civile tend de plus en plus à concentrer dans une seule main la pleine disposition des choses. Néanmoins les difficultés soulevées par l'acquisition des fruits d'un bien quelconque se présentent souvent encore devant nos tribunaux ; et à ce titre l'étude de la législation romaine sur ce sujet n'est pas dépourvue de tout intérêt pratique puisque, dans bien des matières y relatives, elle a servi d'inspiratrice et de guide à nos législateurs.

CHAPITRE PREMIER

Ce qu'on entend par FRUCTUS en Droit romain. — Division des fruits

1. — Il est difficile de trouver dans les sources romaines, une définition générale et surtout complète de ce qu'on devait entendre par l'expression Fructus. La raison en est simple. Peu portés par nature aux abstractions, les Romains, peuple essentiellement pratique, n'éprouvaient aucun besoin de donner d'une façon générale la définition d'un terme qui, dans chaque circonstance particulière, avait pour eux une valeur parfaitement définie et ne soulevait aucun doute. Cependant, ce que n'ont pas fait les jurisconsultes de Rome, les interprètes modernes l'ont tenté et nous l'essaierons également dans la mesure de nos forces.

Dans son acception primitive, Fructus dut désigner ce qu'une chose produit, engendré par sa seule force naturelle, son produit en un mot, alors surtout qu'il répond à sa destination, n'altère pas sa substance et répond aux besoins de l'homme (1).

(1) Gluck, *Ausführliche Erlauterung der Pandeckten*, vol. VIII, p. 255. — Janke, *Der Fruchterwerb des b. f. p:*, p. 5. — Windscheid, *Lehrbuch des Pandecktenrechts*, vol. I, p. 432.

Cette idée semble bien se dégager de différents textes.

Instit. J, II, 1, 37.

L. 124 de verb. signif. (L. 16).

L. 77, eod.

Dans les sources anciennes l'expression glans est donnée comme synonyme de Fructus.

L. unic. 1 de glande legend. (XLIII, 28).

L. 236, 1, de V. Signif.

Dans ce sens primordial et restreint sont compris les fruits proprement dits des arbres, les récoltes tirées d'un fonds, ainsi que le croît des animaux domestiques, comme étant un des principaux avantages qu'on puisse tirer de ces derniers, vu les bénéfices réalisés par leur reproduction et leur multiplication.

L. 7, 9, Soluto. Matrim. (XXIV, 3).

Instit. II, 1, 37.

On y comprend la laine et le lait.

Inst. II, 5, 4.

L. 28, pr. de Usuris. (XXII, I).

L. 48, 2, de acquir. rer. dom. (XLI, I).

L. 12, 2, de Usu et hab. (VII, 8).

Lorsqu'une forêt a été aménagée pour une exploitation régulière, les coupes faites sont également considérées comme fruits de la forêt.

L. 10 de Usufr, (VII, I).

L. 48, 1, eod.

L. 7, 12. Solut. Matrim. (XXIV, 3).

C'est là une énumération plutôt exemplative que limitative des choses qui durent à l'origine être comptées parmi les fruits.

Plus tard le sens de l'expression fructus s'élargit. Sous cette dénomination, on comprit d'une façon beaucoup plus générale tous les avantages que l'homme pouvait retirer des choses même en les consommant. C'est ainsi que les pierres, le marbre, le sable tirés d'un fonds furent considérés comme rentrant dans la catégorie des fruits, alors surtout que l'exploitation était déjà ancienne (2).

L. 8, pr. Solut. matr. (XXIV, 3).

L. 9, 2 de usufruct. (VII, 1).

L. 13, 5, eod.

Les animaux sauvages dans les forêts et les montagnes, furent traités comme tels quand la chasse était le seul usage que l'on pût tirer du fonds.

L. 62, de usufr. (VII, 1.)

L. 26 de usuris (XXII, 1.)

Il en fut de même des services rendus par les esclaves.

L. 4 de op. ser. (VII, 7.)

On n'en peut dire autant du part de la femme esclave. Suivant Gaius

L. 21 de Usuris (XXII, 1.)

et Justinien,

Inst. II, 1, 37.

ce serait par respect pour la dignité humaine qu'on

---

(2) Cela fut admis d'autant plus facilement que les Romains considéraient le marbre et la pierre comme se reproduisant dans certaines carrières. Pline le reconnaît formellement dans son Histoire naturelle. L. 26 Chap. 24. n° 12.

« *Et inter alià Italiæ miracula, ipsa marmora in lapicidinis crescere*
« *auctor est Papirius Fabianus naturà rerum peritissimus : exemptores*
« *quoque affirmant compleri sponte illa montium ulcera. Quæ si vera sunt*
« *spes est nunquam defuturam luxuriam.* »

La même idée se retrouve dans la loi 7. 13 *soluto matrimonio.*

« *Quia nec in fructu est marmor, nisi tale sit ut lapis ibi renascatur.* »

aurait distingué entre le part de l'esclave et croît des animaux, étant absurde que l'homme pour qui la nature a créé tous les fruits, fût lui-même réputé fruit. Phrase sonore mais creuse, fait justement observer M. Accarias, car il s'agit de savoir si les petits de l'esclave, appartiendront à un maître ou à un autre. Or la dignité humaine n'est pas moins sacrifiée dans une solution que dans l'autre. Il faut chercher ailleurs la raison de cette décision. Il n'est pas inutile de rappeler à ce sujet, qu'anciennement déjà on avait élevé la même question relativement au croit des animaux en général.

« Vetus fuit quæstio an partus ad fructuarium pertineret » (L. 68 pr. de usufr.).

Une solution affirmative fut donnée pour les animaux parce que leur reproduction et leur multiplication rapide constituent précisément un des principaux avantages qu'ils offrent. Cette raison n'existait pas pour le part de la femme esclave.

Le même Ulpien le dit formellement dans la loi :

27. pr. de heredit. pet. (V. 3)

« Ancillarum partus fructus esse non existimantur quia non « temere ancillæ ejus rei causâ comparantur ut pariant »

Une solution différente dut donc être admise et le part ne fut pas compté au rang des fruits.

Gaius. Comment. II. 91.

L. 22. 3. ad senat. consult. Trebell. (XXXVI. I)

Il fut considéré comme une accessio de la mère. Comme tel il venait accroître le pécule de celle-ci.

L. 31. de contr. empt. (XVIII. I)

Il entrait comme tel dans la propriété de l'acheteur et du légataire.

L. 66. de adq. rer. dom. (XLI. I)

Mais il se séparait nettement des fruits en matière d'usufruit,

Inst. II. 1. 37

L. 28, 1, de Usuris.

et dans les questions soulevées en matière de régime matrimonial lors de la restitution de la dot par le mari.

L. 10 § 2 et 3 de jur. dot. (XXIII. 3)

Toutefois il était considéré comme causa et comme tel assimilé aux fruits

dans l'action en revendication

L. 10. de Usuris (XXII. I)

et dans les actions personnelles

L. 2. eod.

L. 15. pr. de condict. indeb. (XII. 6)

Tout ce qui remplaçait la jouissance d'une chose, tout ce qui était perçu à l'occasion de cette jouissance ne fut pas à l'origine compté au rang des fruits. C'est ainsi que les textes disent des intérêts des sommes d'argent, des loyers et fermages

« sunt loco fructuum — fructuum vicem obtinent »

L. 29. de hered. pet. (V. 3)

L. 34. de Usuris (XXII. I)

L. 83. de Leg. 3°

Cependant la distinction entre les fruits naturels et les fruits civils s'étant établie, ces avantages furent, en droit, assimilés aux fruits proprement dits.

L. 39. 1. de Leg. 1°

L. 62. pr. de rei vindicat. (VI. I)

Aussi les textes les confondent-ils souvent avec eux.

L. 8. 2. de reb. auct. (XLII. 5)

L. 38. 16. de Usuris

L. 62. pr. de rei vindic. (VI. I)

L. 59. 1. de usufr. (VII. I)

L. 7. 1. Solut. matrim (XXIV. 3)

Il est vrai que la loi 121 (de v. s.) semble exclure les intérêts de la catégorie des fruits. Elle a donné lieu à diverses interprétations : son texte assez obscur porte :

« Usura pecuniæ quam percipimus, in fructu non est : Quia non « ex ipso corpore, sed ex alia causa est, id est nova obligatione. »

Une conciliation toutefois n'est pas impossible. En lisant ce fragment sans idée préconçue on remarquera que les termes « quam percipimus » se rapportent non pas à usura mais à pecuniæ qui les précède immédiatement. Si l'on recherche en même temps le sens régulier et naturel du mot percipere dans la langue latine, tel qu'il résulte de différents textes,

L. 27, 1, de hered. pet. (V. 3.)

L. 58, 5, ad senat. Treb. (XXXVI, 1.)

L. 31, de cont. empt. (XVIII, 1.)

on reconnaîtra qu'il s'agit dans ce fragment non pas des intérêts proprement dits, mais des intérêts des intérêts, qui ne sont pas comptés comme fruits parce qu'ils sont le résultat d'une nouvelle obligation. — Cette opinion s'accorde parfaitement avec cette idée qui faisait traiter les produits de la seconde génération des animaux domestiques, non pas comme fruits, mais comme *causa rei* (3).

L. 8 de Usuris.

Dans un sens plus étendu encore fructus désignait même tout avantage fourni par la jouissance quelconque d'un droit. On retrouve cette idée en matière de servitude urbaine

----

(3) *Janke. — op. cit. p. 7.*

2° — A un autre point de vue, les fruits sont ou pendentes, stantes ou separati.

L. 61. 8 de furtis (XLVII. 2)

L. 7. 15. solut. matr. (XXIV. 3)

Les fructus pendentes, stantes sont ceux qui n'ont pas été détachés de la chose frugifère, qui y adhèrent encore par un lien naturel. Dès que ce lien est rompu par une cause quelconque, ils sont dits *separati*.

Cette dernière catégorie elle-même admet une sous distinction. Ou bien il y a eu simple *separatio*, ou bien il y a eu perceptio, c'est-à-dire récolte proprement dite. Cette division est faite d'une façon fort nette par les textes. Elle présente d'ailleurs une importance capitale en ce qui concerne l'acquisition des fruits. Toutefois, ainsi que le fait observer Glück (4), la séparation est assimilée à la perception pour les fruits qui, comme le croît des animaux, ne requièrent pas la main de l'homme.

L. 28. pr. de usuris.

L. 48. 6. de furtis (XLVII. 2)

3° — Considérés dans leur existence même, les fruits sont ou percepti, ou percipiendi, suivant qu'on a ou non négligé de les percevoir.

Les fructus percipiendi peuvent être eux-mêmes des fruits civils ou des fruits naturels.

On distingue parmi les fructus percepti.

(A) Ceux qui se trouvent encore en la possession de celui qui les a récoltés. Ils sont dits existantes.

L. 22, 2 de pignerat. act. (XIII, 7).

(4) *Oper. cit.*, VIII. n° 590.

(B) Ceux qui ne se trouvent plus en cette possession. On les désigne alors sous le nom de fructus
deperditi, s'ils ont péri par cas fortuit ;

L. 21, eod.

L. 20, 21 de hered. pet. (V. 3).

sous celui de fructus consumpti s'ils ont cessé d'exister
entre les mains de leur possesseur par suite de leur
consommation.

Cette consommation elle-même est naturelle ou
civile, — naturelle quand il y a destruction matérielle
de la chose, — civile quand les fruits, tout en existant matériellement, ont été aliénés de telle façon
qu'ils ne peuvent être revendiqués contre un tiers
possesseur, qu'avec la chose frugifère elle-même.

4° Enfin les interprêtes ont encore divisé les fruits
en ordinarii et extraordinarii.

Dans les premiers sont compris ceux qui sont les
produits habituels de la chose ; tels, les récoltes des
terres, le croît des animaux.

Tous les autres sont rangés dans la seconde catégorie y figurent les pierres, les marbres, les métaux,
tirés des fonds de terre, etc.

De toutes les divisions précédentes, cette dernière
est assurément celle qui présente la moindre importance.

3. — Je veux me borner à rechercher les règles
générales admises en ce qui concerne les fruits naturels, laissant de côté celles relatives à l'acquisition
des fruits civils, qui constituaient le plus souvent en
droit romain une théorie tout à fait spéciale et distincte. Ainsi limitée, cette étude présentera encore un
champ assez vaste, puisqu'il sera nécessaire pour la

rendre quelque peu complète, d'envisager successivement la situation de tous ou de presque tous ceux qui
étaient à Rome considérés comme titulaires de droits
réels et de faire en outre de fréquentes digressions
sur la matière des obligations. — Pour y apporter
autant que possible l'ordre et la clarté, nous envisagerons tout d'abord l'acquisition des fruits par le
propriëtaire lui-même, soit dans le cas le plus simple
et le plus général, soit dans l'hypothèse d'une mutation de propriété. — Mais le propriétaire ne perçoit
pas toujours les fruits de sa chose. Il peut avoir
transmis son droit à des tiers, soit en leur concédant
un véritable droit réel, soit en ne s'obligeant envers
eux que personnellement. Il nous faudra donc déterminer aussi exactement que possible les droits de ces
derniers. — Ce n'est pas tout encore. Il peut arriver
qu'un tiers non autorisé par le maître de la chose,
ait néanmoins la possession, et récolte les produits.
Tel est le cas du possesseur de bonne foi. — Enfin
un complément nécessaire sera la détermination
des effets de la Litis contestatio en ce qui concerne la
restitution des fruits tant dans les actions réelles que
dans les actions personnelles.

CHAPITRE II

Droit du Propriétaire sur les fruits.

4. — En principe général le propriétaire d'une chose a le droit de s'en servir et par conséquent d'en tirer tous les avantages qu'il peut en recueillir.

Ce droit comprend particulièrement :

1° Le droit d'abusus, ou de consommation soit matérielle, soit civile.

2° Le droit d'usage simple qu'il est libre d'exercer en tant que cet exercice ne lèse pas le droit d'autrui.

3° Le droit d'usufruit, c'est-à-dire le droit de faire siens les fruits produits.

A cet effet, il acquiert la propriété des fruits au moment même où ils sont produits. Mais ce n'est que par la séparation qu'il en devient propriétaire comme de choses distinctes et indépendantes.

M. de Savigny (5) affirme que le droit du propriétaire sur les produits est le même que celui qu'il a sur la chose frugifère. « En général, dit-il, il en « est de cette séparation des fruits comme de toute « autre division réelle que l'on fait d'un tout quel- « conque ; par exemple, du dépècement d'un animal

(5) *De la possession*, § 22, (a).

« ou de la démolition d'une maison. Le droit de pro-
« priété n'en est pas affecté. » En d'autres termes, il
considère les fruits même séparés comme constituant
simplement des parties de la chose. Il en conclut que
le droit de propriété à leur égard sera, soit bonitaire,
soit quiritaire, selon la nature du droit existant auparavant sur la totalité.

M. de Wangerow combat cette théorie (6). Il ne
retrouve pas dans le droit du propriétaire sur les
fruits, le même droit existant antérieurement sur le
tout. Il y voit une nouvelle propriété, et arrive ainsi
à des conséquences absolument opposées à celles
admises par Savigny. A ce point de vue en effet, le
propriétaire bonitaire d'une chose frugifère acquiert
la propriété quiritaire des fruits, tout comme le propriétaire bonitaire d'un esclave à un droit quiritaire
complet sur les acquisitions faites pour lui par cet
esclave. Dans aucun cas par conséquent, quelle que
soit la nature de son droit antérieur sur la chose productrice, il n'a besoin de l'usucapion pour acquérir
sur les fruits la propriété quiritaire.

De ces deux doctrines, nous considérons celle proposée par Wangerow comme plus conforme aux idées
véritables des jurisconsultes romains sur la nature
juridique des fruits séparés. — La séparation est
regardée dans les textes comme leur donnant une
existence distincte. Jusqu'à ce moment les jurriscon-
sultes disent bien d'eux « pars fundi videntur » mais,
pour le temps postérieur, il serait difficile de trouver

____

(6) *Lehrbuch der Pandekten,* *(Vol. III, § 326, note 1.)*

un passage où cette idée de division de la chose, en parties identiques dans leur nature juridique soit nettement exprimée. — L'opinion de Savigny semble bien au premier abord conforme à la logique romaine ; elle se présente à cet égard sous un aspect assez séduisant. Mais elle ne s'étaie en définitive sur aucun texte formel. Elle se trouve d'ailleurs en contradiction avec nombre de décisions de la jurisprudence romaine. Si les fruits, même une fois séparés, sont encore traités comme simples parties détachées de la chose, ils doivent conserver une nature juridique absolument identique à la sienne. Dès lors, comment admettre que, produits par une res furtiva, ils puissent ne pas être eux-mêmes traités comme res furtivæ ? Comment admettre par exemple que le possesseur puisse les usucaper alors que la chose frugifère acquise par violence ne saurait l'être elle-même ?

L. 48. pr. de adquir, rer. dom. (XLI, 1).

Si le principe posé par M. de Savigny avait été admis par les jurisconsultes romains, ils n'auraient pas manqué, dans leur logique inflexible d'en tirer des conséquences qui les auraient amenés à des solutions absolument contraires à celles que nous venons de signaler. Celles-ci doivent à notre sens, être considérées comme la condamnation de l'affirmation de Savigny, et nous croyons avec M. Wangerow que le propriétaire acquiert sur les fruits un droit nouveau, indépendant et distinct de celui qu'il a déjà sur la chose qui les a produits. Ce droit existe à son profit alors même que ces fruits auraient été produits grâce à un capital qui n'était pas le sien :

ex. : Il a fait les semailles avec du blé qui ne lui appartenait pas, ou bien encore, c'est un tiers qui, se croyant propriétaire, a lui-même ensemencé.

L. 25. 1. de Usuris.

L. 25. pr. (eod).

La circonstance que les frais nécessaires à laproduction ont été faits par un autre ne peut tout au plus donner lieu contre lui qu'à une demande en remboursement des impenses effectuées.

L. 36. 5. de hered pet. (V. 3)

L. 11. C. de rei vindicat .(III. 32.)

5. — L'acquisition des fruits par le propriétaire de la chose frugifère est assurément le cas le plus ordinaire et le plus régulier. Nous venons d'envisager l'hypothèse la plus simple en cherchant à déterminer la nature générale du droit qui lui est reconnu. En règle générale, les fruits comme tels, c'est-à-dire comme constituant une chose particulière, lui sont acquis par la simple séparation.

On rencontre cependant des exceptions à ce principe. Elles se produisaient notamment au cas de constitution de dot.

Suivant la doctrine la plus généralement admise par les commentateurs, le mari était, à Rome, réputé propriétaire de la dot qui lui avait été constituée soit par sa femme, soit par un tiers. En cette qualité, il acquérait pendant le mariage, les accessions et spécialement les fruits des biens dotaux.

L. 4.

L. 7. pr. et 1.   de jure dotium (XXIII. 3).

L. 10. 2 et 3.

L. 69. 9.

A cet égard sa position ne différait en rien de celle

de tout autre propriétaire ; mais il en était autrement sur deux points principaux.

1° — Les fruits perçus postérieurement à la constitution de dot, mais antérieurement au mariage, n'appartenaient jamais au mari. Quel qu'ait été le mode de constitution, ils s'ajoutaient en tout cas au capital dotal, par application de ce principe qu'il n'y a pas de dot sans mariage.

L. 7. 1. de jur. dot. (XXIII. 3).
L. 6. solut. matrimonio.

2° — Malgré le droit de propriété qui lui était reconnu « constante matrimonio », il était cependant dans certains cas tenu de restituer la dot lors de la dissolution du mariage. Une application régulière des principes généraux eût conduit à décider que, dans ce cas, il gagnerait tous les fruits qu'il aurait perçus pendant la durée du mariage, qu'il restituerait tous ceux qui ne l'auraient été qu'après la dissolution. Cependant il n'en était ainsi qu'autant qu'il y avait eu estimation de la dot. A défaut d'estimation, les mêmes règles n'étaient pas admises et il arrivait qu'il ne gardait pas toujours tous les fruits perçus pendant le mariage, ou bien se trouvait avoir droit à d'autres qu'il n'avait pas perçus.

6. — En règle générale les fruits de la dernière année étaient à partager entre le mari ou ses héritiers et celui à qui la dot devait être restituée. Les jurisconsultes romains avaient été conduits à cette solution par la considération du but même de la dot. Celle-ci étant destinée à subvenir aux charges du ménage, il leur eût paru contradictoire d'accorder au mari la totalité des fruits de l'année, alors que le

mariage n'avait lui-même duré qu'une partie de ce temps. On avait donc admis que le partage devrait en être fait, proportionnellement à la durée de l'union pendant la dernière année.

A cet effet, il fallait tout d'abord déterminer le laps de temps pendant lequel le mariage avait subsisté dans cette dernière année, et, par conséquent, quel était le point de départ des années qui devaient être comptées.

En principe, le commencement de l'année dotale datait de l'époque même du mariage. Toutefois il n'en était ainsi qu'autant que la dot avait été constituée antérieurement à cette époque ; car c'est seulement à compter de ce jour que les biens étaient devenus définitivement biens dotaux et que les fruits en avaient été gagnés par le mari. Dans l'hypothèse inverse d'une constitution postérieure au mariage, le point de départ devait évidemment être reporté au moment même de cette constitution, ou plus exactement à la mise en possession du mari.

L. 5. Solut. Matrim. (XXIV. 3)

La période dotale annuelle courait ainsi jusqu'au jour correspondant de l'année suivante. Ce sont les fruits produits pendant cette période dont le partage devait être effectué, quelle que soit d'ailleurs l'époque de leur perception, antérieure ou postérieure à la dissolution.

Il se faisait aisément lorsqu'on se trouvait en présence de fruits civils ; mais l'opération devenait beaucoup plus compliquée et les droits du mari étaient beaucoup plus difficiles à déterminer s'il s'agissait de fruits naturels.

Dans ce cas, deux hypothèses pouvaient se présenter

1° — La période dotale commence en même temps que la période frugifère. — Il n'y a pas alors grande difficulté et le partage est facile. Le mariage a-t-il duré pendant plusieurs périodes ? Le mari conservera les fruits de chacune, sauf ceux de la dernière qu'il ne gardera qu'en partie. A-t-il au contraire subsisté si peu de temps qu'il ne comprend pas même une période complète de fruits? On partagera les fruits ou leur valeur proportionnellement au temps. Si la récolte n'est pas encore faite au jour de la dissolution, la femme, ou plus généralement celui à qui sera faite la restitution, devra fournir caution au mari de lui rendre la portion des fruits qui doit lui appartenir.

L. 7. 15. Solut. Matr. (XXIV. 3).

Au cas contraire, par exemple : Si le mari a affermé un immeuble dotal pour plus de temps que n'a duré le mariage et s'il en a touché le loyer, il devra fournir caution à la femme pour la restitution.

L. 25. 4. (eod.)

2° — Si le commencement des deux périodes est différent, la difficulté est beaucoup plus grande, parce qu'alors la dernière année dotale, seule ici à considérer, se trouve en quelque sorte à cheval sur deux périodes frugifères. Un mariage a été célébré le 1er avril 1879; il est dissous le 1er octobre 1880. La récolte des fonds dotaux était faite le 31 juillet, par conséquent la nouvelle période frugifère commençait le 1er août. La dernière année dotale comprend ainsi des fractions de deux périodes frugifères. Comment liquider les droits du mari? La première difficulté à cet égard est de déterminer exactement sur quels fruits ils porteront.

Dans l'opinion la plus généralement admise, il faut tenir compte en tous cas des récoltes des deux périodes qui composent l'année dotale, et attribuer au mari une part de chacune proportionnelle à la durée du mariage dans l'année frugifère. Dans l'hypothèse précédente il retiendrait donc d'abord la totalité de la récolte 1879 comme correspondant à la première année dotale entière, puis en outre 4/12 de la récolte 1880 pour les 4 mois pris sur cette période, et aurait enfin droit à 2/12 de l'année 1881 à raison de la durée du mariage pendant les mois d'août et de septembre de la troisième année frugifère (7). Ce système est en parfait accord avec la règle générale formulée par la loi 7. 9 soluto. Matrim.

« Fructuum toto tempore quo curantur, non quo percipiuntur, ra-
« tionem accipere debemus ».

texte d'où résulte bien que les fruits peuvent appartenir au mari alors même qu'ils n'ont pas été perçus par lui.

Cependant, un auteur allemand, Franck (8) n'accorde de droit au mari que sur les fruits de la dernière récolte par lui perçue. Dans notre hypothèse, la récolte 1879 lui appartiendrait intégralement : il gagnerait en outre la moitié des fruits récoltés en 1880, le mariage n'ayant duré que six mois de la seconde année dotale. — On se fonde en ce sens sur

(7) Sic. *Wangerow op. cit.* § *220. Note 2. 1º*

(8) *Archiv. fur. civil Praxis* (XXX, 10.) — Dans le même sens. *Windscheid.* — Lehrbuch des Pandektenrechts, § 501, note 8.

cette considération que les textes n'indiquent généralement, comme devant être partagés, que les fruits de la dernière année « fructus novissimi anni ». Mais cet argument ne prouve rien à notre sens, parce que ces expressions « novissimus annus » se réfèrent évidemment à l'année dotale et non pas à l'année frugifère. Cette théorie d'ailleurs est combattue directement, ainsi que l'observe Wangerow par la loi 7, 1 (solut. matrim.) où certainement des produits appartenant à deux périodes frugifères sont compris au partage.

« fructus vindemiæ et quarta portio mercedis. »

Il faut donc admettre qu'en pareille hypothèse le droit du mari portera proportionnellement sur l'une et sur l'autre récolte. Mais il reste à déterminer comment devra être fait le partage et dans quelle mesure les fruits produits dans l'une ou l'autre période lui seront acquis.

7. — Nous nous trouvons ici en face d'une des questions les plus délicates du droit romain. Il faut en chercher la solution dans un texte qui a été avec raison rangé parmi les septem leges dammatæ ou cruces du Digeste.

C'est la loi 7, 1, solut. matrim. (XXIV. 3) L'hypothèse prévue par Papinien et rappelée par Ulpien était celle-ci: Un mariage a eu lieu le 1ᵉʳ octobre, un vignoble ayant été constitué en dot. Le mari fait sa récolte en octobre (9), puis afferme le fonds à la date du 1ᵉʳ novembre.

______

(9) Le temps des vendanges durait 1 mois à Rome. Les auteurs *rei rusticæ* l'établissent sûrement.

Varro de re rusticâ. L. I, Chap. 34.

« *Uvas autem legere et vindemiam facere inter æquinoctium autumnale (22 Sept.) et Vergilianum occasum* » (28 oct.)

Columelle. L. XI, Chap. 2.

« *Quinto Kalend. Novembris Vergiliæ occidunt.* »

Le mariage est dissous à la fin de janvier, après avoir duré quatre mois : un mois dans une période et trois dans l'autre. Comment partager entre le mari et la femme les fruits tant naturels que civils produits pendant ce laps de temps ? La réponse de Papinien, approuvée d'ailleurs par Ulpien, était :

« Vindemiæ fructus et quarta portio instantis anni, confundi debe-
« bunt, ut ex eâ pecuniâ tertia portió viro relinquatur. »

C'est cette solution qui a exercé et exerce encore la sagacité des commentateurs du droit romain.

Lu sans idée préconçue, le texte peut être traduit ainsi: « Ilfaudra joindre à la récolte vendangée le quart
« du prix du fermage stipulé pour l'année courante; de
« ce total le tiers appartiendra au mari. »

C'est ainsi qu'il a été entendu par Cujas (10) et plus récemment par Puchta (11).

« Consultentur mathematici, s'écrie Cujas, dans son
« triomphe, respondebunt nihil esse æquius distributione Papi-
« niani ! »

Cette interprétation répond, il est vrai, à la Lettre du texte, mais nullement à son esprit. Glück (12) fait observer, en effet, qu'elle attribue au mari les fruits représentant cinq mois de mariage, alors qu'en réalité il n'en a duré que quatre.

Soit en effet la valeur de la récolte $= 12$
celle du loyer $= 12$ aussi

Dans le système de Cujas, la totalité partageable

---

(10) *In libro XI, Quæst. Papin. (IV p. 285 et suiv.)*
(11) *Vorlesungen II. ad par. 221,*
(12) *Op. cit. vol. 27, nᵒ 1276 (e).*

sera $12 + \frac{12}{4} = 15$ dont le tiers, soit 5, appartiendra au mari. Mais c'est là, en réalité, le tiers des produits de 15 mois et non pas de 12. Cette solution doit donc être abandonnée comme ne s'accordant nullement avec cette règle que les fruits se partagent proportionnellement au temps qu'a duré le mariage.

Doneau soutient une autre théorie adoptée de nos jours par Wangerow (13). Le mariage ayant duré 4 mois, c'est-à-dire le tiers de l'année, le tiers des fruits doit, comme l'enseigne Papinien, appartenir au mari. Mais comment composer ce tiers ? En appliquant précisément le principe accepté quand la période dotale ne renferme qu'une seule période frugifère. Dans ce tiers sera donc comprise incontestablement la quarta portio mercedis ; ce qu'il faudra y joindre, ce ne sera pas la récolte toute entière faite en octobre, mais seulement $\frac{1}{12}$ de cette récolte, seule portion afférente à la durée du mariage pendant la première période frugifère. De cette façon, en nous reportant aux valeurs précédemment données aux deux récoltes, les droits du mari se liquideront ainsi :

$$\frac{1}{4} \text{ du loyer} = \frac{12}{4} = 3$$
$$\frac{1}{12} \text{ de vendange} = \frac{12}{12} = 1. \text{ Total 4.}$$

Ce calcul est assurément fort simple et semble bien conforme à l'idée du jurisconsulte. Malheureusement il faut violenter le texte pour en tirer une pareille interprétation. On ne voit nulle part figurer dans ses termes une mention quelconque de ce douzième de

(13) *Wangerow, Lehrbuch...* § 220, *note* 2, 2.

vendange qui viendrait s'ajouter seul au quart du loyer. Ce qui, en outre, est plus grave, c'est que dans un pareil système le mari retiendrait en réalité la somme totale à laquelle on arrive, tandis que Papinien exprime d'une façon absolument formelle qu'il ne doit lui en être attribué que le tiers.

Enfin je dois mentionner un troisième système proposé par Schrader (14) et adopté par Glück (15). Dans cette opinion le mari retient bien le tiers des fruits de l'année, mais le texte est considéré comme déterminant seulement une quotité ; il ne dit pas expressément de quelle somme ce mari peut conserver le tiers. « D'après les principes généraux, écrit Glück, « ce ne peut-être d'autre chose que du produit de « toute l'année. Mais c'est de l'année de dotation « qu'il faut partir, année qui comprend deux « récoltes. Il faut donc faire une moyenne. Cette « moyenne pourrait être faite de diverses façons. « Papinien la compose des fruits perçus et du quart « du fermage concédé. Ces revenus moyens annuels « doivent ensuite être partagés proportionnellement « en quinze mois et non pas en 12, puis qu'en somme « ils représentent 15 mois de production. »

Si on suppose un mariage ayant duré 12 mois

La récolte = 6

Le loyer pour l'année = 12

(14) *Schrader. De divisione Fructuum dotis commentatio. — Sect. I, § 9-11. — Sect. II. § 33 et suiv.*

(15) *Glück Vol. 27 p. 309 et suiv.*

et la récolte faite dans le premier mois ; suivant Schrader et Glück il faudra faire le calcul suivant :

A la récolte entière 6, on ajoutera la fraction de loyer correspondante à la durée du mariage dans la seconde période

$$\text{Soit } 6 + 11 = 17$$

La portion mensuelle se trouvera être ainsi de $\frac{17}{23}$ puisqu'il y a douze mois pour la production de récolte d'une part et 11 pour l'acquisition des loyers.

Pour 12 mois de mariage on aura $\frac{17}{23} \times 12$

$$\text{Soit } \frac{204}{23} = 8^{\text{unit.}} \ \frac{20}{23}$$

Un professeur allemand M. Rothe a traduit en formules algébriques le système de Schrader ; je les reproduis ici à titre de simple curiosité (16).

Soient :

m..... temps que le mariage a duré dans les deux périodes.

n ..... partie relative à la seconde période.

r...... période frugifère (ordinairement 1 année).

x..... revenu moyen annuel.

y..... portion revenant à l'homme.

z..... pécunia confusa.

a..... produit de la première période.

b..... produit de la seconde.

Alors d'après Schrader on a :

$$z = \frac{ra + nb}{r} \qquad x = \frac{ra + nb}{r + n}$$
$$y = \frac{m\,(ra + nb)}{r\,(r + n)}$$

En comparant :

$$x : y : z = r : m : (r + n)$$

(16) Voir pour plus de développement *Glück vol. 27 p. 324 el suiv.*

Dans l'exemple donné par Papinien $m = 4$ mois

$$n = 3 \text{ mois}$$
$$r = 12 \text{ mois}$$

d'où $x : y : z = 12 : 4 : 15$

Il vient alors :

$$x = \frac{4\,a + b}{5} \qquad y\; \frac{4\,a + b}{15}$$
$$z = \frac{4\,a + b}{4}$$

Si nous posons la valeur encore indéterminée de a et de b.

$$a = 12$$
$$b = 12$$

Il vient $z = 15$
$$x = 12$$
$$y = 4$$

Laissant maintenant de côté ce luxe de calcul qui pourrait sembler déplacé en matière de droit romain, nous devons reconnaître que l'interprétation donnée par Schrader et Glück présente sur les précédentes cet avantage incontestable, de ne pas se trouver directement en contradiction avec le texte. Elle donne même, il faut le reconnaître à l'expression confundi un sens assez naturel. Nous ne pensons pas cependant qu'elle contienne encore le développement exact de la pensée de Papinien. Elle conduit à ce résultat que le mari pourra recevoir moins pour un nombre de mois de mariage plus grand, qu'il ne recevrait pour un nombre plus faible. Nous lui avons précédem- accordé 8 unités $\frac{20}{23}$ pour 12 mois de mariage. Le même système de computation appliqué au cas où l'union aurait duré un mois de moins c'est-à-dire 11 mois, lui donnerait 11 unités. Une telle conséquence suffit à la condamnation du système d'où elle résulte.

Le même sort attend toutes les explications que l'on tentera de donner de notre texte. Il faut se résigner à penser avec MM. Maynz (17), Accarias (18) et Windscheid (19), que l'avis de Papinien a été rendu d'une manière fort inexacte par Ulpien lui-même ou plutôt par les compilateurs du Digeste. Le résultat le plus conforme aux principes nous semble acquis dans le système suivi par Doneau et Wangerow, attribuant au mari le quart du loyer plus 1/12 de la récolte. Nous avons montré comment il ne pouvait cadrer avec le texte ; mais son exactitude théorique n'est pas atteinte si on admet que la pensée est rendue au Digeste d'une façon inexacte.

8. — Indépendamment des droits généraux du propriétaire et des détails concernant la situation du mari quant aux productions des biens dotaux, l'acquisition des fruits par le maître de la chose frugifère, présente encore dans certains cas un intérêt tout particulier. Si on se place dans l'hypothèse d'une transmission de propriété effectuée. Comment doivent alors se liquider

---

(17) *Cours de droit romain, III, § 313. note 21.*

(18) *Précis de droit romain, I, § 313, note 2.*

(19) *Lehrbuch des Pandecktenrechts, II, § 501, note 8.* M. Windscheid, partisan de l'opinion de Franck, n'admet pas que le droit du mari puisse porter partiellement sur deux récoltes. En conséquence, tout en reconnaissant une inexactitude dans le texte, il donne au mari le droit de prendre sur la récolte, une part proportionnelle à la durée du mariage dans l'année dotale. Toutefois la partie des loyers même échue pendant le mariage représentant la production, non pas de l'année courante, mais de l'année future, ne saurait en aucun cas appartenir au mari.

les droits du nouveau propriétaire vis-à-vis de son auteur, en ce qui concerne les fruits ? Dans quels cas et dans quelle mesure ceux-ci appartiennent-ils soit au nouveau maître, soit à l'ancien, soit à un possesseur intermédiaire ?

9. — L'hypothèse la plus simple, celle qui se présente naturellement à l'esprit, est d'abord celle d'un héritier succédant à son auteur. La situation est nette et ne présente aucune difficulté, alors que l'hérédité ne se trouve grevée ni de legs, ni de fidéicommis et que l'héritier appelé n'a pas d'ailleurs de revendication à exercer contre des tiers possesseurs de choses héréditaires. Remplaçant sans aucune équivoque le défunt dans l'ensemble de ses rapports patrimoniaux, cet héritier fait siens désormais les biens, les dettes, les créances du *de cujus*. En vertu du principe de la continuité dans la représentation de la personne, l'effet de l'acquisition, à quelque moment qu'ait eu lieu l'adition, date de la mort. Les droits de l'héritier ne sont donc autres que ceux de son propre auteur. Il acquiert les fruits des choses héréditaires comme l'eut fait le défunt lui-même, puisque, par hypothèse, le décès de ce dernier n'a donné lieu à aucun rapport de droit étranger.

Mais des difficultés se présentent quand l'hérédité se trouve grevée de legs, doit être restituée en tout ou en partie, en vertu d'un fidéicommis (20), ou bien

---

(20) Nous rattachons cette hypothèse aux cas de transmission directe de propriété. La raison en est qu'après la réforme opérée par Justinien en matière de legs et de fidéicommis, cette acquisition s'opérait en vertu même de la loi dans la plupart des cas. Il en était ainsi en cas de legs translatif

enfin se trouve en la possession d'un tiers contre lequel elle doit être revendiquée. Nous examinerons cette dernière hypothèse, alors seulement que nous examinerons les droits des possesseurs sur les fruits de la chose possédée.

10. — La question de savoir dans quelle mesure, en cas de legs d'une chose héréditaire, les fruits produits par cette chose appartenaient soit à l'héritier, soit au légataire, peut être à juste titre considérée comme une des plus délicates de la législation romaine. Des solutions souvent contradictoires se rencontrent dans les textes ayant trait à cette matière, et, chose plus embarrassante encore, la plupart de ces solutions semblent s'accorder difficilement avec les principes généraux dont application devait être faite. Faut-il voir là une conséquence d'hésitations ou de variations dans la doctrine des jurisconsultes romains? Nous ne le pensons pas. Nous attribuerions bien plus volontiers l'obscurité et l'incertitude apparente des textes, à la méthode même suivie par les compilateurs de Justinien pour la composition du Digeste et du Code. On sait quel fut leur procédé et comment ils puisèrent de ci et de là dans les ouvrages des grands jurisconsultes anciens et dans les rescrits des empereurs précédents. Une telle méthode devait avoir pour conséquence nécessaire des inexactitudes et parfois des contradictions. Les rédacteurs des Pandectes ne prenaient en

à l'époque classique. Bien que la même règle ne fût pas alors admise soit pour le fideicommis, soit pour les legs *per damnationem et sinendi modo,* nous avons pensé qu'il était préférable de ne pas scinder la matière et de traiter à la fois des uns et des autres.

général que les décisions absolues données par les
jurisconsultes. Lorsqu'un cas spécial était relaté
dans les ouvrages de ces derniers, avec les circonstances de fait qui devaient le caractériser, le plus souvent ils se contentaient de relater la réponse théorique, la règle juridique donnée par l'auteur auquel ils
l'empruntaient, mais passaient sous silence les détails
et les circonstances de l'affaire. C'est ainsi que nous
rencontrons nombre de lois commençant par des termes tels que « Paulus respondit — dixit — scribit, etc... » Or
n'est-il pas évident qu'attribuer ainsi une portée générale à une solution donnée pour un cas particulier et
dans des circonstances déterminées, c'est s'exposer
bien souvent à dénaturer la pensée de l'auteur, en
même temps qu'à insérer dans un tel recueil des décisions en apparence souvent contradictoires. — L'inconvénient est encore plus grand lorsqu'au lieu de
textes tirés des ouvrages des auteurs classiques, ce
sont des phrases tirées de rescrits impériaux, c'est-à-
dire de jugements rendus en dernier ressort dans une
affaire particulière. — Telle est, à notre sens, la source
principale des difficultés que l'on rencontre parfois à concilier des solutions en apparence diver-
gentes.

Quoi qu'il en soit, nous essaierons de dégager les
principes généraux adoptés en cette matière par les
jurisconsultes romains, tout en déclarant dès maintenant que ce n'est pas sans une véritable hésitation
que nous proposerons le plus souvent nos solutions.
— Avant d'aborder l'étude des difficultés soulevées en
la matière, il faut observer que le légataire ne peut en
général avoir de droits à prétendre que sur les fruits

produits par la chose postérieurement à la mort du testateur. Quant à ceux qui auraient été perçus sur le fonds du vivant de ce dernier, ils ont acquis par le fait de la séparation une existence distincte qui a brisé entre'eux et la chose tout rapport juridique.

Paul. Sent. III, 6. 46.

Cependant ils seraient dûs aux légataires, si le fonds ayant été déclaré légué cum instrumento, il était prouvé en fait, que le de cujus avait l'habitude de les consommer, en les employant aux usages de ce fonds, par exemple, en semences, engrais pour les cultures etc. C'est au moins ce qui semble bien résulter de

L. 2. C. de V. S. (VI. 38).

La détermination du droit des légataires ne peut donc faire difficulté qu'à l'égard des fruits produits dans l'intervalle qui sépare l'époque de la mort du testateur du jour de la délivrance de la chose.

Il faut à cet égard diviser pour l'époque anté-Justinienne les legs en deux grandes classes et distinguer :

1° Les legs translatifs de propriété, c'est-à-dire le legs per vindicationem et le legs per præceptionem.

2° Les legs non translatifs ne conférant au bénéficiaire qu'une simple action personnelle contre l'héritier. Tels étaient les legs per damnationem et sinendi modo.

11. — En présence des dispositions de la première catégorie, nous devons tout d'abord reconnaître que le légataire ne saurait prétendre aux fruits produits par la chose, avant que son droit lui-même ne soit ouvert ; par conséquent, avant le dies cedens. Or, pour

déterminer cette époque il faut distinguer, on le sait, entre les legs purs et simples et les legs conditionnels.

Soit d'abord un legs pur et simple.

Dans ce cas le dies cedens se confond avec le jour de l'ouverture de la succession, c'est-à-dire celui de la mort du testateur. Les fruits perçus avant cette époque appartiendront donc en tout cas à l'héritier. C'est ce qu'exprime formellement un texte de Paul.

Sent. III. 6. 46.

Mais faut-il en conclure que les fruits perçus postérieurement appartiendront toujours, au contraire, au légataire. Les jurisconsultes romains ne pouvaient le décider ainsi. Il fallait en effet distinguer le cas où ces fruits auraient été perçus par le légataire lui-même, de celui où ils l'auraient été du fait de l'héritier.

1° Est-ce le légataire possesseur qui les a recueillis ? il pourra les conserver. Ceux qui auront été produits après l'adition faite par l'héritier lui appartiendront comme à un propriétaire. Ceux qu'il aura perçus antérieurement seront gagnés par lui en qualité de possesseur de bonne foi ; car dès le dies cedens un droit s'est ouvert à son profit sur la chose. — C'est la solution qu'on retrouve dans le texte précité de Paul, où le jurisconsulte suppose la possession de la chose par le bénéficiaire. — On a voulu voir une solution différente dans

L. 120. 2. de legat. 1°.

« Fructus ex fundo pure legato post aditam hereditatem a legatario
« perceptos ad ipsum pertinere ; colonum autem cum herede ex con-
« ducto habere actionem. »

On en a conclu que le droit du légataire possesseur de la chose léguée ne s'ouvrait qu'au moment de l'adition de l'hérédité. C'est là dénaturer le sens véritable du texte. En effet, que décide-t-il en substance ? Rien autre chose que ceci « le fermier après l'adition d'hérédité, voyant les fruits du fonds perçus par le légataire, ne peut agir contre lui, mais doit intenter son action contre l'héritier. La raison en est simple. C'est que en cas de legs sans condition la propriété de la chose léguée est, dans l'opinion Sabinienne dominante, transférée au légataire, dès l'adition faite par l'héritier. Or comme ce légataire n'est pas successeur universel et par conséquent n'est pas tenu de continuer le bail, ce n'est pas contre lui que le locataire pourra agir ex conducto, mais bien contre l'héritier dès l'adition, puisque par le fait même de cette adition, cet héritier a accepté d'être continuateur des droits et des obligations du défunt. Il s'agit en définitive d'un légataire qui, rendu propriétaire dès l'adition, a pu, dès ce moment, se mettre en possession de la chose et en récolter les fruits. Mais le texte ne dit pas et ne suppose en rien que cette possession ait commencé avant l'adition de l'hérédité. C'est donc à tort qu'on voudrait en argumenter contre l'opinion que nous soutenons.

La loi 86. 2. (de Legat. 1°) ne fournirait pas un meilleur argument que la précédente. En effet, il suffit de faire observer qu'il s'agit ici d'acquisitions autres que des fruits proprement dits, et que d'ailleurs rien dans ce texte n'autorise à supposer que le légataire soit entré en possession avant l'adition de l'hérédité.

2° Plaçons-nous maintenant dans l'hypothèse la

plus générale et supposons que la chose léguée se trouve entre les mains de l'héritier. Nous sommes alors en présence, d'une part d'un propriétaire (légataire), de l'autre, d'un possesseur (héritier). Mais comment traiter ce dernier? Est-il jusqu'au moment de la demande en délivrance, possesseur de bonne ou de mauvaise foi ?

Pothier (21) lui accorde la qualité de possesseur de bonne foi, alors même qu'il sait l'existence du legs et par conséquent la propriété du légataire dès le moment de l'adition. « L'héritier dit-il en substance, « a beau savoir que la chose a été léguée; tant que le « légataire ne la réclame point, il ne sait pas s'il « acceptera ou répudiera le legs. Il ne saurait donc « être considéré comme détenteur de mauvaise foi, « puis qu'il peut parfaitement se faire, que le légataire « répudiant ou négligeant de demander la délivrance, « la propriété de l'objet soit censée toujours lui avoir « appartenu. » — Mais on peut répondre qu'à ce compte il n'y aurait jamais de possesseur de mauvaise foi, puisque tout possesseur peut toujours avoir l'espérance d'acquérir tôt ou tard, soit par l'usucapion, soit autrement, la propriété de la chose possédée. Or il est incontestable qu'on n'est pas possesseur de bonne foi par le seul fait d'avoir cette espérance. Quelle sera donc la situation de l'héritier? La réponse est facile. La bonne ou la mauvaise foi dépendant de la connaissance qu'on a du droit d'autrui, il sera possesseur de l'une ou l'autre catégorie suivant qu'il

(21) PANDECTES, t. III de legatis n° 334.

connaîtra ou ignorera l'existence du legs. — Sait-il que la chose qu'il détient a été léguée ? Possesseur de mauvaise foi il doit restituer au légataire les fruits qu'il en aura perçus.

L. 40 de acquir rer. d. (XLI. I)

Mais il ne peut en être comptable qu'à compter du moment de l'adition. Avant cette époque, l'hérédité était jacente : comme telle, elle représentait la personne du défunt « Nondum enim adita hereditas personæ vicem sustinet ».

Instit. II. 14. 2.

Les fruits, alors produits doivent donc être rangés parmi les choses héréditaires, puisque incontestablement le légataire n'aurait eu aucun droit à faire valoir contre le défunt s'il eut encore existé.

Cette solution se retrouve dans

L. 86. 2. de Legat. 1°.

L. 18. de Legat. 2°.

L. 13. 3. ad leg. aqnil. (IX. 2)

— On comprend que le cas précédent se présentera le plus fréquemment. Cependant il peut arriver que l'héritier ne connaisse pas l'existence du legs ; dans cette hypothèse il est possesseur de bonne foi et doit être traité comme tel. Or sur l'action en rei vindicatio, le possesseur de bonne foi ne devait à l'époque classique la restitution des fruits qu'à partir de la Litis contestatio ; car c'est dès ce moment seulement qu'il était considéré comme possesseur de mauvaise foi. C'est ce qui explique que des textes nous présentent les fruits comme n'étant dûs par l'héritier possesseur que post litem contestatam

L. 1. C. de Usuris (VI. 47)

L. 51. pr. fam. ercis. (X. 2)

L. 91. 7. de legat 1°

La Litis contestatio seule le constituait in mora. C'est ainsi également qu'on peut comprendre ces expressions, *post moram*, *nisi mora intercesserit*, que l'on retrouve si fréquemment au Digeste. Les jurisconsultes romains ont employé ces termes généraux, parce qu'alors il ne faisait doute pour personne , qu'en matière de rei vindicatio la mora du possesseur commençât à la Litis contestatio. Ce que tout le monde savait, il était inutile de l'expliquer. Il est vrai qu'outre les fruits perçus depuis ce moment, le légataire peut encore revendiquer ceux qui, produits antérieurement, n'ont pas été encore consommés ; et les lois n'en parlent pas. Mais à cela rien d'étonnant. Les jurisconsultes, dans les fragments précités, n'avaient pas à déterminer quels étaient tous les fruits à restituer, mais seulement à partir de quel moment tous les fruits devaient être restitués, ce qui est différent.

12. — Plaçons-nous maintenant dans l'hypothèse d'un legs fait sous condition. Les Proculiens considéraient la chose comme res nullius en attendant l'événement ou la défaillance de la condition ; alors seulement, mais sans effet rétroactif, elle devenait la propriété du légataire ou de l'héritier. La doctrine Sabinienne, qui, cette fois encore triompha, admettait que, dans tous les cas, l'objet du legs appartenait provisoirement à l'héritier, et qu'il ne passait dans le patrimoine du légataire que dès l'événement de la condition et sans effet rétroactif. Une conséquence inévitable devait s'en déduire ; c'est que la condition demeurant en suspens, l'héritier pouvait revendiquer la chose et avait droit aux fruits.

L. 66. de rei vind. (VI. I).

L. 32. 1. de leg. 2°.

Ce dernier texte vise même le cas où le fonds serait possédé par le légataire lui-même. La rei vindicatio n'en compéte pas moins à l'héritier qui peut « vindicare fundum cum fructibus ».

Mais dès le jour où la condition s'est réalisée, la situation change. A cette époque, dies legati cessit. Concluons-en, comme précédemment, que si le légataire possède lui-même, dès ce moment il gardera les fruits. — Est-ce au contraire entre les mains de l'héritier que se trouve la chose léguée? Des solutions analogues à celles que nous avons admises, dans le cas de legs pur et simple, quoique non identiques, devront être données. Ignorant l'existence du legs, le grevé ne sera encore comptable des fruits qu'à partir de la demeure, ici, la litis contestatio. Instruit de cette disposition testamentaire et, par conséquent, possesseur de mauvaise foi, il ne pourra en tous cas se voir réclamer par le légataire que ce que la chose aura produit antérieurement à l'accomplissement de la condition.

L. 21. de Opt. (XXXIII. 6).

Car c'est à ce jour seulement que se place le dies cedens qui détermine l'époque la plus reculée à laquelle on puisse reconnaître au bénéficiaire un droit sur la chose et ses accroissements.

Telles sont les solutions qui logiquement devaient, croyons-nous, être admises en droit romain pour les legs translatifs de propriété. Leur exactitude semble d'autant mieux assurée qu'elles ne se trouvent en contradiction avec aucun des textes qui nous soient parvenus sur la matière.

anciennes, selon qu'il agit in rem où in personam. Les solutions données pour ce qui concerne l'époque classique sont encore applicables.

15. — Voilà, nous semble-t-il, les solutions auxquelles conduisait une application régulière des principes généraux et qui seules rendent une raison plausible de la diversité des décisions consignées au Digeste et au Code.

Objecte-t-on que dans la plupart des textes, l'héritier n'est considéré comme comptable des fruits qu'à dater de la demeure? Nous avons déjà montré que ce terme général, « mora », s'expliquait facilement dans la doctrine que nous proposons. La seule question est de déterminer le temps précis, à partir duquel, suivant la nature de la disposition, le grevé devra être traité comme étant en demeure. — Ajoute-t-on qu'il semble ressortir de la majorité des fragments insérés dans les recueils de Justinien que cette demeure existait dès la demande en délivrance? Rien d'étonnant à cela. Le plus large de tous les legs, celui qui incontestablement devait se présenter le plus fréquemment, c'était assurément le legs per damnationem, legs non translatif et pour lequel cette décision spéciale était parfaitement exacte. Est-il besoin d'ajouter que dans la plupart des textes il est question non pas même d'un legs, mais d'un fideicommis, sur lequel, on le sait, l'action personnelle était seule possible.

C'est donc à tort, croyons-nous, que, se fondant sur ces expressions si générales ante moram, post moram — nisi mora antecesserit » presque tous les commentateurs enseignent que le légataire n'a de réclamation à faire relativement aux fruits, qu'autant que le grevé a été constitué en demeure par une demande en délivrance. Tel est le système suivi par

    Cujas, In. Jul. Pauli Sent. L. III, § 28.

    Jean Voet, Comm. ad Pandect. L. XXX, T. I, § 48.

    Savigny, System..... VI, p. 154.

    Puchta, Pandectes, § 543.

    Windscheid, Pandectes, § 647, note 14 (23).

Il y a là, à notre sens, une véritable inexactitude lorsqu'il s'agit de legs translatifs de propriété. Cette solution ne peut convenir en général que pour les dispositions ne donnant ouverture qu'à une action personnelle. Avec elle il est impossible de donner une explication plausible de nombre de fragments insérés au Digeste et au Code.

Comment la concilier avec :

    L. 120. 2. de leg. 1°.

    L. 86. 2. (eod.)

    L. 40. de acquir. rer. dom.

    L. 38. de leg. 2°.

    L. 13. 3. ad leg. Aquil. (IX. 2)

    L. 91. 7. de legat. 1°.

    L. 51. pr. fam. ercisc. (X. 2)

    L. 1. C. de Usuris (VI. 47)

et d'autres encore.

16. — Cependant il est une constitution de l'Empereur Gordien dont la nature semble réfractaire à toute interprétation quelle quelle soit.

    C. 4. de Usuris et fruct. VI. 47.

« In legatis et fideicommissis fructus post litem contestatam, non
« ex die mortis consequuntur, sive in rem, sive in personam agatur. »

(23) Voir en sens divers :

    Accarias, T. I, n° 410.

    Maynz, T. III, 423.

C'est là un écueil contre lequel viennent échouer tous les commentateurs du droit romain. Nous croyons, pour notre part, qu'on a accordé à ce texte une autorité et une importance beaucoup trop grandes. En effet il est hors de doute qu'au temps de Gordien, la demande du fideicommissaire portait non-seulement sur les fruits produits depuis la Litis contestatio, mais également sur ceux perçus par le grevé, à compter du moment où il avait été mis en demeure. Nombre de textes en font foi.

L. 26. de Leg. 3°
L. 8. de Usuris.
Paul. Sent. III. 8. 4.
Gaius. Comm. II. 280.

Aussi Arndts (24) considère-t-il ce fragment comme ne donnant pas une réponse décisive sur ce qu'il faut décider dans tous les cas en ce qui touche les fruits perçus avant la Litis contestatio — Et d'abord, il est juste d'observer avec lui qu'on se trouve en présence d'une phrase tirée d'un rescript, c'est-à-dire d'une réponse de l'empereur à une consultation qui lui avait été demandée pour un cas particulier, réponse que d'ailleurs les circonstances particulières de la cause expliqueraient et éclairciraient probablement. En outre il faut remarquer que le texte contient une affirmation et une négation, mises en opposition l'une à l'autre. L'affirmation est « Post Litem contestatam « in legatis et fideicommissis fructus sequuntur ». Cette proposition est tout à fait générale. Elle s'applique à tous

(24) GLUCK continué. Vol. 48. p. 352 et suiv.

les cas où il peut être question de fruits à revendiquer. Que le légataire fasse valoir son droit par une
action réelle ou une action personnelle, il n'en est
pas moins vrai que le grevé est, en tout cas, après la
Litis contestatio obligé à la restitution des fruits. Après
l'affirmation vient une négation « Non ex die mortis fructus sequuntur ». C'est aussi une proposition généralement exacte. Car lors même que le « dies legati vel fidei-
commissi mortis tempore cedit » le légataire, s'il n'est pas
lui-même en possession, ne peut réclamer les fruits
perçus avant l'adition d'hérédité. Il n'y aurait exception qu'au cas de disposition formelle du testateur à
cet égard ; et, dans ce cas encore, les fruits seraient-ils
revendiqués, non pas comme accession de la chose,
mais comme objet même du legs.

L. 43. 2. de Leg. 2°.

L. 2. 1. de dote præleg. (XXXIII, 4.)

Or peut-être, ajoute Arndts, dans le cas soumis à
l'empereur Gordien, était-ce cette question sur
laquelle il devait être principalement décidé, un
légataire revendiquant les fruits de la chose léguée
depuis la mort du testateur. Les circonstances particulières de la cause, si elles étaient connues, éclaire-
raient fort probablement cette décision, qui, toute
formelle qu'elle paraît, ne présente pas cependant
l'importance qu'on lui attribue généralement.

Pothier, d'ailleurs, se heurtant comme tant d'autres
à ce texte, en avait fourni déjà une explication fondée
sur cette idée que dans la cause soumise à l'empereur,
il s'agissait probablement d'un legs d'une res aliena.

Ce ne sont là que des hypothèses purement gra-
tuites, assurément. Mais cela suffit. Tout ce que nous

voulons en retenir, c'est que tirée d'un rescript, cette décision visait un cas particulier entouré de circonstances que nous ne connaissons pas, et que, comme telle, elle ne pouvait avoir, lorsqu'elle a été rendue, la portée générale qu'ont voulu lui donner les rédacteurs du Code.

17. — La question de l'acquisition des fruits par le légataire appelle nécessairement celle de l'acquisition des fruits par le fideicommissaire. Nous nous placerons dans l'hypothèse de beaucoup la plus pratique, celle où le fideicommis a été imposé à un héritier institué. Il faut ici distinguer d'une façon bien nette, deux époques :

1° L'intervalle qui sépare le moment de la mort du testateur du jour de l'adition faite par l'héritier ;

2° Tout le temps postérieur à cette adition.

(A) Dans la première période, alors qu'aucune adition n'est encore intervenue l'hérédité considérée comme universitas juris est censée continuer la personne du défunt. Pour lui et comme lui, elle est domina de tous les objets appartenant à la succession. Tous les produits, quels qu'ils soient de choses héréditaires, prennent eux-mêmes la qualité de choses héréditaires. Lors donc qu'on se trouve en présence d'un fideicommis d'hérédité, ces produits, fruits ou autres doivent être compris dans la restitution à laquelle est tenu le grevé.

C'est ce qui résulte d'un texte formel.

L. 27, 1, ad Trebell. (XXXVI, I).

« Sed si quid ante aditam hereditatem, servus stipulatus fuisset,
« aut per traditionem accepisset, id restitui debebit sicuti fructus
« ante aditam hereditatem in restitutionem veniunt. »

(B) Dès le moment de l'adition, la situation change. Cette adition ne saisit pas, il est vrai, le fideicommissaire, c'est-à-dire ne le rend pas propriétaire des choses dont le défunt a ordonné la restitution ; sur ce point sa condition diffère de celle d'un légataire per vindicationem ; mais elle est assimilable à celle de la personne gratifiée dans un legs non translatif de propriété. Comme elle, il ne peut poursuivre l'accomplissement du fideicommis que par une action personnelle, sur laquelle l'héritier ne sera également comptable des fruits par lui perçus depuis l'adition, qu'à partir du jour où il aura été constitué en demeure par une demande en délivrance. C'est la solution qui se retrouve dans la généralité des textes.

L. 27, 1, ad Trebell. (XXXVI, I).

L. 18, pr. (eod).

« In fideicommissariâ hereditatis restitutione constat non venire
« fructus nisi mora facta est. »

L. 44, 1 (eod).

L. 68, 4 (eod).

L. 3 pr. de Usuris.

Cependant il faut remarquer que, tout en étant généralement exacte, cette solution ne détermine pas encore d'une façon assez rigoureuse, le moment précis à partir duquel le fideicommissaire est considéré comme ayant droit aux fruits. Une distinction doit-être faite entre le cas de fideicommis pur et simple c'est-à-dire exigible par le bénéficiaire « presenti die » et celui auquel a été apposée une condition.

La disposition est-elle pure et simple ? Dès le moment de l'adition le fideicommissaire pourra constituer l'héritier en demeure, et dès ce moment les fruits lui seront dus. — C'est le cas le plus général.

Le défunt a-t-il au contraire apposé à sa libéralité une condition ? un tempérament devra être admis. Il est évident en effet que le fideicommissaire ne saurait avoir un droit aux produits de la chose antérieur au moment où son droit sur la chose même s'est ouvert. Il ne pourra donc réclamer les fruits perçus par l'héritier depuis l'époque de l'adition, jusqu'au dies cedens de la disposition, c'est-à-dire jusqu'à l'arrivée du terme ou l'événement de la condition

L. 22. 2. ad Trebell.

— A côté de ces décisions qui sont générales quant aux fruits, on en rencontre d'autres complètement différentes en ce qui concerne le part des esclaves.

L. 58. 4. ad Trebell,
L. 27. D. de Usufructu (VII, 1.)
L. 14. 1. de Usuris.

Elles n'infirment en rien les solutions précédentes, car il ne faut pas oublier qu'au point de vue des jurisconsultes romains le part de l'esclave n'était pas rangée dans la catégorie des fruits.

18. — Enfin il n'est pas inutile d'observer que les règles ci-dessus exposées ne recevaient pas application, si on reconnaissait que la volonté du défunt avait été que tous les fruits fussent restitués avec l'hérédité.

Cette volonté, ou bien se traduira par une dispositions expresse et formelle et alors aucune difficulté ne pourra s'élever ;

L. 18. pr. ad Trebell. (XXXVI, 1.)

ou bien elle devra être déduite implicitement des termes même de la disposition.

Il en sera ainsi par exemple au cas où l'héritier sera prié de restituer l'hérédité cum incremento.

L. 63. 4. ad Trebell.

ou bien aussi, si le testament porte fideicommis de ce
qui existera encore des biens du testateur entre les
mains du grevé au jour de sa mort « Quidquid ex bonis,
post mortem suam supererit ». Dans ce cas, choses héréditaires d'origine et fruits produits par elles devront
indistinctement être restitués. Toutefois sur cette
espèce on rencontre des solutions différentes données
par Papinien dans

L. 57. pr. ad Trebell.

et L. 3. 2. de Usuris.

Dans un texte il ordonne la restitution des fruits, dans
l'autre, il déclare que l'héritier n'y est pas obligé.
Nous ne croyons cependant pas à une véritable contradiction. On remarquera en effet que dans le premier
fragment, les termes employés par le disposant étaient
«quid quid ex hereditate bonisve meis supererit »; dans le second
« Quid quid de bonis supererit ». Le qualificatif « meis »
n'avait pas échappé à l'esprit essentiellement logique
et analytique d'un jurisconsulte romain. Les fruits
perçus après le décès n'ayant jamais appartenu au
disposant, lorsqu'il priait de rendre les biens qui
avaient été *siens*, on ne pouvait considérer l'héritier
comme rigoureusement tenu de faire la restitution,
de leurs accessions. Il en était autrement dans l'autre
hypothèse. Car les fruits pouvaient alors rentrer dans
l'expression plus large « ex bonis », puisqu'ils avaient
été produits par les choses héréditaires ou perçus à
leur occasion.

« Fructus percepti, fait observer Doneau (25), si qui supersunt,
« semper supersunt ex bonis at non possunt dici superesse ex heredi-
« tate qui ex hereditate percepti non sunt. »

(25) Doneau, Comment. de *jure civili*, L. VII. ch, 26. § 22.

19. — L'acquisition de la propriété « Lege, » c'est-à-dire par le seul effet de la loi, est à peu près le seul parmi les autres modes d'acquisition à titre particulier, qui présente ici des difficultés sérieuses. En ce qui concerne la mancipation, l'injure cessio, la tradition, l'usucapion et l'adjudication, il n'en est pas de même. Dès le moment même du transfert, l'acquéreur a droit aux fruits produits par la chose. Aucune question ne se pose évidemment s'il a été mis en possession immédiate. Il ne saurait y avoir lieu à compétition qu'au cas où par la négligence ou la mauvaise foi du propriétaire précédent, la mise en possession n'aurait été effectuée que postérieurement à cette époque. Alors l'acquéreur intentait naturellement la rei vindicatio. Nous aurons à déterminer dans la suite de cette étude, comment, sur cette action, se liquidaient ses droits aux fruits de la chose acquise.

CHAPITRE III

Acquisition des fruits par un tiers autorisé par le propriétaire.

20. — Ce n'est pas toujours au maître de la chose frugifère, que les fruits appartiennent. Il peut, tout en conservant par devers lui son droit de propriété, autoriser un tiers à les percevoir.

La cession de cette partie de ses droits pourra se présenter sous deux aspects bien différents.

1° Tantôt elle sera la conséquence d'un lien contractuel et obligatoire établi entre le propriétaire et un tiers, lien qui, ne conférant à ce tiers aucun droit réel sur la chose, ne repose que sur une obligation purement personnelle du propriétaire. Telle sera la situation du fermier vis-à-vis de son bailleur.

2° Dans d'autres hypothèses l'acquisition des fruits par un non-propriétaire résultera de la reconnaissance faite à une tierce personne d'un véritable droit réel sur la chose elle-même. Le dépouillement du propriétaire sera ici beaucoup plus complet que dans le cas précédent. C'est ce qui se produira en matière d'emphytéose, d'usufruit etc.

Nous aurons à examiner les situations les plus intéressantes rentrant sous l'une ou l'autre de ces deux catégories.

21. — L'idée d'un droit aux fruits résultant pour un tiers d'une simple obligation personnelle contractée par le propriétaire, fait songer immédiatement au fermier, plus généralement au locataire d'une chose frugifère.

Le fondement du droit du locataire sur les fruits de la chose louée repose sur une idée toute différente de celle admise précédemment en ce qui concerne le propriétaire. Dans l'acte constitutif du droit du fermier, se rencontre simplement, ainsi que l'observe Savigny (26), l'autorisation de prendre possession des fruits produits par la chose. Voilà tout ce que renferme à cet égard le contrat de louage. Aussi un auteur allemand, Kœppen (27) a-t-il pu dire avec raison qu'à ce point de vue, le fermier avait simplement droit à la tradition des fruits de la chose. — Lë bailleur en a la propriété avant leur séparation: cela est évident Il la conserve même après cette séparation. Pour qu'elle soit transmise au fermier, deux conditions sont requises.

1° Il faut que ce dernier les ait perçus c'est-à-dire en ait pris possession par une appréhension qui équivaudra à une véritable tradition, transférant leur propriété de la tête du bailleur sur la sienne.

2° — Ce qui est non moins important pour que le transport de propriété s'effectue, c'est que la perception ait eu lieu « voluntate domini. »

(26) *De la possession*, § 22, (a). II.

(27) *Der Fruchterwerb* des b. f. p:, p. 16. dans le même sens WINDSCHEID, I. § 186.

L. 62. 8. D. de furtis (XLVII. 2)

Si donc on suppose une défense faite par le bailleur de récolter les fruits, il faudra bien reconnaître que la perception même effectuée, n'en transfèrera pas la propriété au locaire (28).

L. 6. de donat. (XXXIX. 5)

L. 61. 8 de furtis (XLVII. 2)

Il ne pourra que demander par action personnelle des dommages-intérêts à son cocontractant qui n'aura pas rempli son obligation.

La translation ne sera donc complète qu'autant qu'au moment de la manifestation de l'animus dominii accipiendi de la part du locataire, subsistera encore chez le locateur l'animus dominii transferendi, que doit, à moins de preuve contraire, faire supposer existant la conclusion du contrat de louage.

« In omnibus rebus quæ dominium transferunt, concurrat oportet « affectus ex utraque parte contrahentium : nam sive ea venditio, sive « donatio. sive conductio, sive quælibet alia causa contrahendi fuit, « nisi animus utriusque consentit, perduci ad effectum id, quod in- « choatur, non potest, »

L. 55, de oblig. et act. (XLIV, 7).

Comme conséquence de ces principes, les textes déduisent, qu'au cas de vol des fruits avant que la perception en ait été effectuée par le locataire, la condictio furtiva sera exercée par le propriétaire. Le fermier n'aura que l'actio furti ; il pourra toutefois user de l'actio conducti pour contraindre son bailleur à exercer la condictio furtiva.

L. 26, 1, de furtis.

L. 60, 5, Locati. (XIX, 2).

28) WINDSCHEID, I. § 186. note 6.

Cependant il faut remarquer que s'il a disposé des fruits, même avant leur perception, il ne devra pas être traité exactement comme s'il avait disposé de la chose d'autrui. Dès le moment où la séparation s'est effectuée, de quelle que façon que ce soit, le propriétaire est réputé avoir voulu transférer la propriété des produits à son locataire. La perception par ce dernier, complément nécessaire de toute tradition, parfait cette transmission qui revêt alors une certaine rétroactivité. Le droit du locataire aux fruits étant in pendenti dès le moment de la séparation, il est naturel qu'après la perception, sa propriété soit considérée comme ayant commencé à exister dès cette séparation. — Toutefois, dans l'intervalle qui sépare ces deux époques son droit est purement éventuel. S'il est possible, en général, de valider rétroactivement les aliénations de fruits qu'il aura consenties même avant la prise de possession, il faut observer cependant que le droit du propriétaire sur ces mêmes fruits à cette époque, n'en reste pas moins complètement intact, et que, ce dernier, en disposant de son côté empêcherait ainsi de sortir à effet, les droits que le locataire aurait levés sur eux. — Jusqu'au moment de la prise de possession accomplie par lui, ses droits sont donc essentiellement révocables.

Telle est l'idée qui se dégage bien de

L. 6 de donat. (XXXIX, 5).

« Sed si is qui a me emerat, sive mercedi conduxerat, ut paterer
« eum sibi eximere (scilicet saxum ex fundo meo), si antequam
« eximat, me pœnituerit, meus lapis durat si postea ipsius factum
« avocare non possum : quasi traditio enim facta videtur, quum
« eximitur domini voluntate ».

L. 15, 1, Locati. (XIX, 2).

L. 25, 1, (eod.)

Aussi peut-on, non sans quelqu'apparence de raison comparer, à cet égard, la situation du locataire à celle d'un époux ayant reçu donation de son conjoint, époux, auquel la propriété de l'objet donné est censée acquise à partir de la mise en possession, si la mort du donateur vient plus tard à rendre la tradition parfaite.

L. 11, 9 de donat. inter... (XXIV, 1).

Enfin de cette idée même que l'acquisition des fruits par le locataire au fermier, dérive d'une tradition qui lui en serait consentie par le propriétaire, Savigny tire comme conséquence qu'en supposant le maître de la chose principale, dominus ex jure quiritium, le fermier acquerra sur les fruits une propriété, tantôt quiritaire, tantôt simplement bonitaire : quiritaire, si le fruit est une res nec mancipi comme les récoltes, les produits agricoles en général ; bonitaire, si c'est une res mancipi, comme un cheval, un bœuf, parce qu'en ce cas, la simple tradition n'est pas suffisante pour l'acquisition d'une propriété quiritaire.

52. — Le locataire n'a le droit de faire siens les fruits produits par la chose louée qu'en vertu du lien contractuel qui existe entre lui et son bailleur. Il n'y a entre lui et la chose aucune relation directe ; son droit est purement personnel. Nous avons constaté déjà précédemment l'existence d'une autre catégorie de personnes, pour lesquelles la jouissance de la chose frugifère dérive d'un véritable droit réel. De ce nombre sont l'emphytéote, l'usufruitier, le simple usager, et dans quelques cas, le créancier gagiste.

On sait qu'à Rome, les cités ou plus généralement les Universitates, ne pouvant exploiter par elles-mêmes les biens fonds qu'elles possédaient, prirent de bonne heure l'habitude de les concéder à titre de bail à des particuliers, en leur reconnaissant le droit d'en demeurer en possession tant qu'ils paieraient exactement la redevance fixée dans le contrat. Les empereurs usèrent ensuite de ce mode d'exploitation pour leurs biens patrimoniaux et les grands propriétaires firent de même. Ce bail à perpétuité se distingua bientôt de la location ordinaire. Les conditions même dans lesquelles il était consenti, amenèrent les jurisconsultes à reconnaître au preneur, plus qu'un simple droit personnel : un véritable droit réel qui reçut le nom d'emphytéose. L'emphytéote cependant n'était en somme qu'un simple locataire. Néanmoins le privilège qui lui avait été accordé eût pour conséquence de rendre, en ce qui concerne l'acquisition des fruits sa situation beaucoup meilleure que celle de ce dernier. Tandis que le fermier a besoin de la perception et, en réalité, d'une véritable tradition du propriétaire pour faire siennes les productions de la chose, le titulaire d'un droit emphytéotique fut presque complètement assimilé au propriétaire et il fut admis que la simple séparation ferait entrer dans son patrimoine les fruits produits par le fonds.

L. 25. 1. de Usuris.

Savigny explique ce mode d'acquisition par cette considération, que l'emphytéote a la possession juridique de la chose principale. Nous croyons avec M. de Wangerow (29) plus simple et plus naturel de lui

---

(29) *Lehrbuch der Pandekten* § 326.

donner pour cause l'attribution faite à l'emphytéose de la majeure partie des droits d'un propriétaire. La considération de la possession juridique, qui lui était reconnue. n'est assurément pas un motif étranger à la faveur dont il jouissait à cet égard ; mais elle n'est pas suffisante. Car avec elle seule l'emphytéote qui ne possède pas ne devrait pas pouvoir acquérir les fruits. On était conduit d'ailleurs à cette solution plus naturellement par l'assimilation presque complète qui avait été faite de lui au propriétaire.

23. — Bien que possédant un droit réel sur la chose, l'usufruitier est, en ce qui concerne le mode d'acquisition des fruits, assimilé au fermier ou locataire. Pour qu'ils entrent dans son patrimoine, la perception est nécessaire. Cette décision peut sembler surprenante. On comprend en effet que les fruits appartiennent au nu-propriétaire, tant que, pendants encore, ils vivent de la même vie que la chose productrice, font en réalité partie intégrante d'elle-même. Mais lorsque la séparation a fait d'eux des objets particuliers, ayant désormais une existence distincte, ne serait-il pas naturel qu'ils fussent immédiatement acquis à celui auquel le propriétaire a concédé sur. eux un droit exclusif. Cependant, il n'en était pas ainsi et tous les textes posent en règle générale que les fruits n'appartiennent à l'usufruitier qu'autant qu'il les a perçus, c'est-à-dire qu'il y a eu de sa part ou de la part d'un tiers agissant en son nom, prise de possession.

L. 12, 5 de Usufr. (VII, 1.)

Inst. II, 1, 37.

Peu importe, d'ailleurs, que la perception ait eu lieu avant la maturité des fruits.

L. 48, 1, de Usufr.

L. 42, de Usu et Usuf. (XXXIII, 2.)

Une exception était faite en ce qui concerne le croit des animaux qui, demeurait acquis à l'usufruitier par la simple séparation.

L. 38, pr. de Usuris.

Inst, II, 1, 37.

Il serait difficile de donner une raison bien plausible de cette différence. Car, en réalité, comme les autres fruits, le croît ne se détache que lorsqu'il est mûr (30).

Une autre exception se produisait au cas où l'usufruitier avait été empêché de faire la récolte par le fait même ou la faute du propriétaire.

L. 36, 2, de usufructu.

L. 47, eod.

L'assimilation de l'usufruitier au locataire, quant au mode d'acquisition des fruits est donc indéniable. Mais une remarque qui a son importance doit être faite, c'est que la prise de possession ne peut être considérée comme le complément d'une tradition consentie et commencée en quelque sorte par le maître de la chose (31). Mais en ce qui concerne le locataire, ce point de vue serait faux quant à l'usufruitier, pour lequel la volonté contraire du nu-propriétaire ne saurait, après la constitution du droit, empêcher la perception de produire ses pleins effets.

---

(30) Aussi Windscheid (§ 186, note 5.) se refuse à reconnaître cette exception. Le « *Statim* » ne lui semble pas avoir un sens suffisammen précis pour créer ici une dérogation à la règle générale.

(31) *Sic :* Windscheid, § 186, note, 6. — L'opinion opposée se retrouve dans le *traité de la Possession* de Savigny, § 22 (*a*).

Dans l'entretemps de la séparation à la perception, la propriété des fruits se trouve in pendenti. Elle appartient à la fois au nu-propriétaire, sous la condition résolutoire d'une perception ultérieure faite par l'usufruitier, et, à ce dernier, sous la condition suspensive de son appréhension. L'événement de la condition, c'est-à-dire la perception, a un effet rétroactif, de telle façon que la propriété est censée avoir été acquise à l'usufruitier dès le jour même de la séparation, si postérieurement il a pris possession. Il en résulte que tous les droits réels qu'aurait pu constituer le propriétaire dans cet intervalle doivent être déclarés nuls ab initio et par conséquent dénués de tout effet. Toutefois le concédant, propriétaire résolutoire et par conséquent actuel, pourrait seul, en cas de vol commis avant toute appréhension de l'usufruitier, intenter la condictio furtiva, équivalent en ce cas à la rei vindicatio. L'usufruitier n'aurait à sa disposition que l'action furti.

L. 12, 5, dé usufr. (VII, 1) (32)

Une fois perçus, les fruits sont irrévocablement acquis à l'usufruitier. Il n'y a pas à son égard à dis-

---

(32) Ce texte a présenté pour certains commentateurs allemands, notamment Kœppen (app. cit. p. 25 et suiv.), de sérieuses difficultés provenant de ce qu'ils ne reconnaissaient pas effet rétroactif à l'accomplissement de la condition résolutoire. La seule solution possible consiste alors à déclarer la chose *res nullius* dans l'entretemps. Sa condition sera ainsi analogue à celle de la chose léguée pure *per vindicationem* ; sans vouloir entrer dans les détails de cette controverse, nous repoussons ce point de vue qui ne peut rendre compte de l'autorisation donnée au nu-propriétaire d'exercer la *condict. furtiva.*

tinguer entre ceux qui déjà sont consommés au moment de l'extinction de son droit.

24. — Les considérations précédentes ont trait à la nature même et au fondement du droit de l'usufruitier. Reste à déterminer l'objet et l'étendue de ce droit.

A ce sujet il importe de remarquer qu'il ne s'étend qu'aux productions de la chose qui constituent des fruits dans le sens étroit de ce mot, c'est-à-dire celles que cette chose donne d'après sa destination naturelle ou convenue, d'une manière à peu près périodique. Tels sont les blés, et autres céréales, les pommes, poires, etc. Il faut-en dire autant du lait, de la laine et du croît des animaux.

Instit: de usufructu. § 37.

Peu importe, à son égard, que la production ait été préparée par le fait d'un autre, il profitera donc des récoltes déjà mûres, mais encore pendantes, au moment où à commencé l'usufruit de même que celles qu'il laisserait sur pied à l'extinction de son droit n'appartiendraient pas à ses héritiers. Il peut ainsi avoir recueilli une récolte dont il n'a pas fait les frais, comme en laisser une qu'il aurait lui-même préparée, cela sans qu'il y ait jamais lieu à aucune indemmité, ni à la charge, ni en sa faveur.

L. 27. pr. de usufr.

Sans aucun doute l'expression stantes fructus désigne dans ce texte les fruits encore pendants, et non pas ceux qui déjà perçus se trouveraient encore existants.

On a soutenu cependant que le propriétaire devait compte à l'usufruitier ou à ses héritiers des frais de culture pour la dernière année. On a invoqué à cet égard, deux textes d'où il semblerait résulter qu'il n'y a de fruits que déduction faite de ces frais.

L, 36. 5. de hered. pet, (V. 3)

L. 7. 10. solut. matrim. (XXIV. 3)

« Fructus intelliguntur deductis impensis, quæ quærendorum, « cogendorum, conservandorumque eorum gratiâ fiunt ».

« Quia ex frnctibus prius impensis satisfaciendamt est ».

Mais ces textes se réfèrent à des hypothèses bien différentes de la nôtre. — Le premier fixe l'étendue des restitutions à faire par le possesseur d'une hérédité au véritable héritier. — Le second règle le partage des fruits de la dot entre le mari et la femme ; or il n'y a en réalité, que le produit net de la dot qui puisse être considéré comme pouvant aider à soutenir les charges du ménage; ces décisions ne peuvent trouver application en matière d'usufruit.

25. — Nous avons dit précédemment que le titulaire d'un usufruit ne pouvait prétendre qu'aux fruits, entendus dans le sens strict de ce mot. Certains droits, cependant lui étaient reconnus, sur le gibier, les arbres des forêts, les produits des mines et carrières.

1° Le gibier et le poisson lui sont acquis

L. 9. 5. de usufr.

au moins en tant qu'ils constituent à peu près les seuls produits de la chose engagée.

L. 26. de usuris et fruct. (XXII. I)

2° Les arbres étaient traités comme fruits lors qu'ils faisaient partie d'une pépinière

L. 9. 6. de usnfr.

1° Il en était de même lorsque le droit d'usufruit portait sur un bois taillis, « sylva cædua », c'est-à-dire destiné à être coupé à intervalles réguliers.

L. 30. De Verb. Sign.

Même abattus en dehors des époques régulières établies par la coutume du lieu où l'usage constant des propriétaires les bois n'en appartenaient pas moins à l'usufruitier (33). C'était la conséquence rigoureuse de ce principe que la perception seule suffit pour faire acquérir la propriété des fruits, même avant leur maturité.

Il était d'ailleurs autorisé à faire des coupes, nonseulement dans la mesure de ses besoins personnels, mais au-delà, avec faculté de les vendre. Cependant on s'est fondé sur un texte.

L. 9. 7. de Usufructu

pour restreindre ce droit au cas où la forêt constituait l'objet principal de l'usufruit. Cette opinion, d'ailleurs contraire aux principes généraux reçus en la matière, doit être repoussée. Une saine interprétation du texte proposé conduit à reconnaître qu'en ce cas « l'ager unde palo in fundum, cujus ususfructus legatus est, « solebat pater familias, uti », était un fonds étranger et différent de celui sur lequel l'usufruit avait été constitué (34).

4° Dans une Sylva non cædua, c'est-à-dire ne comprenant que des bois de haute futaie, il ne peut en général faire aucune coupe. On lui permet seulement de s'approprier les bois morts, les arbres déracinés par le vent en tant au moins que cela est nécessaire à ses besoins personnels.

L. 12. pr. de usufr.

et à charge de les remplacer

---

(33) Sic. *Wangerow. § 244. Note 1.*
(34) *Doneau : Comment. jur. civ. X. 7· — Wangerow § 244. Note 1.*

L. 78. eod.

Il n'est autorisé à couper des arbres vivants, que si cela est nécessaire pour tailler des échalas pour les vignes, ou faire des réparations urgentes dans le fonds soumis à l'usufruit

L. 12. pr. eod.

Et encore sous la condition de ne causer aucune détérioration

L. 10 (eod.)

et de ne pas se servir des plus grands arbres

L. 11. eod.

5° En ce qui concerne les mines et carrières, les produits ne sont en général réputés fruits qu'autant qu'elles ont été ouvertes antérieurement à la constitution de l'usufruit

L. 9. 2. de usufructu.

L. 13. 5 (eod)

Mais il lui est en général interdit d'en ouvrir de nouvelles à raison de son obligation de ne pas modifiés la substance de la chose. — Toutefois ce principe ne semble appliqué dans les textes qu'autant que l'usufruit portait sur un seul fonds. S'il était établi sur un domaine entier, on ne pouvait considérer l'ouverture de carrières sur une partie du fonds comme en changeant la substance. Si cette modification était faite dans des terres impropres à la culture, elle ne pouvait non plus être traitée comme détérioration. L'usufruitier n'avait donc pas outrepassé son droit en faisant ouvrir les carrières, dont les produits devaient être considérés comme fruits. — Il en serait ainsi même au cas où les terres auraient été auparavant livrées à la culture, car il n'y a pas ici, plus que dans le cas précédent, changement de substance, et il n'y aura pas détérioration si les revenus se trouvent être plus considérables qu'antérieurement (35).

L. 13. 5. de usufructu.

26. — Enfin, il faut combiner le droit de l'usufruitier avec celle de ses obligations qui l'astreint à ne causer aucune détérioration à la chose. Il en résulte, au cas où cette chose est un troupeau, que le croît, bien que constituant un fruit proprement dit, ne lui demeurera en définitive qu'autant qu'il aura comblé avec les jeunes sujets les vides causés par la mort des anciens.

L. 68. 2. de usufructu.

Tant que le troupeau contient le nombre de têtes normal, le croît est acquis à l'usufruitier.

« Puto autem verius esse, ea quæ, pleno grege edita sunt, ad fructuarium pertinere. »

L. 70. 4. de usufr.

« Gregis usufructu legato, grege integro manente, fructus ad « usufructuarium pertinent. »

Paul. Sent. III. 7. 20.

Faut-il conclure de là qu'au moment où des vides existent déjà au moment de la naissance des jeunes sujets, ceux-ci appartiennent de plein droit et irrévocablement au nu-propriétaire, par conséquent, qu'il y ait exception complète et absolue au principe général en vertu duquel les fruits sont acquis à l'usufruitier par la perception ? Telle n'était pas la doctrine des jurisconsultes romains ; et l'argumenta contrario qu'on voudrait tirer des lois précitées ne saurait valoir,

(35) *En ce sens Wangerow. Loco. cit.*

contre la décision formelle donnée par Julien, et rapportée par Ulpien dans la

    L. 70. 1. de usufr.

  « Interim tamen, quamdiu summittantur et suppleantur capita quæ
« demortua sunt, cujus sit fœtus quæritur. Et Julianus libro trice-
« simo quinto Digestorum scribit, pendere eorum dominium, ut si
« summittantur sint proprietarii; si non summittantur fructuarii. »

D'où résulte bien que le droit du nu-propriétaire sur eux est purement conditionnel et subordonné au remplacement que devra opérer l'usufruitier. C'est donc, jusqu'au moment de cette substitution, l'usufruitier qui est considéré comme propriétaire, c'est à partir de cette époque qu'il cesse de l'être.

Pomponius :

  « Nam aloquin quod nascitur fructuarii est, et cum substituit,
« desinit ejus esse. »

    L. 69. de usufruct.

27. — L'examen des droits de l'usufruitier appelle celui des droits du simple usager. Il semble au premier abord contradictoire d'étudier l'acquisition des fruits par une personne à laquelle n'a été concédé que le simple usage d'une chose. Cette contradiction toutefois n'est qu'apparente parce qu'en nombre de circontances, les jurisconsultes romains avaient été amenés à reconnaître à l'usager, dans une certaine mesure, un droit à certaines productions de la chose.

Cette extension de droit, bien que peu fréquente, se produisait dans différents cas. Elle était d'ailleurs toujours plus favorablement admise, lorsque la constitution d'usage résultait d'un legs.

  « Neque enim, nous dit Ulpien, tam stricte interpretandæ
sunt voluntates defunctorum. »

    L. 11, 2. de usu, (VII. 8)

Les hypothèses prévues par les textes sont les suivantes :

1° On a concédé l'usage d'une villa, d'une campagne. On comprend alors dans l'usage la jouissance de la partie des fruits qui peut être nécessaire à l'usager.

L. 12. 1. de usu. (VII. 8)

L. 15. pr.)eod.)

Encore, ce droit avait-il été contesté par Nerva. Mais Sabinus et Cassius, Proculus et Labeon, et Ulpien qui approuve leur opinion, le lui accordaient au moins dans la mesure de ses besoins.

2° Le droit porte sur un troupeau. Au sens strict du mot, le simple usage consisterait à employer ce troupeau ad stercorandos agros. Il ne conférerait aucun droit au croît, au lait et à la laine, parce que ce sont des fruits. Une interprétation plus large acceptée par Ulpien,

L. 12. 2. (eod.)

autorise l'usager à se procurer sur les troupeaux un peu de lait, c'est-à-dire ce qui est nécessaire à sa consommation. Quant au croît et à la laine, en aucun cas il n'en peut rien retenir, une benigna interpretatio ne devant pas encore aller trop loin.

3° Enfin, dans un cas particulier, l'usage était complétement assimilé à l'usufruit ; c'est lorsqu'il avait été constitué sur une forêt. Un rescrit d'Adrien avait décidé que les droits de l'usager seraient alors les mêmes que ceux de l'usufruitier.

« Quia nisi liceret legatariis cædere sylvam et vendere, quemad modum usufructuariis licet, nihil habituri essent ex eo legato ».

Ce qui est remarquable dans ce texte, c'est ce droit de vendre les coupes accordé à l'usager. Certains

5*

auteurs pour l'expliquer, ont supposé qu'il s'agissait d'une forêt située à grande distance de son habitation, de telle façon que, s'il coupait le bois qui lui est nécessaire et le faisait transporter chez lui, les frais seraient plus grands que s'il en achetait d'autre.

C'est là une hypothèse purement gratuite que n'autorise en rien un texte conçu en termes fort généraux. Il faut donc voir ici une véritable dérogation aux règles ordinaires. Elle s'explique d'autant mieux qu'à la différence de l'usage d'une maison, d'un troupeau, etc., un pareil droit constitué sur une forêt eût été parfaitement inutile. Or un principe d'interprétation déjà reçu en droit romain, exigeait que tout acte ou toute disposition fut entendu dans un sens capable de lui donner quelqu'effet.

Quant à ce qui concerne le mode de l'acquisition des fruits, dans les cas restreints où elle était permise à l'usager, les principes étaient les mêmes que pour l'usufruit, et la perception par le titulaire du droit était évidemment nécessaire.

28. — Le locataire et l'emphytéote, l'usufruitier et l'usager ont un droit aux fruits dérivant de la volonté du propriétaire. Le créancier gagiste, dans l'hypothèse d'un contrat d'antichrèse, est dans le même cas.

En général, l'engagement d'une chose donne seulement au créancier le droit de la posséder pour sa propre sûreté, et de la faire vendre, pour se payer sur le prix, du montant de ce qui lui est dû. Le créancier gagiste n'a pas même le droit de se servir de la chose. Le fait-il sans l'assentiment du débiteur ? Il est traité comme commettant un véritable vol furtum usus.

L. 54, pr. de furtis (XLVII, 2.)

Inst. de Obl. quae ex delicl, § 6.

A plus forte raison, ne pouvait-il gagner les fruits qu'il devait imputer, d'abord sur les intérêts de sa créance, ensuite sur le capital.

L. 1· C. de pigner. (IV, 24.)
L. L. 2 et 3. (eod.,

Toutefois il en était autrement lorsqu'en vertu d'une convention, dite d'antichrèse, le propriétaire lui abandonnait ces fruits comme équivalant aux intérêts de sa dette. On peut se demander à quelle époque se placera alors l'acquisition faite par le créancier. Faudra-t-il l'assimiler au simple usufruitier et exiger de lui la perception ? La simple séparation suffira-t-elle au contraire ? On ne trouve dans les textes aucun renseignement précis à cet égard. Mais si on remarque que, comme l'emphytéote, il a en même temps la possession juridique du sol, on devra tenir au moins pour fort probable que la simple séparation, de quelque façon qu'elle ait eu lieu, suffisait pour lui faire acquérir la propriété des fruits (36).

29. — Enfin aux situations précédentes dans lesquelles un non dominus acquiert cependant la propriété des fruits à la chose, en vertu du consentement du propriétaire lui-même, il faut ajouter celle du possesseur des fonds provinciaux.

On sait qu'en principe tout territoire conquis par les armes romaines appartenait à la République c'est-à-dire à l'Etat. Bien qu'on laissât en général aux détenteurs les fonds qu'ils cultivaient, la conquête avait pour effet d'opérer une mutation dans leurs

(36) Savigny : *Possession*, § 22. (a.) — Maynz, I, § 160, note 13.

titres. Après elle, ils n'étaient plus considérés comme propriétaires véritables, mais comme simples possesseurs.

Gaius. Comment. II. 7.

« In provinciali solo dominium populi Romani est, vel Cæsaris ; « nos autem possessionem tantum et usumfructum habere videmur. »

Les fonds italiques seuls et depuis la guerre sociale seulement, comportaient un véritable dominium privé. Les détenteurs de fonds provinciaux n'en avaient que la possession et la jouissance, jouissance pour laquelle ils devaient payer une redevance dont l'Italie fut exempte jusqu'au troisième siècle de l'ère chrétienne. Cette redevance n'était autre chose que l'impôt foncier. Ils n'étaient donc pas, au sens propre du mot, propriétaires des biens qu'ils détenaient. Cependant il ne faudrait pas conclure des textes de Gaius qu'ils n'étaient absolument considerés que comme de simples usufruitiers. C'est à la surface des choses, plutôt qu'au fonds que se manifeste la différence entre le droit du propriétaire d'un fonds italique et celui du possesseur d'un fonds provincial. Il est certain notamment, qu'en ce qui concerne l'acquisition des fruits, elle se réalisait pour l'un et pour l'autre dès le moment de la simple séparation. Ce qui a été dit, relativement aux droits du propriétaire, trouve donc en général application au droit du détenteur des fonds provinciaux. Ce dernier n'était pas, il est vrai, garanti par la rei vindicatio du droit civil ; mais il l'était par une action réelle utile dont la formule seule différait et dont les résultats étaient identiques.

Au surplus il faut ajouter que la différence entre les fonds italiques et les fonds provinciaux s'effaça peu à peu. Les besoins toujours croissants du fisc firent étendre l'impôt foncier à l'Italie. Dès l'époque de Dioclétien on rencontre les mots dominium et dominus appliqués à la possession des fonds provinciaux.

Frag. Vat. 315 et 316.

L'unification faite à cet égard par l'empereur Justinien

L. unic. C. de nud jure (VII, 25.)

Inst. II. 1. 40.

ne fut donc que la consécration légale d'une assimilation depuis longtemps acceptée.

CHAPITRE IV

Acquisition des fruits par un tiers non autorisé par le propriétaire.

30.— Jusqu'ici nous avons vu l'acquisition des fruits naturels s'opérer soit au profit du propriétaire lui-même, soit au profit d'une personne étrangère mais en vertu de son consentement : La législation romaine avait reconnu le même droit indépendamment de toute autorisation à toute personne possédant de bonne foi une chose frugifère appartenant à une autre.

Pour pouvoir à ce titre prétendre un droit quelconque sur les fruits il fallait donc :

1° Etre possesseur, c'est-à-dire, détenir par soi-même ou par un représentant une chose appartenant en réalité à autrui.

2° Etre de bonne foi, c'est-à-dire se croire véritablement propriétaire par suite de l'ignorance où l'on est du défaut de droit de celui qui a transmis la chose.

L. 109 de verb. Signif.

« Bonae fidei emptor esse videtur qni ignoravit, eam rem alienam
« esse ; et putavit eum qui vendidit jus vendendi habere, puta pro-
« curatorem esse. »

Peu importe d'ailleurs que la chose ait été acquise à titre gratuit ou onéreux.

Mais le possesseur ne pourra jamais valablement invoquer qu'une erreur de fait. Une erreur de droit ne pourrait en aucun cas constituer un titre d'acquisition.

L. 7, de jur et fact. (XXII, 6.)

« Juris ignorantia non potest acquirere volentibus ; suum vero pe« tentibus non nocet. »

L. 31, fr. de Usurpat. (XLI, 3).

« Nunquam in usucapionibus juris error possessori prodest. »

Cependant ce principe a été contesté (37).

Quelle que soit d'ailleurs la nature de l'erreur servant en quelque sorte de base à la bonne foi une question sur laquelle les commentateurs sont loin d'être d'accord est celle de savoir, si cette bonne foi doit exister, non seulement au moment de la prise de possession, mais encore à l'époque de la séparation des fruits. En d'autres termes la mala fides superveniens empêche-t-elle leur acquisition ?

Les textes que nous possédons, témoignent déjà de dissentiments existant à cet égard entre les jurisconsultes romains. D'un côté, il est certain qu'en matière d'usucapion l'existence de la bonne foi ab initio était suffisante. Julien fait application du même principe à l'acquisition des fruits.

L. 25, 2 de Usuris.

Mais d'autre part, cette opinion semble être demeurée isolée dans la jurisprudence Romaine. Les autres textes exigent invariablement la subsistance de cette bonne foi singulis momentis.

(37) V. Gluck, vol VIII, p. 269, note 87.

'L. 23. 1. de adq. rer. dom. (XLI. I.)

L. 40. (eod.).

L. 48. 1. (eod.)

Ces fragments tirés de Paul, d'Africain et d'Ulpien, sont une preuve suffisante que tel était bien l'opinion dominante. On a cherché de mainte façon à les concilier avec le passage de Julien. Peût-être est-on exposé à tenter longtemps encore une conciliation ! A cela rien de surprenant ; car il n'y a pas lieu de s'étonner que le Sabinien Julien, se fut trouvé sur ce point comme sur beaucoup d'autres en dissentiment avec l'école Proculienne.

31. — Ces conditions étant réunies, le possesseur gagne en général les fruits produits par la chose. (fructus suos facit — lucratur fructus). Les textes le représentent comme ayant « jus pæne quod dominis tributum est ». La raison juridique de cette faveur est assez difficile à déterminer. Il ne faudrait pas à cet égard prendre à la lettre les termes du § 35 (de divisione rerum) des Instituts ou cette attribution est présentée comme la récompense des soins et du travail donné par lui à la chose « pro culturâ et curâ .» Pour qui admettrait cette idée il faudrait décider que les fruits dont la production n'a exigé de lui, ni soin, ni travail ne lui appartiendront pas, ce qui serait faux, bien que cette doctrine se retrouve formulée dans un texte de Paul.

L. 48 pr. de adq. rer. dom.

et que la distinction ait été faite par Pomponius

L. 45 de usuris.

dont l'opinion d'ailleurs est demeurée isolée.

Le véritable motif se retrouve dans cette considération que les fruits servent en général à l'entretien de la chose et celui du propriétaire, se dépensent au jour le jour et se consomment rapidement. Obliger le possesseur de bonne-foi, après un temps peut-être assez long à restituer tous les fruits qu'il aurait perçus, c'eût été lui faire une position bien rigoureuse puisque, présumé avoir dépensé les produits de la chose lautius vivendo, il ne pourrait être considéré comme s'étant enrichi. Il fallait donc, observe M. Accarias (38) opter entre le possesseur qui souvent n'a pas pu vérifier le droit de son auteur et le propriétaire négligent qui a laissé sa chose s'égarer aux mains d'un tiers : on n'a pas hésité à sacrifier le propriétaire. — Ajoutons qu'une telle décision présentait en outre un avantage incontestable, qui peut-être n'a pas été aperçu par les jurisconsultes romains. Elle assurait la sécurité des transactions commerciales dont les récoltes, les fruits, en général sont si souvent l'objet. Si le possesseur ne les avait faits siens, il est évident qu'il n'aurait pu transmettre à un tiers quelconque, auquel il les aurait cédés, plus de droit qu'il n'en avait lui-même. Son acheteur, locataire, etc , se seraient donc vus exposés à une revendication du propriétaire. On comprend quel trouble une telle situation eut apporté dans les transactions de chaque jour.

32. — Avant d'entrer d'une façon plus intime dans l'étude des droits reconnus au possesseur de bonne foi sur les fruits, je dois faire remarquer que la législation romaine distinguait nettement la situation

(38) *Précis de Droit romain*, I, n° 250.

d'un tiers possesseur d'une chose particulière de celle du possesseur d'une hérédité en tant que universitas juris. Je m'occuperai successivement de l'un et de l'autre cas.

Pour déterminer d'une façon complète le droit du possesseur d'une chose particulière sur les fruits, il faut le mettre en face du propriétaire venant réclamer sa chose, par conséquent, le supposer défendeur non absous dansla rei vindicatio. La détermination de son droit résultera des solutions admises en ce qui concerne la restitution des fruits. A cet égard on distinguait ceux perçus par lui avant la Litis contestatio et ceux qui ne l'avaient été que postérieurement.

33. — *Fruits perçus avant la Litis-contestatio.*

En général la restitution de ces fruits n'est pas exigée du possesseur. Les textes nous le représentent comme les acquérant dès le moment de leur séparation.

Inst. II. 1. 35.

D. 25. 1. de Usuris.

Peu importe d'ailleurs que cette séparation ait eu lieu par son fait ou par celui d'un tiers.

Toutefois il n'en est ainsi qu'autant qu'au moment de la Litis contestatio, les fruits auront été consommés par lui soit matériellement, soit civilement, par l'effet d'une aliénation à titre gratuit ou onéreux.

L. 22. C. de rei vind (III, 32.)

Inst. IV. 17. 2.

L. 40. in fine. de adq. rer. dom.

L. 4. 19 du Usurpat. (XLI. 3.

En définitive donc, le possesseur de bonne foi ne semble gagner les fruits que par la consommation qu'il en fait.

On comprend combien ces deux idées : acquisition par simple séparation — restitution des fruits extantes ont dû sembler difficiles à concilier et paraître s'exclure l'une l'autre. De là, nombre de divergences entre les commentateurs et grande hésitation lorsqu'il s'agit de déterminer la nature exacte du droit du possesseur de bonne foi.

Après leur consommation, la question ne peut en être une. Mais elle est des plus délicates pour le temps qui sépare l'époque de la production de celle de cette consommation.

Savigny (39) ne reconnaît au possesseur sur les fruits d'autre droit que celui qu'il a sur la chose frugifère elle-même, par conséquent, un simple droit de possession. « D'après les règles de la possession, « écrit-il, dans le cas de la division d'un objet en « parties détachées, l'appréhension ainsi que la justa « usucapionis causa passent de l'ensemble à chacune « de ces parties ; de sorte que dans notre espèce la « bonæ fidei perceptio commence par leur simple sépara- « tion. Il ne faut pour cela, ni une nouvelle appré- « hension fructuum perceptio proprement dite, ni une « nouvelle justa causâ. » La conséquence nécessaire qui en découle c'est que l'usucapion seule pourra faire acquérir au possesseur la propriété des fruits.

Windscheid (40) suit un système analogue.

Janke (41) lui reconnaît un véritable droit de pro-

(39) *De la Possession*, § 22, (*a*) III.
(40) Lehrbuch des Pandektenrechts, § 186.
(41) Das Fruchtrecht des redlichen Besitzers.

priété, mais ne consent à voir en lui qu'un propriétaire bonitaire.

Enfin suivant l'opinion la plus ancienne, celle qu'aujourd'hui encore on peut considérer comme dominante il acquerrait une propriété complète et quiritaire (42). C'est ce qui explique pourquoi Justinien mêle au § 35 l'acquisition des fruits à l'acquisition de la propriété, et comment Papinien refuse au propriétaire de la chose frugifère toute propriété sur sur les fruits, si la chose est en la possession d'un tiers de bonne foi.

L. 1. 2. de pignor. et Hypothecis (XX. 1.)

C'est la seule interprétation possible des passages où les jurisconsultes romains disent du possesseur de bonne foi « fructus suos facit — fructus ejus fiunt, — ad eum pertinent. »

L. 25. par 1 et 2 de Usuris.

L. 13. quib. mod. ususfr. amittitur.

Il ne peut exister avoir sur le sens de ces expressions le moindre doute, si on remarque avec Wangerow qu'elles sont identiques à celles employées relativement à l'usufruitier et à l'emphytéote, qui ont certainement sur les fruits un véritable droit de propriété.

L. 13, in fin. quib. mod. usufruct.

L. 25, 1, de usuris.

L. 28, pr. eod.

Est-il possible d'admettre, avec Savigny et Windscheid, qu'elles n'aient trait qu'à un simple droit de

---

(42) WANGEROW. III, 326. Cet auteur admet en outre que la propriété du possesseur est irrévocable. Mais cette idée ne peut se concilier avec l'obligation de restitution. KŒPPEN, op. cit. p. 44 et suiv. GLÜCK, VIII § 591.

possession, semblable à celui qui s'exerce sur la chose principale. – Ce dernier auteur a donné de leur emploi une explication qui, pour être ingénieuse, n'en est pas moins singulière. Selon lui, le possesseur de bonne foi d'une chose frugifère n'aurait sur les fruits qu'un droit de possession. S'il n'est pas sujet à restitution après les avoir consommés, c'est que cette consommation ne lui a causé aucun enrichissement. Cette règle peu juridique fut d'ailleurs, suivant lui, la conséquence d'une nécessité pratique. Les expressions « fructus suos facit, » etc., employées d'abord dans la langue vulgaire qui ne s'attachait guère qu'à l'apparence extérieure, seraient ensuite passées dans la langue des juristes sans qu'il faille pour cela en tirer aucune conséquence théorique, — Si quelque texte autorisait une semblable conjecture, peut-être serait-elle admissible. Malheureusement, de preuves à l'appui, il n'en est point ; c'est une supposition purement gratuite. peut-être faut-il dire invraisemblable. Car il serait bien extraordinaire que des jurisconsultes comme Julien, Gaïus et autres, aient constamment employé ces expressions sans s'expliquer une fois sur le sens particulier qu'ils leur accordaient.

L'idée d'une propriété bonitaire proposée par Janke n'est pas plus admissible que celle d'une simple possession. Grâce à elle, cet auteur prétend expliquer la restitution des fruits encore subsistants parce que, dit-il, la propriété bonitaire, doit céder en tous cas devant la propriété quiritaire. Simple allégation, qu'il serait peut-être facile de réfuter ! Mais sans se laisser entraîner à cette digression, on peut toujours répondre que toute différence entre l'une et l'autre avait été supprimée par Justinien et que cependant, c'est surtout à l'époque Justinienne qu'on voit faire une distinction parfaitement tranchée entre les fructus extantes et les fructus consumpti.

Il faut donc, en définitive, reconnaître, sur eux au possesseur une véritable propriété, un dominium complet. C'est ainsi qu'on les assimile à son égard aux acquisitions faites à son profit par un esclave qu'il détiendrait dans les mêmes conditions.

L. 25, 1, de usuris.

34. — D'ailleurs cette idée d'une pleine propriété acquise au possesseur de bonne foi est-elle donc si inconciliable avec celle d'une restitution obligée des fructus extantes ? On se résigne généralement à la regarder comme telle.

Quelques auteurs, agissant d'une façon tout à fait radicale, suppriment la difficulté. Il faudrait, suivant eux, entendre dans la loi 22, C. (de rei vindicatione) ces expressions fructus extantes, dans le sens de fruits encore pendants. Il n'y aurait alors aucune difficulté à admettre une restitution obligatoire. On s'appuie à cet effet sur

L. 7, 15. Solut. matrim. (XXIV, 3.)

L. 26, 1, de furtis (XLVII, 2).

L. 27 pr. de usufr. (VII, 1.)

fragments dans lesquels une telle interprétation est seule admissible. — Malheureusement il est question dans ces textes non pas de fructus exstantes, mais de fructus stantes ; et il faut bien admettre qu'entre stare et extare il y a une certaine différence de signification. Mais en fut-il autrement que l'interprétation proposée se réfuterait encore facilement. Le sens accordé au mot extantes serait en ce cas, on le reconnaît d'ailleurs, un sens tout à fait spécial. Or, s'il est, observe Glück, une règle d'interprétation dont on ne doive se départir que dans la mesure du strict nécessaire, c'est bien celle qui exige qu'on donne leur sens usuel alors qu'il n'est pas prouvé qu'un sens technique lui ait été attribué par le législateur. Il y a d'autant moins à douter ici que le sens usuel comprenne les fruits encore existants, qu'il est incontestable que ceux encore pendants doivent être restitués comme faisant eux-mêmes partie de la chose. Enfin la fausseté d'une pareille interprétation apparaît de la façon la plus évidente. Si on remarque que dans nombre d'autres textes les fructus exstantes sont opposés aux fructus consumpti.

L. 9. 1. ad. exhib. (X. 4.)

L. 22. 2. de pignerat. act. (XIII. 7.)

L. 23. C. de condict. ex. leg. (IV. 9.)

M. Accarias (44) sans supprimer la difficulté, cherche à la tourner. Cette restitution des fruits existants ne serait pas selon lui conforme à la doctrine classique. Le langage des textes anciens conduirait à le croire ; car toujours ils considèrent l'acquisition des fruits comme une conséquence directe de leur séparation.

L. 28. de Usuris.

L. 25, 1. eod.

L. 48. pr. de acq. rer. dom.

Julien dans le second des textes cités déclare que les droits du possesseur sont supérieurs à ceux de

---

(44) *Précis de Droit Romain*, I, n° 250.

l'usufruitier. Or, quoique l'usufruitier n'acquière les fruits que par la perception, n'est-il pas évident que si le possesseur de bonne foi devait rendre les fruits non consommés, c'est la position de l'usufruitier qui à tout prendre serait la meilleure. Sa conclusion est donc que l'obligation de restitution s'introduisit par la tendance qu'on avait à assimiler le possesseur d'une chose particulière au possesseur d'une hérédité, tenu, on le sait, de la restitution de tout ce dont il s'était enrichi. L'assimilation toutefois aurait été défectueuse. Car tandis que l'un |gardait les fruits extantes dont il avait déjà consommé la valeur et rendait la valeur des fruits consommés dont il s'était enrichi, l'autre dans la doctrine nouvelle, rendant toujours les fruits existants, pouvait néanmoins se trouver tantôt enrichi, tantôt appauvri. « L'inélé-« gance même de ce résultat, ajoute, M. Accarias est « une raison de plus pour croire que les Instituts « ne reproduisent pas la doctrine des jurisconsultes « classiques. »

Cette doctrine, si ingénieuse qu'elle soit, est entachée d'un grave défaut, c'est de ne pas s'accommoder aux textes, mais de les accommoder à elle-même, car sa conclusion forcée est une présomption d'interpolation du chef des compilateurs de Justinien, dans tous les fragments appartenant à l'époque classique. Cette interpolation, on la présume bien, mais on ne la prouve pas.

35. — La conciliation doit donc être cherchée ailleurs. On la trouve simple et facile dans cette consi-dération que, si le possesseur acquiert bien sur les fruits un véritable droit de propriété, il n'acquiert

néanmoins jusqu'à sa consommation qu'une propriété *conditionnelle*. La condition, c'est à son égard la consommation des fruits qu'il aura perçus ou leur aliénation. La simple séparation le rend donc bien propriétaire immédiat des fruits.

« Statim ubi a solo separati sunt, ejus fiunt ». Mais cette propriété même est conditionnelle, provisoire. « Suos interim facit. »

L. 48. pr. de adq. rer dom

Par le fait de la même séparation, le véritable propriétaire acquiert en même temps, sur les mêmes fruits une propriété également provisoire, sous cette condition qu'il agira en revendication avant toute consommation. L'événement de l'une ou l'autre condition rend la propriété parfaite, soit au profit du maître, soit au profit du possesseur. C'est ce qu'exprime cette expression « fructus consumptos suos facit. » Cette fixation s'opère d'ailleurs avec effet rétroactif, de telle sorte qu'il est toujours vrai de dire que les fruits sont gagnés non par la consommation, mais par la séparation. — Cette idée, d'une propriété provisoire proposée déjà par Glück (45), admise par Kœppen (46), nous semble la seule qui puisse donner une explication plausible et facile des décisions que nous rencontrons au Digeste.

36. — Quelques auteurs (47) tout en reconnaissant

---

(45) Op. cit. vol. VIII. § 590.

(46) Der Fruchterwerb des b. f. p. p. 71 et suiv.

(47) Marézoll — Zeitschrift f. Civ. u. Procespr. 1843, p. 211 et suiv. — Janke : op. cit. p. 83-106. — Glück VIII p. 277 et suiv.

que la propriété du possesseur sur les fruits devient irrévocable par la consommation, admettent cependant que cette conséquence se produira également lorsque le temps de l'usucapion sera écoulé. Les fruits perçus par le possesseur pourraient donc être usucapés par lui. Cela est inadmissible.

Que cette usucapion semble possible à qui admet le système de Savigny ; cela se comprend. C'est même une conséquence nécessaire du principe qu'on accepte. Mais il n'en est plus de même lorsqu'on reconnaît au possesseur une véritable propriété, car on n'usucape pas sa propre chose.

On apporte des textes, cependant. Mais les textes invoqués n'autorisent en rien une telle usucapion. C'est d'abord la loi. 2. in fine pro suo (XLI. 10.

« Item quæ ex rebus alieno nomine possessis nata possidemus, « veluti partum heredtariæ aut emptæ ancillæ, pro nostro possi- « demus. »

Il n'y est absolument pas question d'usucapion, mais simplement de possession pro suo.

Il est vrai que la loi 4. 5. de usurpat prévoit expressé·ment la possibilité d'une usucapion des fruits.

« Fructus et partus ancillarum et foetus pecorum, si defuncti non fuerunt, usucapi possunt. »

Mais ce texte ne peut évidemment prévoir le cas de fruits perçus par un possesseur de bonne foi. Il s'agit ici de l'usucapion ouverte à un héritier. Or, cet héritier continue la possession de son auteur. Pour que la loi signifiât quelque chose dans l'opinion qui l'invoque, il faudrait supposer le défunt, possesseur de bonne foi. Mais précisément les termes, si defuncti non fuerunt, écartent cette hypothèse, car si le défunt avait été possesseur de bonne foi de la chose frugifère, il eût été propriétaire des fruits.

La loi 48. 5. de Furtis, n'est pas plus probante. Ulpien prévoit le cas suivant. Une esclave enceinte est volée. Le part doit après la délivrance être considéré comme chose volée, par conséquent non susceptible d'usucapion ; cela, sans distinguer si l'accouchement a eu lieu chez le voleur lui-même ou chez un acheteur de bonne foi à qui il avait vendu la mère. — Si au contraire l'esclave volée n'a conçu qu'après le vol, alors qu'elle accouche chez lui, le part ne sera plus res furtiva et par suite pourra être usucapé. Mais par qui ? Par l'acheteur de bonne foi ? Ulpien ne le dit pas et probablement n'y songeait pas. La décision est beaucoup plus générale. Elle a trait surtout à la question de savoir dans quels cas l'enfant né d'une esclave volée devait être considéré comme étant lui-même res furtiva.

L. 4. 19 de Usurpationibus (XLI. 3.(

« Lana ovium furtivarum, si quidem apud furem detonsa est usucapi non potest ; si vero apud bonæ fidei emptorem, contra ; « quoniam in fructu est est nec usucapi debet, sed statim emptoris « fit. Idem in agnis dicendum, si consumpti sint : quod verum est. »

C'est-à-dire

La laine de brebis volées lorsqu'elle a été coupée chez le voleur est une res furtiva, parce que la tonte faite par lui de mauvaise foi, constitue un furtum. Par conséquent, nous dit le jurisconsulte Paul, elle ne peut être usucapée, même par celui qui l'a achetée de bonne foi. Si au contraire, continue-t-il, la tonte a été faite par cet acheteur, la laine vendue par lui, sera susceptible d'usucapion. Mais lui-même n'a nullement besoin de cette usucapion pour qu'elle lui appartienne. Car la séparation lui en a donné la propriété provisoire et, l'aliénation qu'il en a faite équivalent à consommation, la propriété définitive. Ce n'est donc pas encore ici d'une usucapion accomplie par le possesseur de bonne foi lui-même qu'il peut s'agir. (48)

La possibilité de l'usucapion et, à fortiori, sa nécessité pour l'acquisition d'une propriété irrévocable n'est donc nullement démontrée.

37. — Il faut donc admettre que le possesseur acquiert par la séparation une propriété révocable qui se transforme en droit irrévocable par la consommation (49).

La situation est la même en ce qui concerne tous les fruits produits par la chose sans qu'il y ait aucune distinction à faire entre les fruits dits industriels et les fruits naturels. Si le texte des instituts (§ 35 de divis: rerum) semble les lui attribuer pro culturâ et curâ, ce qui exclurait les fruits simplement naturels, il ne faut voir dans ces expressions que de simples verba enunciativa, qui n'ont été ajoutés que pour les exigences du style (50). Je repousse donc à cet égard toutes les distinctions proposées par Cujas, Doneau (51) et plus récemment par Unterholzner en Allemagne.

Tous trois s'accordent à ne donner au possesseur, de droit irrévocable que sur les fruits dits industriels

(48) En ce sens. Kœppen op. cit. p. 79.

(49) Sic : Wangerow, § 326. (c). — Warnkœnig, comment. j. civ. n° 275, f.

(50) Pothier, *pandectes* t. de Usuris, n° IV note a.

(51) Cujas, *tractat,* vol. III, ad leg. 40 de acquir rer. d. Doneau, comment, L. IV. chap. 26.

(52) Archiv. f. Praxis civ. VIII. p. 311 et suiv.

pour lesquels l'effet de son travail personnel a dû être une appropriation plus cómplète. Sur les autres il n'existait suivant les uns qu'une propriété révocable, selon Unterholzner qu'un simple droit de possession.

Le § 35 des Instituts que l'on invoque pour fonder cette distinction ne saurait évidemment être considéré comme suffisant à cet égard. Si l'empereur y déclare les fruits acquis au possesseur pro culturâ et curâ, il ne faut voir là qu'un essai de justification de la faveur avec laquelle on le traite, et non pas une explication véritable. Cela est si vrai que la phrase suivante lui accorde sans distinction tous les fruits consommés.

« Et ideo, si postea dominus supervenerit, et fundum vindicet, de « fructibus abeo consumptis agere non potest ».

La loi 45. de usuris et fruct. est il est vrai, plus précise ; mais elle ne peut encore fournir un argument topique.

Il s'agit d'une donation faite entre époux, donation qui en droit romain n'était pas valable. Toutefois Pomponius déclare que les fruits qui pourront être considérés comme le produit du travail de l'époux gratifié, lui appartiendront, quant aux autres c'est-à-dire aux fruits simplement naturels, il ne les gagnera pas ; et le jurisconsulte ajoute. « sicuti nec cujus libet b. f. possessoris ; « quia non ex facto ejus is fructus nascitur. »

La décision donnée à l'égard du mari donataire se justifie facilement. Les donations entre époux, n'étaient nulles en effet qu'autant que le gratifié s'enrichissait aux dépens du donateur. C'était certainement le cas qui se présentait quant à l'acquisition des fruits naturels que le donataire recueillait sans

qu'ils lui eussent rien coûté. Mais ce ne l'était plus
quant aux fruits industriels qui pouvaient difficilement être considérés comme un simple enrichissement ; puis qu'ils lui avaient causé des frais et des
peines, et pouvaient comme tels lui être laissés.

Ce qui se justifie moins facilement, c'est l'extension
de cette doctrine faite à tous autres possesseurs de
bonne foi. (Sicuti nec cujuslibet b. f. passessoris). extension qui contredit absolument les décisions données
d'une façon générale et sans distinction dans tous
les autres fragments.

Bien des conciliations ont été tentées.

Antoine Favre supprime purement et simplement
le nec avant cujuslibet.

Wangerow entend « nec cujus libet » comme « sicuti nec
ommis b. f. possessoris » (Nicht jeder) : de sorte que le sens
serait alors : il y a des possesseurs de bonne foi qui
n'acquièrent pas les fruits naturels, notamment ceux
qui, comme l'époux donataire, n'ont pas de titre juridique.

Enfin on propose d'entendre la fin du texte, comme
se rapportant seulement au possesseur auquel l'époux
gratifié aurait aliéné les fruits naturels perçus, parce
que alors cet époux n'aurait pu lui transmettre plus
de droits qu'il n'en avait lui-même. Mais toutes ces
explications obligent à s'écarter du sens habituel des
mots, de la signification naturelle de la phrase. Mieux
vaut, ici encore, se résigner à ne voir dans le texte
que l'expression d'une opinion isolée de Pomponius,
opinion d'ailleurs, évidemment combattue par Paul,
dans la loi 4³, D. de acq. rer. dom.

« Bonae fidei emptor non dubie percipiendo fructus etiam ex alienâ

« re suos interim facit, non tantum eos qui diligentia et operâ ejus
« pervenerunt sed omnes ; quia quod ad fructus attinet, loco domini
« pœne est. »

Ce n'était là encore qu'une conséquence de la divergence de vue qui existait entre les deux écoles et qui
se traduisait fréquemment en tout ce qui concernait
l'acquisition des fruits. Pomponius suivait les principes rigoureux de l'école Proculienne, Paul les idées
plus libérales de l'école Sabinienne, idées qui, on le
sait, finirent par triompher dans la jurisprudence
romaine.

L. 4 19, de Usurpat.. (XLI, 3).

L. 78, de rei vindicat. (VI, 3).

L. 25 de Usuris.

L. 28, (eod).

L. 40 in fin. de adquir. rer. dom.

L. 41, 1, de re judicatâ.

Aucune différence ne doit donc, en résumé, être
faite entre les fruits naturels et les fruits industriels.

38. — Le possesseur acquiert donc tous les fruits,
mais il ne gagne pas les produits qui ne sont pas
qualifiés fruits.

Ainsi il ne peut prétendre aucun droit sur le trésor
trouvé dans le fonds ; car le trésor n'est pas un fruit.

Il en est de même du partus ancillæ, qui, distinct du
croît en général, appartient comme accession (causa
rei) au vrai propriétaire et ne peut être acquis par le
possesseur de bonne foi que par usucapion.

Instit. II, 1, 37.

L. 28, 1, de Usuris.

L. 48, 6, de furtis.

L. 10, 2, de Usurpat.

L. 48, 5, de furtis.

En résumé, quant aux fruits perçus avant la Litis

contestatio le b. f. possessor sur l'action en revendication du propriétaire triomphant sera tenu de restituer :

Tous ceux qui se trouveront encore existants entre ses mains au moment de la *Litis contestatio*, ou n'auront pas été par lui aliénés.

Sur les fruits consommés, il aura au contraire acquis une propriété irrévocable. Tout acte de disposition équivaudra à leur égard à une consommation matérielle.

Il faut remarquer en outre qu'il ne peut jamais lui être demandé compte des fruits quels qu'ils soient qu'il n'aurait pas perçus.

39. — *Epoque postérieure à la Litis contestatio.*

Dès le moment de la *Litis contestatio*, le possesseur de bonne foi dans l'éventualité du triomphe du propriétaire a dû conserver les fruits. Dès ce moment, il est considéré comme simple administrateur de la chose d'autrui, il en résulte que sur le succés du propriétaire dans l'action en revendication il sera tenu de restituer tous ceux qui auront été perçus depuis la *Litis contestatio*,

L. 4. 2. fin regund. (X I.)

Inst. de offic. judicis § 2.

L. 22. C. de rei v. (III. 32).

lors même qu'il les aurait consommés pendant le procès.

Toutefois il semble bien admis par les jurisconsultes romains que le revendiquant n'était jamais autorisé à revendiquer que les fruits dont lui-même aurait joui. C'est ainsi que Paul, d'accord avec Trebatius et Julien, décide qu'au cas où le co-propriétaire revendiquant aurait vu l'usufruit constitué s'éteindre pendant la durée du procès, il ne serait autorisé à revendiquer que les fruits produits depuis l'extinction de cet usufruit.

L. 33. de rei vindicat.

En sens inverse, si pendant les délais de l'instance, le demandeur avait constitué un usufruit sur la chose, il ne serait pas autorisé à réclamer les fruits perçus postérieurement à cette constitution.

L. 35. pr. eod.

En outre le possesseur n'est pas constitué responsable des cas fortuits pendant la durée du procès.

Il en résulte que :

(a) Les fruits qui auraient péri de cette façon postérieurement à la *Litis conlestatio* ne peuvent être revendiqués contre lui (53).

(b) Si la chose elle-même vient à périr par cas fortuit après la *litis contestatio*, il ne peut lui être demandé compte que des fruits produits jusqu'au moment de cette perte.

L. 79. de rei vind.

Il n'en serait autrement qu'autant que la perte aurait été causée par son dol ou par sa faute. Il serait alors comptable de la valeur de tous les fruits que la chose aurait pu produire jusqu'au jour du jugement.

L. 23. de rei vind.

L. 17. I. eod.

40. — Indépendamment de tout cas de perte de la chose, le possesseur de bonne foi est dès la *litis con-*

---

(53) Gluck. VIII. p. 293. — Wangerow § 233. note. 2ᵉ partie.

testatio comptable non-seulement de ce qu'il a perçu, en réalité (fructus percepti) mais encore des fructus percipiendi. On s'est demandé ce qu'il fallait entendre par ces fructus percipiendi. Faut-il avoir égard à la personne du défendeur ou à celle du demandeur ? Grande divergence entre les jurisconsultes qui peuvent citer nombre de textes ayant trait soit à la personne du possesseur

L. 25. 4. de hered pet (V. 3).
L. 2. C. de fruct. (VII. 51).
L. 13, I. C. de hered pet. (III. 31).
L. 3. C. de pignerat. (IV. 24.)

soit à celle du demandeur.

L. 62. 1. de rei vind.
L. 39. 1. de Leg. 1°
L. 4. C. unde vi (VIII. 4).

Les uns distinguent entre la rei vindicatio et l'hereditatis petitio.

Gluck et Wamgerow (54) soutiennent que le possesseur de bonne foi ne peut jamais se voir demander compte que des fruits qu'il aurait pu lui-même percevoir.

Savigny et M. Pellat (55) critiquent avec raison la position même de la question. De quoi s'agit-il en effet ? Uniquement de savoir s'il y a eu *culpa* du débiteur.

Or cette *culpa* ne peut se régler que sur la conduite qu'aurait tenu un père de famille diligent ; il n'y a donc à s'occuper d'aucune personnalité.

<hr>

(54) Gluck. VIII. p. 293. — Wangerow § 333.
(55) Droit romain VI. § 367. — Pellat. — Exposé des principes généraux sur la propriété et l'usufruit.

Savigny observe d'ailleurs que nombre de textes se posent cette seule question : Les fruits ont-ils pu être recueillis.

L. 25. 4. de hered. pet. (V. 3).
L. 5. C. de rei vind. (III. 32)
L. 1. 1. C. de hered. pet. (III. 31)
L. 2. C. de fruct. (VII. 51)

Malgré cette indépendance apparente, il faut remarquer toutefois que le système de Savigny se résout en général à ne tenir compte absolument que de la personne du défendeur.

Enfin, observons qu'il ne peut-être question de fruits à restituer qu'autant que les impenses faites pour les obtenir ont été précédemment remboursées au possesseur de bonne foi.

L. 28 de rei vind.

Pour arriver à ce remboursement on fera compensation, soit avec les fruits perçus, ante litem contestatam.

L. 48. Code.

Soit avec ceux perçus ensuite si la somme des dépenses n'est pas couverte par la valeur des précédents.

41. — La restitution des fruits est en général ordonnée par le juge ex suo officio, lors de la revendication de la chose principale. Pourrait-elle au moins en ce qui concerne les fructus extantes perçus avant l'époque de la Litis contestatio être obtenue sur une action en revendication spéciale et distincte ? Pour qui reconnaît au possesseur une propriété absolue et irrévocable sur les fruits dès le moment de leur séparation, alors du moins qu'il est encore de bonne

foi à cette époque, il est bien difficile, pour ne pas dire impossible d'accepter une revendication spéciale du propriétaire pour les fruits perçus antérieurement à l'action intentée sur la chose principale. On ne peut revendiquer en effet que ce dont on a la propriété, et dans le cas présent, on refuse cette propriété au maître de la chose. Pour nous au contraire qui avons admis que la propriété des fruits jusqu'au moment de la consommation appartenait in pendenti et sous condition suspensive, soit au maître, soit au possesseur, il est évident que ce motif ne saurait présenter de valeur. Le propriétaire les gagnera si la condition, sous laquelle son droit sur eux est établi, se réalise, c'est-à-dire s'il les revendique avant toute consommation. Peu importe d'ailleurs que son action soit principale ou accessoire. On a nié qu'elle put-être spéciale et distincte en se fondant sur ce que les textes qui en font mention ont tous trait au possesseur de mauvaise foi.

L. 4. C. de crim. expil. hered. (IX. 32)
L. 22. 2. de pignerat. act. (XIII. 7)
L. 3. C. de condict ex Lege (IV. 9)

Mais vouloir en tirer comme on le fait une antithèse intentionnelle entre le b. f. possessor et le possesseur de mauvaise foi est peut-être bien peu fondé. Cette allusion constante au m. f. possessor, s'explique bien plus simplement si on considère, que les fruits n'étant pas ordinairement destinés à demeurer fort longtemps sous leur forme première dans le patrimoine de celui que les a recueillis, la revendication ne pouvait guère s'exercer à leur égard que contre un possesseur tenu de les restituer en tous cas, c'est-à-dire un malæ fidei possessor.

D'ailleurs un texte formel reconnait la possibilité d'une action spéciale.

L. 43. de Evict. (XXI. 2)

« Vaccæ emptor si vitulus qui post emptionem natus est, evin-
« catur, agere ex duplæ stipulatione non potest. »

Le cas prévu est précisément l'éviction subie par un achéteur, c'est-à-dire un possesseur de bonne foi sur un fruit produit par la chose vendue. Ne fallait-il pas nécessairement qu'une revendication spéciale soit possible, pour qu'il y ait éviction quant au fruit seulement. (56)

42. — Pour rendre plus frappante la situation du possesseur de bonne foi il faut la comparer à celle d'un malæ fidei possessor.

1° En ce qui concerne le temps antérieur à la Litis contestatio, la différence est nettement accentuée. le b. f. possessor ne restitue que les fruits exstantes au moment de la Litis contestatio ; cela encore sous la condition qu'ils n'aient pas été aliénés. Il ne peut en aucun cas être rendu responsable de ceux qu'il n'a pas perçus.

Le possesseur de mauvaise foi doit pour cette époque la restitution de tous les fruits qu'il a perçu ssans qu'il y ait à distinguer s'il peut invoquer un titre ou n'en pas invoquer ; car dès le commencement de sa possession il en connaissait l'irrégularité.

Non seulement il doit les fruits perçus, mais on

---

(56) *Sic* Windscheid § 156. note 15 — Koeppen p. 76 et suiv.

Contra. Gluck VIII. p. 293 et suiv. — Wangerow § 32 b. (b) — Warn
Kœnig : op, cit. n° 275 (e).

peut lui demander compte de ceux qu'il n'a pas recueillis alors qu'il aurait du le faire.

L. 33. de rei vind (VI. 1)

Toutefois il faut remarquer qu'à l'origine, le possesseur n'était pas tenu de ce chef. Mais depuis le se-
natus consulte Juventien, un changement se produi-
sit dans la jurisprudence. Le possesseur dut sur la
pétition d'hérédité être traité comme s'il avait été dès
le commencement de sa possession dans un rapport
obligatoire avec le propriétaire. C'est-à-dire qu'il dut
répondre du dolus præteritus.

L. 25. § 2 et 7. de hered. pet. (V. 3).

L. 13. eod.

On en conclut qu'il devrait la valeur des fruits négligés et cette responsabilité fut étendue à la revendication.

L. 27. 3. de rei vind.

2°. — Après la Litis. contestatio la différence entre la
situation de l'un et de l'autre est moins accentuée,
mais elle n'en existe pas moins.

(A). Tandis que le b. f. possessor cesse d'être responsable des fruits lorsque la chose a péri par cas fortuit,
le possesseur de mauvaise foi est tenu de les fournir
sur l'action en revendication, tels qu'indépendamment de tout évènement ils auraient pu être perçus
par le propriétaire lui-même.

L. 17. 1 de rei vind.

L. 33. eod.

L. 22. C. de rei vindicat.

L. 5. eod.

(B) A plus forte raison peut-on demander compte à
ce dernier des fruits qui ont péri par un cas fortuit
après qu'ils avaient été perçus. Nous avons vu qu'il en
était autrement pour le possesseur de bonne foi.

(*C*) Le b. f. possessor ne restitue les fruits que déduction, faite des dépenses. Il peut se faire tenir
compte des frais, alors même que la récolte aurait
été insuffisante pour les couvrir. Le possesseur de
mauvaise foi au contraire, perdra tout ce dont il ne
pourra pas se rembourser sur le produit de la récolte.
Telles sont au moins les solutions données sur la
hereditatis petitio, solutions qui durent être étendues
dans la suite à la rei vindicatio.

L. 36. 5. de hered, pet.

L. 37. eod.

(*D*) Dans le très ancien droit, le possesseur devait
restituer au double les fruits par lui perçus après la
Litis contestatio, et même ceux qu'il avait négligés
de percevoir après cette époque. Cette obligation existait déjà dans la Loi des XII. Tables.

Table XII. § 4. (de l'Enchiridion).

» Si Vidiciam falsam tulit... Sive litis.... Prætor arbitros tres
« dato. hornm arbitrio, reus fructus duplione damnum decidito. »

Cette peine s'appliquait en principe à tout possesseur, de bonne et de mauvaise foi. Une constitution
des empereurs Valens et Valentinien vint l'aggraver
aux dépens du possesseur de mauvaise foi.

L. 1. C. Theod. de pact. (IV. 18).

« .... Sed duplos fructus et eos quos percipere oportuisse,
« non quos eum redegisse constabit, exsolvat. Et prœdoni quidem
« ratio a die invasi loci, usque ad exitum litis habeatur ; ei vero qui
« simpliciter tenet, ex eo quo re in judicium deducta, scientiam
« malæ fidei possessionis accepit. »

Le doublement de la valeur continua comme par le
passé à ne s'appliquer en ce qui concerne le possesseur de bonne foi qu'aux fruits produits Post Litis con-
testationem. Il fut étendu, même à ceux perçus antérieurement par le possesseur de mauvaise foi.

Justinien supprima pour l'un et pour l'autre le doublement de l'estimation.

L. 2. C. (VII. 51).

43. — Jusqu'à présent, nous avons supposé une
possession de bonne foi portant sur des choses particulières, et nous avons examiné quels étaient sur elles
les droits du possesseur. Ces droits ne se retrouvaient
pas identiques, lorsqu'au lieu de porter sur des objets distincts, la possession s'exerçait sur une hérédité
ou sur une quote part d'hérédité. Le changement dans
la nature juridique de l'objet réagissait sur la condition du détenteur. Car les mêmes principes ne peuvent également être applicables indifféremment à la
détention d'une res singula, et à celle d'un tout formant
un ensemble des droits de biens et de dettes.

Une notion exacte de l'hérédité en tant qu'universitas
juris nous est fournie par Ulpien.

« Hereditas juris nomen, est quod et accessionem et decessio-
« nem in se recipit; hereditas autem, vel maxime fructibus auge-
« tur. »

L. 178. 1. de Verb. signif.

L'hérédité n'est donc considérée que comme un
ensemble de droits, une *universitas juris*, dans laquelle les choses particulières qui la composent sont
avant tout représentées par leur valeur. La règle de la
subrogation réelle « pretium succedit in loco rei » est donc
ici complètement admissible. Il en résultait nécessairement que le possesseur de bonne foi d'une hérédité ne devait pas être admis à se libérer, en fournissant seulement au véritable héritier, les choses ou les
fruits qui se trouvaient encore existant entre ses
mains. Le seul bénéfice que pouvait lui procurer sa

bonne foi, c'était de ne pas se voir contraint à restituer plus que ce qui par le fait de sa psssession était
entré dans son patrimoine. Cette bonne foi lui permettait ainsi de ne rendre des fruits produits par les
choses héréditaires que ceux qui se trouvaient encore
existant entre ses mains au moment de la prise d'instance. Mais en vertu même de ce principe de subrogation réelle qui s'appliquait ici complètement, il ne
pouvait être question d'une existence matérielle.
Tout ce qui avait été perçu par lui et se trouvait encore représenté dans son patrimoine par une valeur
quelconque était dù. Il était comptable de cette valeur. L'aliénation ne suffisait donc plus comme dans
l'hypothèse précédente pour lui faire gagner les fruits
de la chose.

Telle était la règle posée à cet égard par le sénatus
consulte Juventien rendu sous le règne d'Adrien.

L. 20. 6 de hered. pet. (V. 3).

L. 22. eod.

L. 1. 1. C, huj. tit. (III, 31).

« Eos autem qui justas causas habuissent quare bona ad se
« pertinere existimassent, usque eo duntaxat quo locupletiores
« facti essent. »

Peu importe donc que les fruits aient été ou non
consommés. Le seul criterium pour leur restitution
est le point de savoir si leur valeur se retrouve encore
dans le patrimoine du possesseur.

L. 18. in fine de hered. pet.

L. 27, 1, eod.

L. 56, eod.

On en avait tiré cette conséquence qu'il était également comptable des intérêts du prix perçu sur la

vente de toutes choses héréditaires, par conséquent sur la vente des fruits.

L. 25, 16, huj. tit

Mais ces intérêts n'étaient dûs qu'à partir de la Litis. contestatio.

Dès ce moment il devait rendre compte de tous les fruits. Les textes l'assimilent à un possesseur de de mauvaise foi.

Inst. de off. judicis, § 8.

L. 1. 1. C. de her. pet. (III, 31).

L. 2. C. de fruct. et lit. (VII 51).

On a voulu voir une exception à ces principes, en faveur de l'acheteur de bonne foi d'une hérédité dans la loi 2. C. de Hered. pet. (III. 31).

« Si post motam controversiam Menecratis bonorum partem dimi-
« diam Musæus ab herede scripto, quæstionis illatæ non ignarus
« comparavit, tum ipse quasi malæ fidei, possessor quam heredes
« ejus fructus restituere cogantur. Si vero venditionem lite antiquio-
« rem esse liquido probaretur, ex eo die fructus restituantur usque
« lis in judicium deducta est.

Cette exception est plus apparente que réelle. Le cas prévu est celui d'une vente de la moitié d'une hérédité. Si l'acheteur a su au moment de la vente qu'une action en pétition d'hérédité était intentée déjà contre son vendeur, il devra être traité comme possesseur de mauvaise foi et comme tel sera tenu de restituer tous les fruits. Mais il en est autrement, et c'est le cas le plus intéressant pour nous, si la vente a eu lieu avant la prise d'instance. En ce cas l'acheteur est possesseur de bonne foi, puisqu'il tient les choses héréditaires de celui qu'il devait croire héritier et comme tel autorisé à en disposer. Aussi la constitution précitée l'oblige-t-elle seulement à la restitution des fruits produits depuis le moment où l'instance a été engagée et à partir duquel sa bonne foi a dû cesser.

L. 25. 5. huj tit.

Nous retrouvons dans cette solution les règles qui s'appliquent au possesseur de bonne foi d'une chose particulière. Il n'y a pas à s'en étonner. Celui qui achète d'une personne qu'il croit être l'héritier une certaine portion de cette héredité, n'est pas considéré comme un possesseur d'une quote-part de cette hérédité, mais comme simple acheteur des choses particulières qui la composent. Telle est sa situation vis-à-vis du véritable héritier revendiquant. Ce sont donc les règles générales admises en matière de rei vindicatio qui doivent lui être appliquées lorsqu'il est poursuivi. — On objectera peut-être que le texte ne lui impose que la restitution des fruits perçus depuis la Lit. contestatio, qu'il ne fait aucune mention de ceux |produits antérieurement et encore extantes à cette époque. — I n'y a rien à conclure de là. La constitution pose un principe général : c'est que l'acheteur d'une portion héréditaire est en réalité acheteur de choses singulières. De ce principe il était évidemment inutile de déduire toutes les conséquences.

44. — Un complément nécessaire de cette étude est l'examen des effets de la Litis contestatio en ce qui concerne la restitution des fruits dans la procédure romaine (57.)

<hr>

(57) Sur cette matière, Savigny, system VI, § 266. Muhlenbruch, Doctrina Pandectarum, n° 228.

A cet égard une distinction doit être faite entre les actions réelles et les actions personnelles.

Pour les actions réelles, les explications données précédemment, tant sur la rei vindicatio que sur la petitio hereditatis nous dispensent de plus longs développements.

Quant aux actions personnelles les décisions variaient suivant qu'elles tendaient à la répétition d'une chose existant antérieurement dans le patrimoine ou avaient pour objet d'y faire entrer une chose nouvelle.

1° Sur les premières le possesseur doit restituer tous les fruits et omnis causa. Il est comptable des fructus percipiendi à compter de la Litis contestatio.

L. 65, § 5 et 7, de Cond. indeb. (XII, 6.)

L. 15, pr. eod.

L. 4, C. unde vi (VIII, 4.)

L. 38, § 5 et 11, de Usuris (XXII, 1.)

2° Si l'action tend à faire entrer dans notre patrimoine une chose qui ne s'y trouvait pas auparavant on distinguait selon qu'elle était stricti juris ou bonæ fidei.

(A) Actions de Droit strict. — Après la Lit. contestatio tous les fruits doivent être restitués. Pour les temps antérieurs aucun compte n'en est dû par le possesseur.

« Cujus opinionis ratio redditur, quoniam, quale est, cum petimus,
« tale dari debet, ac propterea postea captos fructus partumque
« editum restitui oportet ».

L. 2, de Usuris.

L. 3, 1, (eod.)

L. 38, 7, (eod.)

« Si actionem habeam ad id consequendum quod meum non fuit,
« veluti ex stipulato, fructus non consequar, etiamsi mora facta sit ;

« quod si acceptum est judicium, tunc Sabinus et Cassius, ex æquitate
« fructus quoque post acceptum judicium præstandos putant, ut causa
« restituatur ; quod puto recte dici. ».

L. 91, 7, de Legat., 10.

Il n'en serait autrement qu'autant que les fruits auraient fait l'objet d'une stipulation particulière.

L. 4, pr. de Usuris.

(B) Actions de bonne foi. — Toujours les fruits sont dûs omni modo, c'est-à-dire même avant la Litis contestatio.

L. 38, 15, de Usuris.

Même loi, § 8 et 9. (eod).

Mais il faut généralement que le débiteur ait été constitué en demeure.

L. 8, de Usuris.

L. 14, pr. (eod.)

L. 39, (eod.)

DE LA

LETTRE DE CHANGE

En Droit international

——⧓——

INTRODUCTION

——

« Laissez aller le commerce, disait Mirabeau ;
« d'homme à homme il a fondé la famille, de famille
« à famille la nation ; de nation à nation il fondera
« l'unité du monde. » Bien que la réalisation de cet
idéal puisse être, avec vraisemblance au moins,
reléguée au rang des espérances chimériques et considérée comme appartenant à l'ordre des faits indéfi-
nement ajournés, il faut bien reconnaître cependant
que par suite de l'extension toujours croissante des
rapports commerciaux entre les nations, celles-ci
tendent de plus en plus à se rapprocher les unes des
autres. N'est-ce pas le commerce qui a ouvert aux
Européens l'entrée de la Chine ? N'est-ce pas lui qui
a déterminé le Japon à se jeter résolument dans la

1

voie des réformes et de la civilisation? Ne seront-ce pas des commerçants qui bientôt noueront les premiers des relations avec les races du centre de l'Afrique? C'est que les rapports commerciaux, plus efficaces que tous autres, font sentir et comprendre aux peuples que pour eux comme pour les individus isolés, la sociabilité est bien d'institution providentielle, et que le concours des autres nations leur est nécessaire pour arriver à la satisfaction complète de tous leurs besoins, soit matériels, soit intellectuels et moraux.

Mais si le commerce produit ces conséquences heureuses dans les rapports que s'établissent entre civilisés et non civilisés, il n'est pas un instrument de concorde moins puissant entre les peuples dominants, qu'il rapproche incessamment et dont il confond les intérêts. Grâce à lui, et en ce qui le concerne au moins, une certaine unité de législation a, dans un avenir plus au moins éloigné, de nombreuses chances de succès. Le droit commercial, à la différence du droit civil, revêt de plus en plus un caractère d'universalité comme le commerce qu'il est destiné à régir. « Les lois commerciales ayant pour objet de « satisfaire à des besoins qui se ressemblent en tous « lieux, et de pourvoir aux intérêts des commer- « çants qui forment en quelque sorte une seule « famille, tendent continuellement à se présenter « sous une même physionomie juridique (1). » Cette

____

(1) Esperson. — *Diritto cambiario internazionale.* — Florence, 1870, page 5.

tendance nous la rencontrons surtout dans une matière spéciale, la matière des Lettres de Change, « La
« Lettre de Change, cette grande innovation à laquelle
« le commerce doit la plupart de ses progrès et qu'il
« peut compter dans son histoire comme un événe-
« ment comparable à la découverte de la boussole ou
« de l'Amérique, est de sa nature internationale, car
« elle est l'âme des transactions commerciales entre
« les habitants des diverses régions du globe ter-
« restre (1). » Mais précisément, pour ce motif et à
cause de ce caractère international, elle aurait besoin
plus que toute autre institution commerciale de
l'unité de législation. La réalisation de ce *desideratum*
serait ici d'autant plus facile, qu'aucune passion,
aucun intérêt politique ou religieux ne vient compliquer la question, et que les intérêts sociaux étant
à ce point de vue partout les mêmes, ont déjà établi
certaines concordances entre les législations. Cette
uniformité sera acquise, nous osons l'espérer, dans
un avenir relativement peu éloigné. Nous en avons
pour gages les vœux formulés si souvent par les
réunions de légistes et d'hommes d'Etat dans les principaux pays de l'Europe, et surtout cet esprit qui préside
à la formation des Législations modernes en s'inspirant
surtout du principe de la socialité des nations, socialité
qui est, plus que l'humanité et la civilisation, un devoir
strict à l'égal de la socialité entre les individus. Nous
espérons plus encore de l'extension continuelle des
relations commerciales, de la multiplicité croissante

(1) Id., *loco citato*.

des besoins qu'elles créent, des difficultés qu'elles sou-
lèvent et qui rendront en un jour prochain cette
réforme absolument nécessaire.

Depuis longtemps déjà la fréquence même des rapports internationaux soulève journellement en matière de change les questions les plus délicates. « Une
« Lettre émise d'un point quelconque du globe passe
« et circule de main en main; aucune frontière ne
« l'arrête. Elle va de l'un à l'autre hémisphère jusqu'à
« ce qu'elle atteigne le lieu fixé comme celui du
« paiement. Dans sa course vagabonde elle provoque
« plusieurs actes juridiques portant chacun l'em-
« preinte du milieu dans lequel il s'est accompli. Plus
« ces actes sont nombreux et se succèdent capricieu-
« sement, plus leurs effets se compliquent avec la
« variété des lois en vigueur dans chaque Etat (1). »
Comment déterminer l'efficacité et la valeur de ces
actes? Quelle législation doit être appliquée à chacun
d'eux par le juge devant qui on les invoque? Quelle
portée doit leur être attribuée? Autant de problèmes
compliqués dont la solution est demandée chaque
jour et qui présentent assurément le plus haut intérêt
pratique. Passer successivement en revue ces différentes questions, appliquer à leur solution les principes juridiques généralement reçus en matière
internationale, tel est l'objet de cette étude.

(1) César Norsa. — *Revue de la jurisprudence italienne en matière de
droit international* (Gand, 1877, n° 160).

BIBLIOGRAPHIE

TRAITÉS GÉNÉRAUX

Pothier (1) : *Traité du Contrat de Change ; et passim,*
édition de M. Bugnet. (Paris 1861.)

(1) Je n'ai pas ici la prétention de faire une nomenclature complète de
tous les auteurs dans lesquels on pourrait trouver qnelqu'éclaircissement
sur les questions ayant trait à ce sujet. Il faudrait alors inscrire tous
ceux qui ont traité soit du droit international, soit du droit commercial ;
et la liste en serait longue. Je n'entends même pas indiquer tous ceux
auxquels j'ai recouru moi-même. La raison en est simple. J'ai souvent
perdu à les compulser un temps qui aurait pu être beaucoup plus utilement
employé ailleurs. Je n'indique donc absolument que les ouvrages, ou les
périodiques, revues, journaux, que j'ai pu consulter avec le plus de fruit.
Ce sont presque tous des traités généraux, soit du droit commercial, soit
du droit international, la question des Lettres de change n'ayant été, à ma
connaissance, traitée au point de vue international, et d'une façon spéciale
que par un auteur italien M. Pietro Esperson, professeur de droit international et administratif à l'Université de Pavie, et par un suisse,
M. Brocher, conseiller à la cour de cassation de Genève.

Je n'indique d'ailleurs, comme ancien auteur que Pothier, et je n'en citerai
guère d'autres dans le cours de cette étude bien que nombre de questions
se trouvent développées très savamment dans les ouvrages de Boullenois,
Henneccius, Ansaldus, les deux Vœt et autres. D'abord il en est que je
n'ai eu ni le loisir, ni la possibilité matérielle de compulser. Ensuite leurs
opinions et les raisons qu'ils en donnent sont, lorsqu'elles ont quelqu'importance rapportées tout au long dans les ouvrages modernes. Il parait
donc inutile pour qui n'a pas la passion de l'érudition bibliographique,
d'aller s'attarder et quelquefois se perdre dans des discussions toujours fort
longues, souvent peu claires et quelquefois oiseuses.

MERLIN : *Répertoire de Jurisprudence*, v°. Lettre de Change, etc. *Questions de Droit.*

DALLOZ : *Répertoire Général de Jurisprudence*, v°. Effets de Commérce.

AUBRY ET RAU : *Cours de Droit civil français*, quatrième édition. (Paris 1869.)

PARDESSUS : *Cours de Droit commercial.* (Paris 1856.)

BRAVARD-VEYRIÈRE : *Traité de Droit commercial.* (Paris 1868.)

ALAUZET : *Commentaire sur le Code de Commerce.* (Paris 1868.)

NOUGUIER : *Traité des Lettres de Change.* (Paris 1875.)

BÉDARRIDE : *De la Lettre de Change et du billet à ordre.* (Paris 1861.)

FOELIX : *Traité de Droit International privé.* (Paris 1866.)

MASSÉ : *Le Droit commercial dans ses rapports avec le Droit des gens.* (Paris 1874.)

MAILHER DE CHASSAT : *Traité des Statuts, lois personnelles et réelles et du Droit International.* (Paris 1845.)

HOECHSTER ET SACRÉ : *Manuel de Droit commercial français et étranger.* (Paris 1874.)

THÔL : *Das Handelsrecht.* (Leipsig 1878.)

DE SAVIGNY : *Traité de Droit romain moderne,* (Traduction Guénoux. Paris 1860.)

BAR : *Das Internationale Privat und Strafrecht.* (Hannovre 1862.)

SCHÆFFNER : *Entwickelung des Internationalen Privatrechts.* (Francfort a/m 1841.)

MUNZINGER ET NIGGELER : *Rechtsgutachten betreffend die durch prorogirenden Gesetze, etc.....* (Berne 1871.)

BROCHER : *La Lettre de Change en Droit International.* (Genève 1874.)

ROCCO : *Trattato di diritto civile Internazionale.* (Livourne 1859.)

PASQUALE-FIORE : *Droit International privé.* (Traduction Pradier-Fodéré. Paris 1875.)

CÉSAR NORSA : *Sul conflitto Internazionale delle leggi cambiarie.* (Milan 1871.)

PIETRO-ESPERSON : *Diritto cambiaro Internazionale.* (Florence 1870.)

PÉRIODIQUES

SIREY : *Recueil Général des lois et arrêts.*
DALLOZ : *Jurisprudence Générale.*
Annuaire de Législation étrangère.
Annuaire de l'Institut de Droit international.
Journal des Tribunaux de Commerce.
Journal de Droit international privé.
Revue de Droit international. (Revue de Gand.)
Monitore dei Tribunali. (Milan.)
Annali della Giurisprudenza Italiana. (Florence.)
Archivio Giuridico. (Pise.)
Zeitschrift für das gesammte Handelsrecht. (GOLDSMIDTH.)

LÉGISLATION

J'aurai souvent dans le cours de cette étude à citer les dispositions de lois étrangères régissant dans les différents pays la matière des Lettres de Change. Il ne sera peut être pas inutile d'indiquer dès maintenant, pour plus de clarté, quelles sont actuellement chez les principales nations commerçantes les lois générales applicables aux effets de commerce.

Les différentes Législations relatives aux Lettres de change peuvent être classées en trois groupes principaux :

Le groupe français.
Le groupe allemand.
Le groupe anglais.

Le premier se compose des législations admettant en tout ou en partie les idées économiques qui ont servi de guide aux rédacteurs du Code de Commerce français en ce qui concerne les Effets de Commerce. Elles s'accordent en général sur les principes suivants. Toute lettre de change suppose à sa base et comme fondement essentiel, un contrat de change, d'où comme conséquence, la nécessité d'une remise de place en place. Toute négociation de la Lettre constitue la cession d'une créance soit actuelle, soit éventuelle. La mention d'une cause licite est exigée en matière de

Lettre de change comme en toute autre matière d'obligation conventionnelle ; d'où nécessité d'indiquer la valeur fournie lors de toute négociation.

Nous citerons comme ayant une législation conforme et constituant le premier groupe les pays suivants (1).

1° *France.*

La matière est régie par les articles 110-190 du Code de Commerce de 1808. Les lois des 19 mars 1817, 3 mai, 3 juin 1862, ont apporté quelques modifications à la rédaction des articles 115-160-165-166.

La loi du 22 Juillet 1867 a supprimé la contrainte par corps en matière civile et commerciale.

2° *Hollande.*

Code de Commerce du 1er octobre 1838.

3° *Italie.*

Le Code de Commerce promulgué le 25 juin 1865, exécutoire à partir du 1er Janvier 1866, est aujourd'hui en vigueur dans le nouveau royaume d'Italie.

La loi du 7 Décembre 1877 a aboli la contrainte par corps.

4° *Suisse.*

Chaque canton de la Suisse possède en matière commerciale et civile une législation particulière.

---

(1) Les dispositions principales des diverses Législations Commerciales se trouvent rapportées dans l'ouvrage de MM. Hœchster et Sacré ainsi que dans le second volume du *Traité des Lettres de change* de M. Nouguier.

Les cantons formant la Suisse dite française et les cantons Italiens suivent en général le régime français.

Nous citerons comme tels :

Genève.

Le Code de Commerce français y est encore en vigueur.

Vaud.

Idem.

Berne français.

Idem.

Tessin.

Le Code civil du Tessin contient un titre relatif au Droit de Change. Les dispositions en sont en général calquées sur celles de Code de Commerce français.

Fribourg.

Code de 1849. Identique au Code français.

Neufchâtel.

Code de 1843.

L'article 59 du nouveau statut fédéral du 9 mai 1874 a supprimé dans tous les cantons de la confédération la contrainte par corps en matière de change.

5° *Grand-duché de Luxembourg.*

Le Code de Commerce français y a été maintenu.

6° *Grèce.*

Code français.

7° *Roumanie.*

Le même Code y a été adopté en 1841.

8° *Espagne.*

Le Code de Commerce du 30 mai 1829 contient l'application à peu près complète des idées françaises.

9° *Portugal.*

Code de Commerce du 18 Septembre 1833. (Même chose.)

10° *Brésil.*

Code de Commerce du 26 Juin 1850.

11° *Russie.*

Le Code général publié le 31 janvier 1826, conforme sur nombre de points aux idées françaises présente cependant une physionomie toute particulière.

12° *Pérou.*

Code de Commerce promulgué en 1853. Il est la reproduction à peu près exacte du Code Espagnol.

13° *Chili.*

Code de Commerce du 23 novembre 1865.

14° *Confédération Argentine.*

Code du 6 octobre 1859.

15° *Amérique centrale. — Mexique.*

Les divers Etats de l'Amérique centrale suivent encore en matière de change les ordonnances de

Bilbao. Le Mexique toutefois s'est donné récemment un nouveau Code de Commerce.

16° Dans les pays musulmans.

Il n'existe pas de Législation particulière. La lettre de change prohibée par la religion Mulsumane y est rarement employée. En cas de besoin on recourt à la législation française comme raison écrite.

Les idées françaises reçues dans les différents pays ci-dessus énumérés se sont ainsi imposées à environ 240,000,000 d'individus.

———

Le groupe allemand moins important que le précédent au point de vue numérique, compte en général dans son sein les législations les plus récentes. Leur caractère distinctif est une tendance nettement accusée à assimiler de plus en plus la lettre de change à la monnaie, à en faire en quelque sorte le papier monnaie des commerçants. L'idée d'un contrat de change servant de base essentielle à la lettre est repoussée. La lettre se résume dès lors en la simple promesse d'une somme d'argent (Summenverspreschen). On repousse également comme autant d'entraves à la libre circulation de l'effet, ce que le système français considère comme des garanties nécessaires de la sûreté des négociations, c'est-à-dire les règles sur la provision, les formalités exigées pour l'endossement, la nécessité d'une remise de place en place.

Ces idées se retrouvent adoptées plus ou moins complétement dans les législations suivantes.

Allemagne.

Les divers États de l'Allemagne suivent actuellement comme loi de l'Empire l'ordonnance générale de change élaborée par leurs représentants dans les conférences de Leipzig, promulguée le 24 novembre 1848, adoptée successivement par chacun d'eux, modifiée enfin dans quelques-unes de ses parties par les Novelles de Nuremberg en 1869.

L'ordonnance a été introduite en Alsace-Lorraine le 19 juin 1872.

Autriche-Hongrie.

Le 23 janvier 1850 l'ordonnance allemande a été introduite en Autriche avec modification des articles 2, 25, 40 et 73.

La Hongrie où elle fut également admise tout d'abord profita ensuite de son autonomie législative pour adopter une loi de change particulière basée sur d'autres principes. Mais une nouvelle loi calquée presque entièrement sur l'ordonnance a été votée par les Chambres hongroises le 5 juin 1876 et mise en vigueur le 17 janvier 1877 (*Annuaire de lég. étrang.*, vol. VI, p. 383).

La contrainte par corps est encore autorisée en Autriche-Hongrie. Mais la loi du 4 mai 1866 y a apporté de sérieuses réformes.

Belgique.

La matière des lettres de change a été régie jusqu'en 1872 par le Code de commerce français qui y est encore en vigueur comme loi générale. La loi du 20 mai 1872 sur les effets de commerce, conçue en général suivant les doctrines allemandes, est venue remplacer les articles 110-190 du Code de commerce.

La contrainte par corps a été abolie par une loi du 27 juillet 1871.

Suisse.

Les cantons allemands, sauf les exceptions signalées précédemment, y ont admis en général les idées allemandes en matière de change. De 1857 à 1865, l'ordonnance a été adoptée sauf quelques modifications de détail par les cantons de Schwitz, Glaris, Appenzell, Schaffouze, Bâle, Soleure, Berne allemand, Lucerne et Argovie.

Les cantons de Zug, d'Unterwald et d'Uri ne possèdent pas de lois particulières sur la matière, la lettre de change étant à peine connue dans ces circonscriptions montagnardes et exclusivement agricoles. On y suit, en cas de besoin, le droit de l'ordonnance allemande.

Suède.

Loi générale de change du 23 août 1851.

Danemarck.

La loi allemande y a a été introduite le 23 juin 1851 puis modifiée par une loi du 23 février 1854.

Le type allemand ainsi admis dans toute l'Europe centrale et dans une partie des États du Nord se trouve actuellement reconnu par 75 à 80 millions de personnes.

Enfin dans une troisième catégorie, on peut ranger les pays qui, comme l'Angleterre, ne possèdent pas de loi de change générale écrite, et se contentent de suivre, ou bien les usages commerciaux généraux, ou des usages particuliers et locaux existant de temps immémorial.

Nous citerons en première ligne l'*Angleterre*, où il n'existe aucune loi complète sur la matière. Quelques lois spéciales, quelques statuts particuliers sont seuls venus décider des points controversés. C'est en somme la jurisprudence des Cours de justice qui fait réellement la loi.

La contrainte par corps n'existe plus en Angleterre que dans les cas où la dette est supérieure à 200 livres sterling (5,000 fr.)

Le même système est admis aux *États-Unis* de l'Amérique du Nord. Quelques rares États sont dotés d'une loi de change écrite ; tous les autres ne possèdent encore qu'un droit coutumier.

Le droit coutumier régit encore ainsi environ 250 millions d'individus.

CHAPITRE PREMIER

Considérations générales. — Division.

1. — Un engagement de change peut se résumer ainsi : Promesse par une personne de faire payer à une autre par un tiers désigné d'avance une certaine somme d'argent, à une époque déterminée et dans un lieu convenu généralement distant de celui ou l'obligation a été souscrite. L'engagement est pris au profit d'une personne déterminée. Mais celle-ci acquiert en même temps la faculté de transmettre son droit sous certaines formes toujours beaucoup plus simples que celles des cessions civiles. Cette transmission aura un effet absolu en ce sens qu'elle sera toujours dégagée des rapports de droit antérieurs qui pouvaient exister entre le promettant et le créancier. La preuve de cet engagement, l'acte qui en constate l'existence, consiste en une déclaration écrite, assujettie par les lois positives à certaines formes déterminées. C'est la Lettre de Change.

2. — Il est déjà facile de comprendre d'après la notion que nous venons d'en donner, que sous la forme si simple d'une promesse d'argent, ce titre renferme la preuve de rapports et d'obligations plus

nombreux peut être que dans aucun autre acte juridique. Nous y trouvons en effet, d'abord une obligation principale, celle du tiers désigné comme devant effectuer le payement, alors toutefois qu'ayant pris connaissance du contrat, il y a expressément ou tacitement adhéré. A cet engagement principal vient se joindre celui du promettant ou tireur qui garantit le payement et s'offre en recours aux porteurs de la Lettre. Cet engagement pris à l'origine par le tireur lui-même s'impose par la suite à tous les possesseurs qui se dessaisissent de leur droit au profit d'un tiers et jouent ainsi vis-à-vis de ce tiers le même rôle que le tireur originaire vis-à-vis du preneur. Ce n'est pas tout encore. Le tireur ou les endosseurs ne sont censés promettre garantie que dans le cas ou le porteur de la Lettre aura fait toutes les diligences nécessaires pour arriver au payement. Ces diligences réglées davance par la loi positive constituent ainsi autant d'obligations pour ce possesseur. Enfin à ces rapports de droit déjà si nombreux et qui se retrouvent inévitablement dans toute Lettre de Change, d'autres obligations souscrites à leur occasion, cautionnement, aval, peuvent accidentellement venir se joindre et compliquer encore la question.

3. — Dans le cas où les diverses conventions dont la lettre de change constitue la preuve sont intervenues entre individus appartenant à la même nation et d'autre part ont été conclues dans la patrie même des contractants, il ne fait aucun doute qu'une contestation survenant entre les mêmes personnes devra être jugée conformément aux lois en vigueur dans leur

propre pays. Si nous supposons au contraire des débiteurs et créanciers de nationalité différente, ou les
divers engagements de change pris sous l'empire de
lois également différentes, alors s'élèvera la question
de savoir à quelles dispositions législatives le juge
devra recourir pour trancher les difficultés qui pourraient être soulevées. Ces questions se présentent
d'autant plus souvent et offrent par conséquent un
intérêt pratique d'autant plus grand que, vagabonde
par nature, la lettre de change est nécessairement
destinée à se jouer des frontières territoriales en par-
courant le monde.

Ce sont ces difficultés de pratique internationale
constante dont nous voulons aborder l'étude en nous
plaçant à cet égard au point de vue purement rationnel.
Nous nous trouverons presque constamment en face
de trois législations différentes :

Loi du lieu où l'obligation a été souscrite.
Loi du lieu où elle doit être exécutée.
Loi du lieu où l'action se trouve intentée.

Mais, quelle que soit la monotonie et la similitude
des questions ainsi soulevées, elles n'en présentent
pas moins, outre l'intérêt pratique, une véritable
importance doctrinale, puisqu'il faut pour les résoudre
apprécier et déterminer de la façon la plus rigoureuse
la nature exacte des rapports juridiques dont la preuve
se retrouve dans la lettre de change. Traitée au point
de vue international, cette matière nous en semble
ainsi l'étude la plus générale en même temps que la
plus approfondie et la plus complète.

4. — Pour mettre quelqu'ordre dans ce sujet, nous

suivrons la lettre de change dans les différentes phases de son existence. Et d'abord assistant à son émission nous aurons à déterminer quelle est la capacité requise, quelles sont les formes nécessaires pour sa validité. La supposant ensuite valablement constituée, il nous faudra rechercher quels en sont les effets immédiats, quelles obligations elle impose, quels droits elle accorde aux différentes personnes figurant au contrat. Son exécution même sera un des sujets d'étude les plus intéressants, quelle que soit l'hypothèse que l'on envisage, soit le payement régulièrement effectué, soit au contraire le droit de recours appartenant au porteur impayé.

CHAPITRE II

De la Capacité en matière de change.

5. — La première condition essentielle à la validité d'une obligation quelconque, c'est bien la capacité de l'obligé. Lorsqu'une obligation a été contractée par une personne dans sa patrie, aucune difficulté ne peut s'élever sur le point de savoir quelle est la règle qui détermine cette capacité. Il est incontestable que la loi nationale est seule applicable. Mais la situation change au cas où l'obligation a été souscrite sur le territoire étranger. En règle générale l'effet des lois ne s'étend pas au-delà des limites du territoire. Leur autorité doit expirer là où s'arrête l'empire de la souveraineté dont elles émanent. Cependant des considérations d'utilité et de convenances réciproques entre les nations ont rapidement conduit les souverains à permettre sur leurs territoires l'application de certaines lois étrangères.

La plus importante et la plus ancienne de ces exceptions concerne le statut personnel c'est-à-dire les règles qui déterminent l'État et la capacité des personnes. Au moment du plus complet épanouissement du régime féodal, les plus zélés défenseurs de la maxime *leges non valent extra territorium statuentis,* faisaient exception pour les lois personnelles qu'ils reconnaissaient devoir s'appliquer même sur le territoire d'une souveraineté étrangère (1). On avait compris combien il était nécessaire de faire régir l'état de la personne par une loi unique, afin d'éviter ainsi les incertitudes et les mécomptes qui auraient été la conséquence inévitable d'un état variable. « Par un « concours général des nations, écrit Boullenois (2), « et une déférence presque nécessaire, les statuts qui « règlent l'état et la condition des personnes se por « tent dans toutes les coutumes; elles ont établi « entre elles à cette occasion une espèce de droit de « parcours ou entrecours pour le plus grand bien du « commerce et de la société d'entre les hommes. »

6. — La même règle est aujourd'hui universellement reconnue par tous les auteurs. Mais on est loin d'être d'accord quand il s'agit de déterminer quelle est cette loi personnelle qui s'attache ainsi à l'individu et le suit dans toutes ses résidences succesives comme son

---

(1) Avant l'établissement même du régime féodal les lois étaient personnelles en ce sens que la législation nationale d'un individu pouvait être invoquée par lui en toute contrée. Chacun pouvait alors *se réclamer de sa loi.* Cette loi d'origine était admise en toute matière réelle ou personnelle. Aujourd'hui le sens de cette expression, *Loi personnelle,* est bien changé. Elle ne désigne plus que les lois qui règlent l'état et la capacité de la personne, qui déterminent sa condition juridique dans la société dont elle fait partie. Ce sont les seules qui s'attachent encore à la personne et la suivent en quelque lieu qu'elle se transporte.

(2) BOULLENOIS. *Traité de la personnalité et de la réalité des lois, coutumes ou statuts,* titre I, chap. III, observations 9 et 10.

ombre même. Pour les uns c'est la loi nationale ; cette loi qui, suivant l'expression de M. Massé (3), « saisit « l'homme à sa naissance et, lui imprimant la qualité « de citoyen, lui donne une capacité civile et politique « qui rèste la même en quelque lieu qu'il se trouve. » D'autres donnent au contraire la préférence à la loi du domicile actuel, c'est-à-dire du lieu que l'individu a choisi lui-même comme siége de ses affaires et de ses intérêts, où il est censé toujours présent, loi qu'il doit apprécier toujours plus que toute autre puisque lui-même en a fait élection.

7. — Quelques législations admettent, avec ou sans restriction, l'application de la loi en vigueur au domicile de la personne. Nombre d'auteurs suivent les mêmes errements. Je dois toutefois faire observer qu'il ne faut pas se laisser tromper par les expressions *Loi du domicile, Lex domicilii*. Le terme domicile présente souvent en cette matière, alors surtout qu'on le trouve employé par-les anciens écrivains, un sens tout à fait propre et nettement déterminé. Il désigne spécialement le domicile d'origine, de telle sorte que cette loi du domicile n'est souvent en réalité autre que la loi nationale. Empruntant la terminologie ancienne, des auteurs modernes que semble choquer ce terme nouveau de loi nationale conduiraient ainsi leurs lec-teurs à une confusion évidemment fâcheuse. Story, il est vrai, précise et se prononce nettement pour la loi du domicile natif (4). Mais Fœlix, partisan incontes-

(3) Massé, I, 540.
(4) Story. *Conflict of Law*, § 52 (cité par M. Fiore).

table de la loi nationale, la désigne constamment sous le nom de loi du domicile et n'hésite pas à déclarer qu'à son sens (5) les expressions de *lieu du domicile de l'individu* et de *territoire de sa nation ou patrie* peuvent être employées indifféremment. Il faut donc, si l'on ne veut se laisser égarer par les apparences, poser la question sur son véritable terrain et choisir un criterium qui distingue nettement l'un et l'autre système. Ce criterium, nous le trouverons dans la *mutatio domicilii*, le changement de domicile, au sens propre du mot. Un individu domicilié en France et majeur suivant la loi française, mais n'ayant pas atteint l'âge de 25 ans, transporte son domicile, c'est-à-dire son principal établissement, le siége de ses affaires en Autriche où la majorité n'est acquise qu'à 25 ans. Quelle sera sa condition dans son nouveau domicile? Majeur, suivant la loi française, continuera-t-il à jouir d'une pleine capacité juridique? Ne devra-t-il pas, au contraire, être considéré comme mineur par les tribunaux autrichiens dont il peut être justiciable et, par conséquent, traité comme tel. Voilà, suivant nous, la question posée sous son véritable jour, c'est-à-dire d'une façon telle qu'il faudra nettement opter entre la loi nationale et la loi du domicile au sens propre du mot.

8. — Bon nombre d'auteurs et de très bons esprits soutiennent sans aucune équivoque que l'état et la capacité des personnes doivent être régis par la loi de leur domicile actuel.

---

(5) Fœli.x. Livre I, titre I, n° 28, *in fine*.

Pothier n'hésite pas à déclarer que (6) « le change-
« ment de domicile délivre les personnes de l'empire
« des lois du domicile qu'elles quittent et assujettit à
« celles du lieu du nouveau domicile qu'elles
« acquièrent ».

Les deux Voet suivent la même opinion.

Les habitudes et le caractère d'un individu s'adaptent, dit-on, au tempérament général des habitants
du lieu du domicile. C'est là qu'une personne acquiert
les qualités particulières et durables qui doivent
l'accompagner et la distinguer toujours, là que doit
se passer sa vie, là qu'elle a rencontré les mœurs les
plus conformes à sa nature même, puisqu'enfin c'est
ce lieu qu'elle a librement choisi pour y fixer sa
résidence, y centraliser tous ses intérêts. On en conclut que c'est la législation en vigueur en cet endroit,
qui, tacitement adoptée par elle, doit seule la régir.
Rien en effet ne s'opposait à ce qu'elle abdiquât sa
nationalité pour en acquérir une nouvelle. A plus
forte raison donc cette option tacite et restreinte
qui résulte du changement de domicile est-elle
parfaitement licite et doit-elle être, au point de vue
international admise sans conteste et sortir ses pleins
effets.

Parmi les modernes Demangeat (7) semble admettre
cette opinion sans aucune restriction.

Tel est également le fonds du système suivi par

(6) Introduct. générale aux Cout. Ch. I. Partie I n° 13.
(7) Fœlix. tome I n° 28, note (b) de M. Demangeat.

Rocco. « Lors même, écrit-il, que les lois de la patrie
« originaire ne consentiraient pas à voir mutation
« de nationalité dans le fait du changement de
« domicile, c'est néanmoins la loi du nouveau
« domicile que devrait régir l'étranger. En effet le
« domicile politique peut être dans un autre lieu que
« le domicile civil. La différence entre les effets de
« l'un et de l'autre est bien sensible. Dans le premier
« s'exercent les droits politiques qui constituent une
« communication d'une certaine partie du pouvoir
« public. Du second dépendent les droits civils.
« Malgré les relations existant ordinairement entre
« ces deux domiciles, l'un peut exister sans l'autre.
« Un domicile civil est acquis et nécessaire dès la
« naissance. Il n'en est pas de même d'un domicile
« politique, qui dépend en partie de la volonté de
« l'individu.

« Une femme, un pupille n'ont pas de domicile
« politique: leurs droits civils dépendent de leur
« domicile civil. C'est l'application de la règle
« générale (8). »

(8) Rocco. — Op. cit. livre II. Chap. 2.

Du passage cité il semble résulter bien que cet auteur adopte franchement
la théorie favorable à la loi du domicile actuel. Toutefois il ne l'adopte pas
sans restriction. Pour que l'application de la loi nouvelle soit possible, il
faut, suivant Rocco, que l'étranger ait perdu l'esprit de retour dans sa
patrie.

Trois hypothèses sont envisagées par lui.

1° L'étranger déclare formellement vouloir abandonner son domicile
ancien et en acquérir un nouveau.

2° Sans aucune déclaration il l'abandonne tacitement en fixant dans un
autre État le siège de ses affaires.

M. de Savigny (9), lui aussi, part de ce principe
que le changement de domicile entraînera changement dans la capacité. Toutefois, il fait ici une distinction : Le changement opéré doit-il entraîner pour
la personne augmentation de capacité ? La règle posée
s'appliquera sans difficulté. La conséquence doit-elle
être au contraire une diminution dans cette capacité ?
Une exception devra être faite et l'application du principe ne sera plus possible. La raison en est que
« quand un mineur dans le lieu de son domicile
« atteint l'âge de la majorité, l'indépendance qui en

3° Enfin il se peut qu'admis à fixer dans l'État son domicile, il n'ait
cependant pas l'intention d'abandonner l'ancien.

Dans les deux premiers cas Rocco admet l'application de la loi nouvelle.
— Dans le dernier seulement il laisse la personne soumise à son ancien
statut, parce qu'il ne voit pas une translation de domicile suffisante alors
qu'elle conserve encore l'esprit de retour. — Il n'y a là rien de bien net, ni
de bien précis. Car enfin, ou il y a eu vraiment translation de domicile,
ou il y a simple changement de résidence. Et il est certain d'ailleurs que
le domicile étant de sa nature variable et mobile, il n'est nullement nécessaire pour qu'il puisse être considéré comme établi dans un lieu que l'individu
ait perdu tout esprit de retour dans celui où il existait auparavant. J'inclinerais donc à croire que le troisième cas proposé par Rocco se réduit à un
simple changement de résidence. — Mais en fut-il autrement il ne serait
encore pas possible de voir en lui un partisan de la conservation de la loi
nationale. Pour qui admet, en effet que la loi nationale seule régit la
capacité de l'étranger même hors de sa patrie, il s'impose comme conséquence nécessaire que cette loi seule lui sera applicable, tant qu'un changement de nationalité ne sera pas survenu. Or, c'est ce que n'admet pas
Rocco, puisqu'il plaide dans le passage cité pour une séparation possible
du domicile civil et du domicile politique. Le fonds de son système est
donc bien, ainsi qu'il est dit au texte, l'admission de la loi du domicile
actuel au regard de la capacité juridique des personnes.

(9) *Système de droit romain moderne*, t. VIII, p. 359 et 365.]

« résulte a tous les caractères d'un droit acquis et ne
« peut lui être enlevée par une circonstance acci-
« dentelle, le changement de domicile. »

Il est toujours bien téméraire de se mettre en contradiction avec le grand jurisconsulte prussien.
Cependant, il faut l'avouer, la distinction qu'il propose et la raison qu'il en donne nous semblent manquer de motifs juridiques. N'est-ce pas d'abord résoudre la question par la question que d'invoquer ici un
droit acquis ? Mais lorsqu'on se demande si la loi de
l'ancien domicile sera encore applicable, que fait-on
autre chose que rechercher si le mineur ou le majeur
n'aurait pas précisément un droit acquis à se voir
même en pays étranger régi par cette loi ? Et d'ailleurs, en fut-il autrement, est-il exact de parler ici de
droit acquis à l'indépendance ? N'est-ce pas renverser
les choses et méconnaître l'intention et le but de
toutes les législations que voir dans les précautions
prises en faveur des mineurs et dans les incapacités
qui en sont la suite des charges pour ces derniers ?
Est-il bien vrai de dire d'une personne tout particulièrement protégée par la loi qu'elle a droit de sortir
de cette situation avantageuse ? Il semble en définitive que si quelqu'un peut jamais avoir un droit
acquis à l'indépendance du mineur, ce sont bien
plutôt les tiers qui traitent avec lui que ce mineur
lui-même.

La distinction de Savigny pas plus que celle de
Rocco ne nous paraît donc pouvoir être admise en
droit international.

9. — D'ailleurs, sans nous arrêter plus longtemps
à ces dissidences de détails, nous repoussons égale-

ment la théorie proposée par ces auteurs. La seule loi
qui doive, à notre avis, régir l'état de l'individu même
résidant en pays étranger, c'est la loi de la patrie originaire qui prend chacun sous sa protection dès
l'instant de sa naissance, le saisit et s'impose à lui
jusqu'au moment où l'individu, ayant pénétré dans le
secret de la vie politique de sa nation et s'en étant
approprié les mœurs, l'acceptera par libre consentement. Ce sont, comme le fait très bien observer M.
Eperson, (10) les éléments physiques, intellectuels,
moraux, politiques, constitutifs de la nationalité qui
déterminent l'état des personnes, et par conséquent,
leur capacité ou leur incapacité. Nous pouvons donc
affirmer que les lois personnelles doivent être l'expression de la nationalité, et il est naturel que ces
mêmes lois puissent être invoquées même en pays
étrangers, puisque, identifiées en quelque sorte avec
nous-mêmes, elles semblent faire partie de notre être.
La loi nationale doit donc toujours exercer son empire
comme la plus conforme aux besoins et aux habitudes
de l'individu. Vainement, prétend-on que c'est au lieu
du domicile que se prennent les habitudes, que c'est
aux mœurs de ce domicile que s'adaptent les caractères, que c'est en ce lieu que la personne acquiert ses
qualités distinctes et immanentes. Rien de plus faux.
Ces qualités, ce caractère, ces habitudes même, ne
sont-elles pas tout au contraire le patrimoine hérédi-

(10) Op. Cit. Titre I. p. 3.

taire de la nation, le signe indélébile qui nous rattache à la patrie, à la nationalité d'origine ? Est-il possible de nier les différences morales et intellectuelles
qui séparent si nettement les races les unes des autres, et le plus souvent aussi les nations constituées,
dont la tendance continuelle est de réunir en un
même corps politique tous les individus appartenant
à la même race, et devant comme tels, avoir mêmes
affinités ! Si ces propositions sont admises, (et elles
sont indéniables) le fondement de la théorie que je
combats n'existe plus. Car on ne fera jamais croire à
personne qu'un séjour plus ou moins prolongé dans
un lieu où l'on aura établi le centre de ses intérêts
suffira pour modifier toutes les qualités distinctives
qui sont le patrimoine de la race et de la nation à
laquelle appartient un individu.

Dès lors, il faut bien reconnaître que la loi qui
demeure toujours et quand même, la mieux adaptée
au caractère même de la personne, est cette loi qui a
été faite sous l'empire des besoins et des habitudes
qui sont les siennes, qui, seule entre toutes les autres,
a été destinée à régir des personnes ayant les mêmes
qualités immanentes et natives qu'elle-même. Il ne
suffit donc pas de changer de domicile pour changer
de statut. Il faut plus: un changement de nationalité.
Tant que l'individu n'aura pas brisé d'une façon définitive les liens qui l'attachent à sa patrie, tant qu'il
n'aura pas consenti à faire en tous points partie d'une
autre société politique, la loi nationale conservera son
empire et ce sera toujours une supposition purement
gratuite que prétendre tirer de la seule élection d'un

domicile à l'étranger une renonciation à cette même loi nationale (11).

Ces considérations qui supposent avant tout cette *comitas gentium*, cette tolérance réciproque qui doit exister entre les nations, ne perdraient leur autorité et leur force probante qu'au cas où on parviendrait à demontrer que les Etats, ont intérêt à soumettre à leurs propres lois le statut personnel des étrangers résidant sur leur territoire. Heureusement il n'en est rien. Un état accomplit son but en appliquant à ses propres sujets les dispositions édictées par lui relativement au statut personnel. Il n'a aucun intérêt à en étendre l'application à des individus appartenant à une autre société politique.

10. — A ces motifs nous devons ajouter que dans la législation romaine déjà le droit national de la cité à laquelle appartenait chaque individu, était précisément celui auquel il était personnellement soumis et selon lequel il devait être jugé. C'était là un des effets du *jus originis* qui s'acquérait principalement par la naissance *(origo-nativitas)* dans telle cité déterminée. Ce *jus originis* qui n'impliquait pas la qualité de citoyen romain, mais celle de sujet de Rome, présentait entre autres cet intérêt considérable qu'en cas de conflit entre la loi générale de Rome et celle de la civitas speciale c'est cette dernière qui s'appliquait

---

(11) En ce sens : Aubry et Rau, I, § 31.— Pardessus, n° 1482, 1°.— Dalloz, V. *Droits civils.* — Brocher, opt. cit. — Norsa, op. cita. n° 157. — Fœlix, § 30. — Masse, n° 540. — Fiore, n° 4. — Esperson, t. I n° 3.

au moins pour les pérégrins (12). Voilà ce qui semble bien résulter d'un fragment d'Ulpien (T. XX, § 15). S'occupant de la matière des testaments, le jurisconsulte pose d'abord en principe au paragraphe 14, que le latin junien, non plus que le pérégrin déditice n'ont capacité pour faire un testament, puis, dans le paragraphe 15, il donne les motifs de cette décision. Le latin junien est emp ché par une disposition prohibitive expresse de la loi Junia. « *Is autem qui dedi-* « *tiorum numero est, quoniam nec civis Romanus* « *testari potest quum sit peregrinus, nec quasi pere-* « *grinus quoniam nullius certæ civitatis civis sit ut* « *secundum legis civitatis suæ testetur.* » C'est-à-dire que ce pérégrin étant déditice, par conséquent appartenant à la classe de ceux qui, ayant perdu toute indépendance, n'ont plus même de lois particulières, ne pourra invoquer un *jus civitatis* qui n'existe plus à son égard et prétendre tester dans les formes consacrées par la loi nationale. Une conséquence évidente à en tirer, c'est qu'au cas où il serait pérégrin pur et simple, c'est-à-dire non déditice, il pourrait faire à Rome un testament valable selon les lois de sa patrie.

On peut citer encore certaines décisions données par Gaius (Comment. I, 92 et III, 120), dans lesquelles ce jurisconsulte admet nettement l'application de la loi particulière propre aux pérégrins.

Voulons-nous conclure de là que la règle générale-

---

(12) Savigny, *Système..*, vol. VIII, § 150. — Fiore, 46. — Accarias, *Précis de droit romain*, I, 48, note 3.

meut reçue aujourdhui en ce qui touche au statut personnel, existait déjà identique en droit romain ? Ce serait évidemment aller beaucoup trop loin. La seule conséquence que l'on puisse raisonnablement tirer de ces textes, c'est que les Romains prenaient déjà en sérieuse considération la loi nationale, ou plus exactement municipale de la personne, lorsqu'il s'agissait de rapports entre pérégrins et citoyens romains.

11. — Ainsi placée sous l'autorité du droit romain, justifiée par les motifs généraux que nous avons développés précédemment, la théorie de la loi nationale s'impose encore davantage si l'on considère quelles seraient les conséquences de l'admission du système contraire. En effet, régler la capacité de la personne par la loi du domicile, c'est réduire à rien ce principe admis de tout temps que les lois personnelles doivent être fixes et invariables. Un individu incapable dans un pays passera la frontière, s'établira dans un lieu où sa capacité sera augmentée ; et le passage même de cette frontière aura le pouvoir magique de lui faire subir une véritable métamorphose juridique. C'est là évidemment ouvrir la porte à toutes les fraudes. Un père qui voudra exercer plus longtemps sur ses enfants les droits de puissance paternelle transportera pendant leur minorité son domicile dans un lieu où la majorité est fixée à un âge beaucoup plus avancé. Un débiteur amoindrira les droits de son créancier en changeant de domicile. Ces inconvénients se rencontreront également, dit-on, dans l'autre système puisqu'enfin un changement de nationalité est toujours possible. Nous répondrons que, sans doute, l'état ne

sera pas encore absolument fixe ; mais il est évident d'abord que ce changement de nationalité se produira toujours plus difficilement et moins fréquemment qu'un simple changement de domicile. Ensuite on évitera les inconvénients et les difficultés qui pourraient résulter de l'absence ou de la pluralité de domiciles. Enfin la connaissance même du statut applicable à l'individu sera toujours plus facile ; car il est toujours beaucoup plus aisé de déterminer la nationalité d'une personne que de reconnaître d'une façon certaine son véritable domicile.

12. — En résumé donc, la loi nationale doit seule régir la capacité des personnes même résidant en pays étranger, comme étant au point de vue théorique la mieux adaptée au caractère des individus, au point de vue pratique celle qui assure le mieux l'invariabilité du statut.

Il ne faudrait pas toutefois vouloir en faire une application absolue, n'admettant aucune restriction. Certaines réserves doivent au contraire être faites, que nous avons maintenant à formuler.

Et d'abord il est évident que les lois concernant le statut personnel d'un étranger ne seraient pas applicables au cas où elles se trouveraient contraires à des dispositions considérées comme étant d'ordre public dans l'Etat où elles seraient invoquées (13). Cette proposition posée comme principe général de droit ne souffre aucune difficulté, et est acceptée par tous les

(13) Paris, 2 août 1866. (S. 66, 2, 342.) — Cassation 25 mai 1868. (S. 68, 1, 365.)

auteurs. Mais si le principe comme tel ne souffre pas de contradiction, les applications n'en sont pas moins délicates, et il est souvent fort difficile de déterminer si une institution ou une disposition légale étrangère peut être considérée comme contraire à l'ordre public de la nation chez laquelle elle est invoquée (14). Nous aurons à revenir sur ce sujet dans la dernière partie de ce chapitre.

13. — Les principes généraux qui viennent d'être posés relativement à la capacité en général, c'est-à-dire celle qui résulte ordinairement de l'acquisition de la majorité, s'appliquent également à la capacité spéciale particulière et relative qui est exigée par quelques législations pour certains actes. J'en trouve précisément un exemple en matière de change. Les codes de commerce d'Espagne et de Portugal refusent en général aux non-commerçants la capacité de s'obliger par voie de change (15) et cela sans faire aucune distinction entre les sexes. Les législations françaises et italiennes, sans aller aussi loin, déclarent que la signature des femmes et filles non négociantes ou marchandes publiques ne vaudra à leur égard que comme simple promesse (16). Les incapacités dont sont frappés les non commerçants, hommes ou femmes, font partie de

(14) Cet ordre public si peu défini et d'ailleurs si difficile à définir, cet intérêt assez vague derrière lequel on pourrait abriter le refus de reconnaître effet à une loi étrangère quelconque sur le territoire doit être entendu d'une façon assez restrictive.

(15) Code de comm. espagnol, art. 434. — Code de comm. portugais, art. 12.

(16) Code de comm. français, 112. — C. comm. italien, 199.

leur statut' personnel. Ils pourront donc s'en prévaloir en tous lieux, même en pays étranger. Par conséquent les tribunaux français devraient prononcer la nullité d'une obligation souscrite en France par lettre de change, par un sujet espagnol ou portugais non commerçant, alors même que cette incapacité n'est pas prononcée par la loi française. Les tribunaux allemands ne pourraient de même se dispenser de traiter comme simple promesse la signature d'une femme française ou italienne, bien que l'article 1 de l'ordonnance allemande, assimilant complètement la capacité civile générale à la capacité spéciale requise, ne fasse aucune différence entre le commerçant et le non commerçant de l'un ou de l'autre sexe (17). On ne saurait dans aucun de ces cas argumenter d'une atteinte portée à l'ordre public. En effet, le législateur ne s'est pas proposé en créant cette incapacité spéciale de garantir l'ordre général de l'Etat. Il a plutôt eu en vue une protection à accorder à des personnes mal initiées aux pratiques commerciales. Il a voulu les soustraire aux rigueurs de la contrainte par corps qui auraient été trop souvent la conséquence de leur imprudence.

14. — Donc pour juger la validité d'une obligation contractée par voie de change, il faut consulter la loi nationale du débiteur. Mais avant tout il sera nécessaire de recourir à la loi civile qui règle en premier

(17) Ordonn. Allem., art. 1.
« Est capable de s'engager par lettre de change celui qui peut s'engager par contrat. »

lieu la capacité générale exigée dans un contrat quelconque. Il faudra ensuite s'enquérir des lois en vigueur en matière de change dans l'Etat auquel appartient le contractant puisque ce sont ces dispositions qui règlent la capacité spéciale exigée pour la validité des obligations de change.

Ces principes doivent être appliqués à tous les engagements dont la lettre constitue la preuve. La capacité du tireur dépendra ainsi de sa loi nationale : même chose quant au tiré, aux endosseurs, aux donneurs d'aval, aux intervenants. En règle générale donc le bénéficiaire d'une obligation de change souscrite par un étranger devra toujours s'informer, si le souscripteur possède d'après sa loi nationale, non seulement la capacité générale qui peut résulter pour lui de l'acquisition de la majorité, mais encore et surtout cette capacité spéciale que l'on trouve exigée par nombre de législations. Pour la pleine sécurité de la convention conclue il faudra qu'il jouisse assurément de l'une et de l'autre (18).

15. — Toutefois certaines difficultés peuvent s'élever en la matière à raison des négociations et cessions successives dont la lettre de change est destinée à être le sujet. Supposons par exemple que le bénéficiaire ait reçu la lettre d'une personne qui était par sa loi nationale placée dans un état d'incapacité soit absolu soit relatif. Assurément il est en faute ; on ne peut le nier. Ce preneur endosse ensuite la lettre au profit d'un tiers de bonne foi. La question se pose alors de

____

(18) Espérson, t. II, n° 7. — Fiore, n° 48.

savoir si ce tiers pourra se voir opposer par le tireur, contre lequel il voudra recourir, une exception tirée de son incapacité originaire.

Il semblerait bien au premier abord que si le souscripteur peut invoquer son état d'incapacité, vis-à-vis du premier porteur qui se trouve tout au moins coupable de négligence, il ne doit plus en être ainsi lorsqu'il est actionné par un possesseur de parfaite bonne foi. Cette même bonne foi que nous voyons remplaçant dans un certain cas un titre qui n'existe pas, ne saurait-elle avoir ici pour effet de suppléer, au regard de ceux qui peuvent l'invoquer, à une capacité absente ou incomplète?—Deux personnes sont en présence : d'une part un tiers porteur auquel aucune imprudence, aucune négligence ne peut être imputée ; car ce serait lui créer une position impossible que l'obliger à faire une enquête sur la capacité de tous ceux qui ont possédé la lettre avant lui : d'autre part, un souscripteur qui, s'il n'est pas coupable de dol, l'est tout au moins de légèreté ou d'ignorance. Entre les deux, n'est-ce pas ce dernier qui doit être sacrifié et par conséquent, ne doit-on pas lui refuser le droit d'argumenter de son incapacité au regard de ceux qui par son fait même, se trouveraient induits en erreur? Il est incontestable que les raisons ainsi déduites doivent être prises en sérieuse considération. Cependant il semble impossible d'admettre qu'elles puissent prévaloir contre ce principe de droit en vertu duquel une obligation nulle à l'origine, ne peut acquérir validité par le simple effet d'un laps de temps. « *Quod ab initio vitiosum est, non potest tractu* « *temporis convalescere* ». N'est-il pas évident d'ail-

leurs qu'un cédant ne peut transmettre à son cessionnaire plus de droits qu'il n'en a lui-même : « *Nemo*
« *in alium plus juris transferre potest quam ipse*
« *habet* ». Comment admettre que par le seul fait du
bénéficiaire le souscripteur puisse se trouver privé du
droit d'opposer la nullité des obligations par lui con-
tractées ? Sans doute, le tiers porteur n'a aucune faute
à se reprocher ; personne n'y contredit. Mais, encore
une fois, il n'a pu acquérir d'autres droits que ceux
qu'avait son endosseur. Or, cet endosseur ne pouvait recourir contre le souscripteur ; par conséquent, ce recours lui sera également impossible. On
arriverait en réalité, si on admettait la solution contraire, à éluder constamment l'exception tirée de l'incapacité d'un obligé, puisqu'il suffirait au contractant
d'endosser la Lettre au profit d'un tiers pour effacer
toute trace et tout effet de l'incapacité du tireur originaire. — Il faut donc nécessairement, si l'on veut
que les règles sur la capacité et l'incapacité en matière de change ne soient pas un vain mot admettre
la solution que je viens d'indiquer.

16. — Une autre question également controversée
est celle de savoir si la femme mariée pourrait argumenter pour les obligations souscrites par elle en
pays étranger, soit de la capacité, soit de l'incapacité
que lui est attribuée par sa loi nationale (19). Cela,

(19) Il s'agit ici, non plus de l'incapacité spéciale relative aux lettres de
change qui dans certaines législations, frappe les femmes non commerçantes, mariées au non, mais bien de l'incapacité générale de la femme
mariée, de la nécessité d'une autorisation maritale, pour qu'elle puisse
s'obliger d'une façon quelconque.

revient en réalité à se demander si cette capacité ou si
cette incapacité fait ou non partie du statut personnel
de la femme. Il est bien vrai que l'autorisation dont
la femme peut avoir besoin, a pour effet de la rendre
habile à disposer de ses biens, et, sous ce rapport,
touche au statut réel. « Cependant, observe M. Massé,
« sous le rapport principal elle touche au statut per-
« sonnel parce que la femme a besoin d'être autorisée
« dès qu'elle s'oblige et dès qu'elle agit, de telle sorte
« qu'en définitive cette autorisation a pour but prin-
« cipal, moins la matière du contrat auquel elle est
« habilitée, que cette habilitation même (20). » Nous
admettons parfaitement cette solution et les motifs
sur lesquels on la fonde, mais il semble qu'elle aurait
besoin d'être appuyée d'autres considérations au cas
particulier où il s'agit d'une femme, invoquant la
capacité et en quelque sorte l'immunité dont elle
jouit selon la loi nationale. Que cette capacité fasse
partie de son statut personnel, on l'admet bien, mais
si on la suppose réclamée dans un pays où la loi territoriale ne la reconnaît pas, il est possible de se
demander, s'il n'y a pas lieu ici à faire exception à
la règle générale, parce que son application se trouverait blesser, l'ordre public établi dans l'Etat. La
question, on le voit, se réduit à savoir, si la nécessité
d'autorisation maritale imposée à la femme ne constitue pas une véritable mesure d'ordre public. Il
paraitrait bien au premier abord qu'il en soit ainsi.

(20) Massé I. 548 — Merlin V° Autoris. marit. Section X, n° 3, Fœlix
I. 22 — Esperson T. I, n° 3 — Aubry et Rau I. § 51.

Il est incontestable en effet que les raisons qui ont fait exiger pour la validité des actes de la femme l'autorisation du mari, ne sont nullement identiques à celles qui ont nécessité la protection et la tutelle des autres incapables. Nul ne contestera que la *fragilitas sexus* ne doive raisonnablement être reléguée au rang des simples prétextes. — Il est évident que la femme, fille ou veuve, se voyant reconnaître par la loi une pleine capacité juridique, la femme mariée n'a pu, par le seul fait du mariage, acquérir une telle *fragilitatem* qu'il soit besoin de l'intervention des lois pour la garantir. La loi protège peut-être la femme en la frappant d'une incapacité relative, mais elle s'en défie bien plus encore, et cherche ainsi à consolider une autorité que le mari souvent ne saurait ni acquérir, ni conserver. Le vieil esprit romain qui, dans un but essentiellement politique, avait tant restreint la capacité de la femme, est bien le même qui, de nos temps, s'est perpétué dans la nécessité d'une antorisation maritale.

S'il en est ainsi, il est impossible de ne pas voir dans l'incapacité infligée à la femme mariée, une véritable disposition d'ordre public. On devrait, semble-t-il, en conclure qu'une femme étrangère, jouissant de tous droits dans son pays d'origine, ne pourrait en user aussi librement dans un pays où cette capacité ne serait pas reconnue. Cependant il n'en doit pas être ainsi. Ces expressions *intérêt public, ordre public,* entendues dans un sens aussi large empêcheraient en effet toute application des lois personnelles. Si la majorité est fixée à un certain âge par la loi territoriale, n'est-ce pas précisément parce qu'il y a intérêt public à ce qu'elle ne soit admise ni plus tôt ni plus tard ? Si la législation d'une nation ne reconnaît pas le divorce, n'est-ce pas également parce qu'elle estime l'ordre public intéressé à l'indissolubilité du mariage? Et cependant nul ne soutiendra qu'une personne ne doive être traitée comme majeure qu'autant qu'elle aura atteint l'âge fixé par la loi territoriale ; qu'une femme légalement divorcée dans sa patrie doive néanmoins être à l'étranger traitée comme femme mariée. Les prescriptions relatives à la nécessité de l'autorisation maritale ne sont pas des règles qui s'imposent à la conscience humaine. On en conçoit d'autres et on se sent disposé à leur reconnaître une valeur morale au moins égale, alors que certaines habitudes d'esprit, ou le préjugé naturel que l'on éprouve pour les lois de sa patrie, empêcherait d'y reconnaître dès l'abord un caractère de logique et de facilité pratique qu'une vue plus attentive y fait découvrir. Les exigences de l'intérêt public ne sont pas aussi grandes. Tout ce qu'il réclame c'est que la sécurité de l'Etat, ses intérêts matériels, moraux, intellectuels, ne soient pas absolument compromis par l'application d'une loi étrangère. Tant que cette loi ne leur sera pas directement contraire, tant qu'elle ne contredira pas les principes de morale admis par les nations civilisées, elle sortira ses effets en tant qu'elle fera partie du statut personnel. Or tel est bien l'état de capacité ou d'incapacité de la femme mariée. L'organisation de la puissance maritale occupe, il est vrai, une place importante dans la constitution de la famille, mais les détails de sa réglementation ne touchent pas à la morale publique. L'intérêt public d'une nation ne peut être considéré comme blessé par ce fait, qu'une femme mariée étrangère, contrairement à la loi territoriale argumentera de la capacité dont elle jouit dans sa patrie. Cette capacité même, faisant partie du statut personnel, la règle générale devra donc suivre son cours. Par conséquent, il faudra décider que la femme admise par la loi de sa patrie à s'engager indépendamment de toute autorisation maritale jouira du même droit dans tout pays, alors même que la loi territoriale exigerait l'intervention du mari. — Par contre, les conditions spéciales exigées par la loi nationale ne varieront non plus, par ce seul fait que l'obligation aura été contractée en pays étranger (21).

Au cas où la qualité de commerçante se trouverait requise dans la personne de la femme pour que la capacité de s'engager par voie de change lui soit attribuée, cette qualité devra également être exigée d'elle pour qu'elle puisse contracter des obligations de ce genre, même en dehors de sa patrie. Remarquons toutefois que, pour être réputée commerçante, la femme n'aura pas besoin d'exercer le commerce dans le pays, où elle voudra se prévaloir de cette qualité. Celle-ci en effet, étant dans la plupart des législations actuelles attributive de droits plus étendus que ceux

---

(21) Sic : Bastia, 16 février 1844 (D. per. 44. 2. 63.

— Tribunal mixte d'Alexandrie, 25 juillet 1876 (Journ. dr. intern. 1876, p. 406).

— Trib. de la Seine, 6 août 1878 (J. dr. intern. 1879, p. 62.

— Cour de Paris, 10 août 1872 (id. 1874, p. 128).

— Cour de Paris, 3 décembre 1874 (J. dr. intern. 1876, p. 181).

— Trib, mixte d'Alexandrie (Egypte), 17 juillet 1877 (id. 1878, p. 184).

qui compétent aux femmes en général, constitue par elle-même un élément du statut personnel et suit la femme dans tous les pays où elle se transporte, quel que soit d'ailleurs le lieu où elle exerce le commerce. (22)

(22). — Le Tribunal de Commerce de la Seine a statué le 26 Juin 1878 sur une espèce assez singulière en matière d'autorisation maritale. Il s'agissait de Lettres de change souscrites sans autorisation en France par une femme, née prussienne, puis mariée à un citoyen de Francfort. La nullité des engagements était demandée sur le fondement de l'absence d'une autorisation prétendue nécessaire. — Pour la solution de la question il fallait avant tout rechercher par quelle loi la capacité de la défenderesse était régie. Elle l'était évidemment par sa loi nationale, et cette loi n'était autre que celle de son mari, puisque par le fait du mariage, la femme perd sa nationalité d'origine et acquiert pour l'avenir celle du mari. Mais une difficulté se présentait au cas particulier, en ce que les deux époux étaient antérieurement au mariage soumis à la même souveraineté, la souveraineté allemande avec cette différence toutefois que le mari était citoyen d'une ville libre et indépendante avant 1866. Cette circonstance pouvait paraître et parut en fait au tribunal ne présenter aucune importance par suite des évènements intervenus en 1866. Cela était en réalité exact au point de vue politique. Mais elle présentait, à notre avis, un intérêt considérable au point de vue civil, parce que la ville de Francfort bien qu'ayant perdu son autonomie, avait cependant gardé sa législation particulière, et cette législation civile locale, permet aux femmes même mariées de contracter, sans autorisation. Or on ne voit pas pourquoi la défenderesse ne serait pas soumise sur ce point particulier aussi bien qu'en général aux mêmes lois que son mari. La circonstance que le fait s'est passé dans l'intérieur de la même souveraineté n'empêche pas que l'effet juridique soit identique. Dès lors il faut conclure que cette femme, soumise du fait de son mariage au statut de Francfort pouvait, usant de sa capacité personnelle, contracter en France valablement par lettre de change ou autrement sans l'autorisation de son mari. Le jugement du Tribunal de la Seine nous semble donc en désaccord avec les principes généraux du droit international.

(Voir J. de dr. intern. 1879. p. 273.)

En ce sens, Reuling, avocat à Leipsig. (*Revue de droit internation. 1879. p. 247.*)

17. — En résumé la capacité ou l'incapacité spéciale de la femme mariée sera régie par les mêmes lois qui règlent la capacité générale de tout individu et cela sans qu'on puisse jamais tirer de la différence de législation du pays ou elle est invoquée une exception d'ordre public. Il n'en est pas de même des incapacités spéciales dont sont atteintes certaines personnes par le seul fait de la position sociale qu'elles occupent dans l'État, et de leur condition hiérarchique. Comme le fait observer très-justement M. Fœlix, (23) la règle d'après laquelle le statut personnel suit l'individu résidant en pays étranger n'est qu'une exception au principe général de la territorialité ; dès lors ce principe reprend toute sa force dès qu'il s'agit d'appliquer une loi étrangère qui ne concerne pas l'état de la personne. Or on ne saurait considérer comme tenant au statut personnel les prohibitions telles que celles faites autrefois dans certains Etats allemands aux nobles et aux ecclésiastiques de s'obliger par voie de change, non plus que celles existant encore en la même matière dans quelques états à l'encontre des personnes de sang royal. Ces prohibitions en effet n'ont pas pour cause un fait général et universellement reconnu comme celui qui motive l'incapacité des mineurs et des femmes mariées, mais ont été déterminées par des considérations d'une utilité moins générale, toute locale, individuelle, et privilégiée dont l'effet doit être

(23) Fœlix I. 30 — Sic : Massé n° 549. — Pardessus 1483.

restreint entre les sujets d'une même nation (24). Ajoutons que dans un état démocratique et égalitaire une semblable distinction entre les personnnes devrait être considérée comme absolument contraire à l'ordre public et ne pourrait par conséquent y produire aucun effet.

18. — Telles sont les solutions qui nous semblent devoir être admises en ce qui concerne la capacité de s'obliger par lettres de change en général. Quelques auteurs, tout en acceptant en principe les règles ci-dessus exposées, y ont cependant ajouté des conditions ou apporté des restrictions auxquelles il est impossible de souscrire.

Bar, après avoir donné préférence en général à la loi du domicile ajoute qu'exceptionnellement en matière de change, par suite du caractère particulièrement formaliste de cette sorte d'engagement, chacun étant autorisé à ajouter foi complète aux énonciations de la lettre, l'obligé doit laisser invoquer contre lui comme lieu de son domicile, celui-là même, d'où il a daté son engagement écrit. Ce principe, à ses yeux, devrait toutefois souffrir exception.

1° Au cas où le preneur au moment où il recevait la lettre connaissait pertinemment le véritable domicile du tireur.

2° Au cas où l'indication de ce domicile résultait clairement du texte même de l'acte (25).

(24) Cassat. 27 février 1817 (S. 5. 1. 286).
Paris, 26 nov. 1850 (S. 50. 2. 666).
Tribunal de la Seine 7 mai 1873 (*Journ. dr. Internat.* 1875 p, 20).
(25) Bar. op. cit. § 85, 1°.

Cette restriction, bien que proposée par Bar au point de vue purement théorique, lui a été bien évidemment inspirée par l'art. 97 de l'ordonnance allemande portant que « Le lieu d'émission d'un billet à ordre, « au cas où un lieu particulier de payement n'est pas « déterminé, est réputé à la fois lieu du payement et « lieu du domicile du tireur. »

Il n'est pas besoin de longue réfutation pour montrer combien ce système est inadmissible. Que l'on donne application, soit à la loi nationale, soit à la loi du domicile, il est toujours un point sur lequel toutes les divergences s'effacent ; c'est la nécessité même de rendre l'état de la personne aussi stable que possible. M. Bar n'arrive à rien moins qu'au résultat diamétralement contraire.

Si l'on admet avec lui que le domicile sera en notre matière le lieu indiqué sur la lettre comme lieu de l'émission, il ne sera même plus besoin d'un changement de résidence pour amener un changement dans la capacité. Le même tireur, sans sortir de chez lui, pourra en datant ses engagements de pays différents se donner ainsi des capacités différentes. Quoi de plus facile qu'éluder ainsi toutes les lois restrictives de la capacité ? M. Bar, l'a bien compris ; mais cet inconvénient lui semble largement compensé par la sécurité qui est ainsi fournie au preneur, et par cette considération pratique que la plupart du temps la désignation individuelle de la personne du tireur rendra nécessaire la mention de son domicile exact. La grande majorité des traites, ajoute-t-il, est souscrite au domicile de l'obligé et le preneur a dû naturellement supposer le cas qui constitue la règle générale.

Il n'y a pas dans ces considérations raison suffisante, à notre sens au moins, pour justifier une atteinte aussi grave portée à la stabilité du statut personnel. Nous avouons même ne pas bien comprendre,
comment, en ouvrant la porte à toutes les fraudes on
peut augmenter la sécurité des différentes personnes
qui interviennent successivement dans la lettre de
change. Enfin les modifications proposées sont d'autant plus inacceptables que leur admission constitue
en réalité l'anéantissement du principe général reçu
par tous les auteurs. — La capacité juridique des personnes ne peut être régie que par l'une de ces deux
lois : loi du domicile ; loi du pays d'origine. Or admettre comme équivalent au domicile à cet égard le lieu
d'où la lettre est datée, c'est en réalité appliquer même
au regard de la capacité la maxime « *locus regit
actum* » ; c'est faire dépendre l'état de la personne de
la législation du lieu du contrat.

Telle est cependant l'opinion soutenue par Schaeffner. Tout acte de change doit être, selon lui, soumis
aux lois du lieu où il est intervenu, non seulement
en ce qui en concerne la forme, mais encore en ce
qui a trait à la validité matérielle et aux suites de
l'affaire. Partant de ce principe, il en déduit qu'au
regard de la capacité la loi du lieu où l'engagement
de change a été pris peut seule être invoquée. La
loi du domicile ne devra être prise en considération
qu'au seul cas où l'exécution doit se produire au
lieu même de ce domicile (26).

(26) Schaeffner, op, cit. § 94.

Les considérations que nous avons fait valoir dans les numéros précédents à l'appui de l'opinion que nous avons cru devoir adopter sont la réfutation même du système de Schæffner. Il est inutile de les reproduire ici : Nous ajouterons seulement qu'il n'y a pas de raison pour déroger en matière cambiaire aux principes constamment reçus en droit international. Lorsqu'un engagement de change est pris par un étranger, il faut, précisément parce que l'on traite avec un étranger, s'enquérir avec plus de soin de sa capacité selon sa loi nationale. Pour ceux qui l'auraient négligé *sibi imputent* ! (27).

19. — Nous n'avons jusqu'à présent traité de la capacité de s'obliger par lettre de change qu'au point de vue purement théorique et rationnel. Reste à examiner maintenant les solutions données à la question par diverses législations (28).

En France la capacité civile générale n'emporte pas la capacité de souscrire des lettres de change (Art. 113-114. C. comm.). Mais, d'une part la capacité générale étant nécessaire avant tout pour qu'il puisse même être question de capacité spéciale, d'autre part, au point de vue international les règles admises à l'égard de l'une, l'étant également à l'égard de l'autre, il nous suffira d'examiner les décisions de la loi ou de la

(27) ESPERSON. T. II, n° 10.

(28) Je n'ai pas l'intention de passer ici en revue toutes les législations. Le travail existe complet dans l'ouvrage de M. Nouguier ou celui de MM. Hœchster et Sacré. Je veux seulement examiner quelques solutions types que l'on trouve reproduites avec ou sans restrictions dans certain nombre de lois étrangères.

jurisprudence en ce qui concerne la première. A cet égard, il n'existe pas de disposition législative expresse. L'article 3, al. 3 du Code civil dispose seulement que « *Les lois concernant l'état et la capacité des personnes régissent les français même résidant en pays étranger* (29).

Cette disposition ne vise expressément que les sujets français résidant à l'étranger, mais elle autorise à croire que le législateur a entendu laisser également les étrangers, même résidant en France, sous l'empire de leur loi nationale pour tout ce qui concerne leur capacité.

« Le but de la disposition du troisième alinéa de
« l'article 3, ne serait atteint que fort incomplètement,
« si les autorités et les tribunanx étrangers ne concou-
« raient à son application, tant en refusant au français
« résidant dans leur pays, leur concours pour la
« passation d'actes qu'il serait incapable de faire en
« France, qu'en annulant de pareils actes lorsque de
« fait il les aurait passés. Or ce concours, le législateur
« français ne peut le réclamer et l'attendre des auto-
« rités et tribunaux etrangers, qu'à la condition de se
« prêter de son côté, à faire respecter en France le
« statut personnel des étrangers. Il est donc permis
« de supposer qu'il a entendu admettre à cet égard
« une complète réciprocité » (30.) Cette induction est
d'ailleurs corroborée par l'historique de la rédaction

(29) Sont conformes :
Art. 9 du Code de la Louisane.
Art. 7 du Code civil de Haïti.
(30) Aubry et Rau, § 31, note 23.

4

de l'article 3 (31), et par l'antithèse intentionnelle qui existe entre les deux alinéas et le troisième. Elle est admise par la majorité des auteurs (32) et par une jurisprudence à peu près constante (33).

Toutefois la doctrine et la jurisprudence tout en admettant en principe l'application de la loi nationale de l'obligé, sont loin d'être d'accord sur la mesure dans laquelle cette application doit être faite par les tribunaux français.

Des difficultés ont été soulevées notamment, quant aux conditions d'application de la loi étrangère, lorsque l'engagement intervenu en France a été pris au profit d'un Français.

Tout en autorisant d'une façon générale l'étranger à se prévaloir de sa loi nationale pour opposer l'exception d'incapacité aux pouruites dirigées contre lui, on a mis en question le point de savoir si cette exception triompherait en tous cas vis-à-vis d'un créancier français.

Fœlix ne reconnait qu'un seul cas où l'application de la loi étrangère serait en souffrance. C'est celui où l'étranger aurait pratiqué des manœuvres présentant

(31) Locré. Legis. I, p. 399, n° 10 et p. 563, n° 9.

(32) Aubry et Rau, *loc. cit.* — Merlin, Rep. v°. Loi, § 6, n° 6. Demolombe, I, 98. — Fœlix, 1, 32. — Demangeat, *Condition juridique des étrangers,* n° 82.

(33) Lyon, 25 Février 1857 (S, 57, 2, 625). — Cassat., 16 Janv. 1861. (S, 61, 1, 305). — Cassat., 25 mai 1868 (S, 68, 1, 365.) — Chambéry, 15 juin 1869 (S, 70, 2, 214.)

Paris, 18 Févrièr 1870. *(Journ. des Trib. de Comm. 1871,* n° 6903.) Paris, 8 juillet 1870 *(id.)* — *Cour de la Martinique,* 18 mai 1878. (S, 78, 2, 238.)

En sens contraire : Cassat. 17 juillet 1833 (S, 33, 1, 663.)

les caractères de l'escroquerie ou de l'abus de confiance pour cacher sa nationalité et pour faire croire à sa capacité (34.)

Sans pousser leurs exigences aussi loin que Fœlix, MM. Nouguier et Demangeat (35) refusent à l'étranger la faculté d'invoquer sa propre loi, dès le moment où par dol ou par fraude il a, au moyen d'apparences extérieures, fait croire à sa majorité ou à un droit qu'il n'avait pas. Telle est, à notre sens, la solution la plus conforme à l'esprit de la législation française. L'incapable étranger ne doit être admis à se prévaloir de son incapacité, qu'autant qu'il n'a pas cherché lui-même à induire son co-contractant en erreur. La doctrine de Fœlix nous paraît beaucoup trop absolue. Nous croyons avec MM. Aubry et Rau (36), qu'elle dépasse la mesure des concessions que réclament les convenances internationales et ne peut se concilier avec la protection que le législateur français doit aux intérêts serieux et légitimes de ses nationaux. Mais en retour nous n'admettons pas le Français à repousser l'exception formée par l'étranger sous ce seul prétexte que ce dernier a gardé le silence sur sa nationalité et que lui, créancier, peut être considéré comme exempt de toute imprudence (37). Il est inexact en effet, de dire que le Français croyant traiter avec un autre Français, n'a eu à vérifier la capacité de son co-contractant qu'au point

(34) Fœlix, n° 88. (Sic.) Paris 18 Février 1870 (déjà cité.)

(35) Nouguier, I, p. 475. — Demangeat, sur Fœlix, I, p. 204, note a.

(36) Aubry et Rau, p. 31, note 30.

(37) Contrà. — Aubry et Rau, loco cit. — Massé, n° 544.

En ce sens : Paris, 16 janvier 1861 (S. 61, 1, 305).

Paris, 8 juillet 1878 (Journ. des tribun. de comm.), année 1878, n° 6903.

de vue de sa qualité apparente et que ce serait lui faire
une position impossible que l'obliger à aller chercher
la vérité au-delà de ces apparences même. Une semblable enquête ne s'impose-t-elle pas bien souvent à
lui alors même qu'il traite avec un Français ? Qui ose-
rait repousser l'exception d'incapacité opposée par un
concitoyen interdit, muni d'un conseil judiciaire, ou
par une femme française non autorisée en présence de
cette seule allégation du défendeur qu'il pouvait, sans
être taxé d'imprudence, ignorer cette incapacité ? Cependant les situations sont identiques. « Souvent même
« il sera coupable d'une négligence plus grande que
« le Français qui traite avec un Français qu'un tribu-
« nal siégeant dans un ville éloignée a interdit ou
« pourvu d'un conseil judiciaire, ou avec une femme
« française qui depuis longtemps, vit séparée de fait
« de son mari; et cependant il est bien incontestable
« que cet acheteur ou ce créancier subira la consé-
« quence d'un jugement ou d'un mariage dont il n'a
« eu aucune connaissance (38) ».

On ne saurait, à plus forte raison, accepter l'opinion
défendue par M. Valette, tendant à appliquer, relativement à la capacité de l'étranger, la loi française, s'il
résultait un préjudice pour le Français de l'application
de la loi étrangère (39), non plus que celle adoptée par

---

(38) DEMANGEAT. sur Fœlix, p, 204, note a.

Sic. SAVIGNY, VIII, § 362. — DEMOLOMBE, I, n° 102.

(39) Paris, 17 juin 1834 (S. 34, 2, 371).

Id., 15 oct. 1834 (S. 34, 2, 657).

Bien que ces arrêts admettent, en principe, la doctrine mentionnée au
texte, il faut ajouter que les espèces sur lesquelles ils avaient à statuer,
présentaient des circonstances particulières permettant au juge de faire
bstraction de la loi étrangère.

d'autres écrivains suivant lesquels l'étranger incapable selon sa loi personnelle, mais capable dans la législation du lieu du contrat, pourrait valablement s'obliger. On dit, il est vrai, à l'appui de cette doctrine, qu'il n'y a rien à imputer à un individu qui, ignorant la loi personnelle de son cocontractant, a traité avec lui ; qu'en ne s'abstenant pas, l'étranger a dû se considérer comme capable par application de la règle : « *Qui cum alio contrahit tanquam subditus* « *temporarius legibus loci subjicitur.* » On ajoute enfin que s'il fallait admettre la nullité du contrat, cette nullité étant relative, le contractant capable resterait à la discrétion de l'incapable et serait ainsi victime de sa confiance. — Mais en regard de ces considérations, il reste toujours cet adage de droit : « *Qui cum alio contrahit vel est, vel debet esse con-* « *ditionis ejus non ignarus.* » « La circonstance même d'avoir affaire avec un étranger, remarque M. Esperson, devait engager à agir prudemment et à s'enquérir de la capacité de l'autre partie dans sa loi personnelle. Si le Français a passé outre, il n'a qu'à s'imputer à lui-même d'avoir fait une convention qui l'oblige seul.

Ajoutons que poser en principe que le juge français doit faire abstraction de la loi nationale de l'étranger toutes les fois que l'application de cette loi serait préjudiciable aux Français, c'est substituer aux convenances internationales un égoïsme étroit et appeler de la part des autres nations des mesures de rétorsion au préjudice de nos nationaux. Enfin il est des circonstances où le système proposé serait évidemment tout à fait inadmissible. Supposons que l'obligation souscrite par l'incapable l'ait été dans la patrie même de cet incapable ou bien en pays étranger, consentira-t-on encore dans ce cas à lui appliquer la loi personnelle française? Assurément non. On comprend qu'il serait absurde de faire régir la capacité d'une personne contractant dans sa patrie par la loi française sous le simple prétexte que l'application de la loi étrangère causerait préjudice au créancier français. Cependant les motifs invoqués subsistent intégralement ici. Le français créancier reste toujours bien à la discrétion de son débiteur. D'ailleurs il n'est assurément pas plus obligé en pays étranger de connaître la loi personnelle de son co-contractant qu'il ne pouvait l'être en France.

20. — En résumé, sous l'empire du Code civil français l'étranger a le droit d'invoquer sa loi nationale et de se prévaloir de l'incapacité dont elle le frappe, sauf dans les cas où un incapable français ne pourrait lui-même opposer l'exception de nullité tirée de son incapacité. Il y a donc lieu de lui appliquer par analogie les articles 1307 et 1310 du Code civil. Le premier dispose que la simple déclaration de majorité faite par un mineur ne l'exclut pas du bénéfice de la restitution en entier; le second porte que le mineur n'est pas restituable contre les engagements nés de son délit ou de son quasi-délit.

A cette première hypothèse d'une fraude ou d'un dol commis par l'étranger pour cacher son incapacité, il faut ajouter une autre exception. Elle se produit dans le cas où il aurait bénéficié du contrat. Il est évident qu'il ne pourrait se faire restituer contre son engagement ou en demander la nullité, si déjà il en avait profité (40). De telle façon, bien souvent la question de savoir si le mineur étranger est valablement obligé, se résout en une question d'appréciation des circonstances dans lesquelles il a contracté. Les variations que l'on peut rencontrer dans la jurisprudence sont ainsi motivées en grande partie par les circonstances particulières des espèces sur lesquelles le juge était appelé à statuer.

Il faut en outre reconnaître qu'en matière de change, l'incapable étranger sera moins souvent qu'en toute autre matière admis à argumenter de sa loi nationale. La fraude ou le dol seront plus fréquents de sa part, précisement parce qu'il ne sera pas besoin pour leur existence d'actes aussi positifs que dans les autres contrats. Le simple fait que l'étranger se serait attribué un domicile en France se joignant à un silence frauduleux sur sa nationalité, serait réputé dol suffisant, puis qu'il avait pour but et pour et effet immédiat de le faire considérer comme Français.

Enfin il faut remarquer que le juge français qui, en appliquant la loi étrangère, l'aurait mal interprétée, et se refuserait, par exemple, à reconnaître une déclaration d'incapacité qui cependant y existe bien en réalité, n'encourrait pas de ce fait la censure de la Cour de Cassation. Il n'aurait en effet violé aucune loi française. Or, la Cour Suprême, instituée pour maintenir l'unité de la législation par l'uniformité de la jurisprudence, n'a pas la mission de redresser

---

(40) Massé. n° 544. — Cass., 16 janv. 1861 (S. 61. 1. 305.

la fausse appréciation des législations étrangères, à moins qu'elle ne devienne la source d'une contravention aux lois françaises elles-mêmes (41).

21. — Le code civil italien consacre expressément les principes que le code civil français n'admet qu'implicitement. L'article 6 des dispositions préliminaires est ainsi conçu : « L'état et la capacité des personnes « ainsi que les rapports de famille sont régis par la « loi de la nation à laquelle elles appartiennent. » Les mêmes restrictions doivent être admises qu'en droit français. Les deux dispositions qui forment dans le code civil français les articles 1307-1310, sont reproduites dans les articles 1305-1306 du code civil italien. Elles doivent être appliquées à l'incapable étranger qui a surpris par des manœuvres dolosives la bonne foi de son cocontractant, puisqu'il n'y a pas de raison pour traiter, l'étranger plus favorablement que le national.

22. — On trouve en ce qui concerne la capacité de s'obliger par voie de change des dispositions spéciales dans l'ordonnance générale allemande.

D'une part aucune capacité spéciale n'est exigée. L'article 1er de la loi pose comme principe général.

« Est capable de s'obliger par lettre de change « quiconque peut s'obliger par contrat ».

D'autre part l'article 84 donnant une solution législative aux questions de droit international concernant la capacité est ainsi conçu :

(41) Cassat., 15 avril 1861 (S. 61. 1. 722). — Cassat., 15 juin 1863 (Sir., 63. 1. 281.)

« La capacité d'un étranger pour pouvoir s'engager
« par lettre de change est déterminée par les lois de
« sa nation ; mais un étranger qui s'engage par voie
« de change en Allemagne, est obligé valablement
« dans ce pays, s'il peut contracter ainsi d'après les
« lois allemandes, lors même que les lois de son pays
« ne le lui permettraient pas ».

C'est l'adoption partielle de la règle *locus regit
actum* et son application au règlement de la capacité
en matière de change. Les nationaux allemands sont
toujours régis par leur loi personnelle, même en
dehors de l'Allemagne. Les étrangers au contraire,
lorsqu'ils ont contracté, en Allemagne ne sont pas
reçus à se prévaloir de leur loi nationale.

Cette disposition en vigueur en Autriche et généra·
lement dans les pays qui ont admis ou copié la loi
allemande, est également reproduite par la loi
suédoise, du 23 août 1851.

Dans les conférences de Leipzig où fut élaborée
l'ordonnance, on fit valoir divers arguments pour
justifier une solution qui pouvait à bon droit être
considérée comme insolite. On invoqua d'abord cette
vieille maxime que l'étranger qui contracte dans un
pays doit se considérer comme *subditus temporarius*
à la loi du lieu du contrat. On fit observer que, dans
les obligations par voie de change et en général dans
les engagements commerciaux, la règle *qui cum alio
contrahit, non debet ignarus esse conditionis ejus*, ne
saurait être reçue sans amener des surprises et des
troubles qu'il est préférable d'éviter.

Celui, ajoutait-on, qui incapable selon sa loi nationale a cependant prétendu à une capacité qu'il n'avait

pas, ne peut assurément pas se plaindre lorsqu'il se voit reconnaître cette capacité. Enfin, et ce fut sans aucun doute la raison décisive, on se fonda sur ce qu'à l'encontre des principes admis par la plus part des nations étrangères, la capacité en matière de change cessant d'être un privilège accordé aux commerçants, allait devenir la règle générale en Allemagne. Si on ne voulait se mettre à la discrétion des autres pays, il fallait reconnaître aux étrangers cette même capacité dès qu'ils auraient mis le pied sur le territoire allemand. On le pouvait d'autant plus facilement qu'aucun état n'est obligé à leur accorder dans les actions qu'ils peuvent intenter sur son territoire, les priviléges dont ils jouissent dans leur patrie.

Toutes ces considérations et bien d'autres encore de moindre importance que l'on fit valoir ne sauraient justifier une disposition qu'un auteur allemand lui-même (42) a qualifiée de mesure « *hostile et sauvage.* »

La loi allemande eût pour but d'ailleurs avoué, de favoriser les nationaux aux dépens des étrangers. Elle était destinée à le manquer. Il est bien évident en effet que si, comme on l'avait prétendu lors des conférences de Leipzig, la plus part des législations soumettaient la capacité des étrangers à la loi territoriale, (ce qui est faux) l'adoption par les États de l'Allemagne de la disposition de l'article 84, n'aurait pû et dû amener que des mesures de retorsion plus rigoureuses encore, des réclamations diplomatiques et le

(42) Brauer. — Comment, sur la loi de ch. allem. Observ. sur art. 84.

plus souvent un refus d'exécution des sentences rendues par les tribunaux allemands. — Le député de l'Autriche observa à ce sujet que la règle posée était complètement inutile, même au point de vue de la protection à accorder aux nationaux allemands. En effet, dans toute législation et particulièrement en Allemagne, l'incapable qui emploie des manœuvres frauduleuses pour faire croire à sa capacité est obligé à réparer le dommage qu'elles ont causé. Il n'y avait donc pas à craindre que les dispositions généralement reçues en droit international portassent grand préjudice aux sujets allemands. De deux choses l'une : ou bien le citoyen allemand, en contractant avec un étranger aura agi avec prudence, se sera enquis de la capacité de cet étranger ; dans ce cas il ne court aucun danger, sérieux. Cela est évident d'abord si connaissant l'incapacité il s'est abstenu. C'est encore vrai au cas où il n'a pu la découvrir puisqu'en cette hypothèse le dol de l'étranger l'oblige à réparer le tort qu'il a causé et que la seule réparation possible est ici l'exécution du contrat. Ou bien au contraire le sujet allemand se sera rendu coupable d'imprudence, aura peut-être agi avec mauvaise foi, dans le dessein d'abuser de la faiblesse d'esprit de son cocontractant. Quoi de plus juste dans ce cas que lui laisser supporter les conséquences de sa faute ou de sa négligence !

Envisagée à ce seul point de vue de la protection à accorder aux nationaux allemands, la règle pouvait ainsi à bon droit être considérée comme inutile. Si on l'envisage maintenant au point de vue doctrinal elle manque incontestablement de base judirique.

Il est en effet absolument faux de prétendre appliquer ici ce vieil adage qui représente tout contractant étranger comme *subditus temporarius* aux lois territoriales. Sa seule application possible a trait aux lois concernant l'ordre public, en ce sens qu'un étranger dès qu'il afranchi la frontière, doit être considéré comme s'étant soumis à ces lois dans le pays qui le reçoit. En dehors de ces conditions aucune application n'en peut être raisonnablement faite. Or il ne viendra à l'esprit de personne, que la déclaration de nullité d'une obligation contractée par un étranger incapable au profit d'un national blessât dans un État quelconque l'ordre public ou les bonnes mœurs.

Ajoutons encore que les dispositions relatives à la capacité juridique en général ne sont pas identiques dans tous les pays, sur lesquels la loi allemande étend son empire. Soit un Autrichien mineur de 25 ans souscrivant une lettre ou un billet à ordre en Alsace où la majorité est acquise à 21 ans. On l'admettra incontestablement à invoquer sa loi nationale. Car l'article 84 ne vise que les étrangers et on ne peut entendre sous cette expression que les individus qui ne sont pas soumis à l'ordonnance allemande (43). Or si un sujet Autrichien à le droit d'invoquer, en Alsace sa loi personnelle pourquoi refuser ce même droit à tout autre étranger ?

Enfin la disposition de l'article 84 est en complète opposition avec cette *comitas gentium*, qui est le fondement même du droit international. Par elle on se

(43) BRAUER. — loc. citat.

voit entraîné bien loin de cette communauté de droit qui, au dire de Savigny, doit exister entre les nations et exige d'elles une égalité de traitement pour les nationaux et pour les étrangers (44).

(44) Le congrès tenu à Brême en 1876 par l'association pour la réforme et la codification du droit international, avait discuté et approfondi un projet de loi internationale sur la lettre de change, dont une disposition n'exigeait pour la capacité des contractants que l'application des règles générales en matière d'obligations conventionnelles. Dans la réunion suivante tenue à Anvers en 1877. M. Borchardt de Berlin proposa au congrès d'ajouter aux propositions précédemment votées la clause suivante : « Toutefois l'étranger « lorsqu'il contracte des engagements se rattachant à la lettre de change « dans un pays autre que le sien est régi par les lois de ce pays sans pou- « voir invoquer sa loi nationale ». C'était la reproduction de l'article 84 de l'ordonnance. Cette proposition fut admise.

CHAPITRE III

De la forme des Lettres de change.

23. Tout acte juridique est en général soumis par la loi à certaines conditions déterminées. De ces conditions, celles qui nous frappent tout d'abord et doivent les premières attirer notre attention, sont celles qui ont trait à la forme extérieure. Ce sont des exigences que l'on rencontre précisément fort nettes et fort précises en matière de Lettre de Change. Le contrat dans cette hypothèse a, dans toutes les législations, besoin d'être matérialisé en quelque sorte en un corps d'écriture qui fasse foi de l'accomplissement des conditions requises et de la volonté certaine des contractants.

Ce sont ces formes extérieures des engagements de change, formes variables suivant les lois, qui doivent maintenant attirer notre attention. Après avoir déterminé quelle est la législation qui doit régir la capacité des contractants, il nous faut donc, supposant cette capacité existante et incontestée, rechercher quelles seront les formes extérieures que devra revêtir la Lettre de Change pour sortir ses pleins effets.

24.— Une première remarque à faire, c'est que dans tout acte pour l'existence duquel un corps d'écriture est exigé, il est certaines énonciations essentielles sans lesquelles cet acte n'aurait aucune valeur, ne se comprendrait même pas. Qu'on supose une Lettre n'énonçant pas la somme à payer, ne contenant ni le nom, ni la signature du souscripteur; il est évident que dans toute législation, quelle qu'elle soit, un semblable écrit n'aura absolument aucune valeur, sera destitué de toute efficacité, parce que son caractère même n'est pas déterminé et qu'il est impossible de lui attribuer un sens quelconque. Il ne pourra jamais à cet égard s'élever aucune difficulté en droit international. Mais il est d'autres énonciations non essentielles pour l'existence même du contrat en général, qui peuvent être considérées comme nécessaires à sa validité dans une législation, sans être ainsi traitées dans une autre. Telle sera, par exemple, l'énonciation de la valeur fournie, l'indication de la remise de place en place, etc..... C'est relativement à ces conditions seulement que des questions internationales pourront être soulevées.

25. — A cet égard tous les auteurs admettent que la forme extérieure de tout acte juridique est régie par la loi du lieu où cet acte a été passé, qu'en conséquence il suffira pour sa validité d'observer les formes prescrites par la législation locale. Cette règle se traduit généralement sous la forme plus brève et plus expressive de ce vieil adage: « *Locus regit actum.* » Le lieu du contrat est ici celui où est intervenu le consentement des parties, l'endroit même où elles se sont engagées l'une envers l'autre. Il peut paraître inutile au premier abord d'exprimer une idée si simplement conforme au sens logique et grammatical de la phrase. Cette remarque cependant a son utilité

en présence de l'opinion soutenue par quelques auteurs du moyen-âge, qui, se basant sur la loi 21. pr.
(de Oblig. et Act.) « *Contraxisse unusquisque in eo*
« *loco intelligitur in quo ut solveret se obligavit* »,
prétendaient trouver le véritable lieu du contrat dans
l'endroit même où l'obligation devait être exécutée.
Cette doctrine qui eut au moyen-âge certain crédit,
peut être considérée aujourd'hui comme abandonnée.
Il est à peu près universellement reconnu que le texte
cité n'a nullement trait à la forme extérieure des actes
et s'occupe uniquement de régler une question de
compétence. Il n'était toutefois pas inutile de mentionner ici un système que nous verrons reproduit
avec beaucoup plus d'apparence de raison en ce qui
concerne l'interprétation ou les effets des engagements et qu'un arrèt récent d'une Cour de Cassation
italienne a tenté de remettre en honneur, même au
regard des formes extérieures (45).

(45) Cour de Cass. de Palerme, 7 juillel 1877 (*Annali della Giurisprudenza italiana*, I. 1. 525.) — Cet arrêt décide que pour juger, si l'endossement est translatif, il faut appliquer la loi du lieu ou la Lettre est
payable et non celle du lieu où cet endossement a été signé.

Il se fonde d'abord sur ce que la règle *locus regit actum* doit être interprétée dans le sens que les lois romaines lui attribuent et qu'on prétend
trouver dans la loi 21. déjà citée.

A cet argument de texte se joint un argument de raison : « Quand l'acte
« est destiné à être exécuté dans un pays différent de celui où il a été
« formé, d'un côté il est à présumer que les parties ont voulu se reporter
« à la loi du pays où il devait recevoir exécution ; d'autre part, il est na-
« turel que pour recevoir exécution en un lieu, un acte doive remplir les
« conditions de validité exigées par la loi de ce lieu. »

Je cite ici les considérants de cet arrêt isolé sans les réfuter immédiatement pour ne pas m'exposer à des redites lorsque j'aurai à m'occuper de
l'interprétation et des effets de la Lettre de Change.

26. — Ainsi donc le principe fondamental en cette matière, est que toute obligation est soumise, quant à sa forme, à la loi du lieu où a été passé l'acte qui lui a donné naissance. Nous trouvons cette règle admise dès le commencement du XVIe siècle. Mais alors, suivant la tendance générale, on prétend la déduire des décisions des lois romaines. Qu'aurait-elle valu en effet à cette époque si on n'avait cru pouvoir leur attribuer une petite origine romaine qui lui donnât en quelque sorte droit de cité dans la jurisprudence du temps.

On prétendit la trouver, soit énoncée expressément, soit au moins appliquée dans divers textes du Digeste et du Code. Sans nous arrêter à certains des fragments invoqués tels que :

L. 1. pr. *de Usuris* (22. 1.)
L. 31. 20 *de Ædilitio edicto* (21. 1.)
L. 22. *de rebus creditis* (12. 1.)
L. 34, *de regulis juris.*

que l'on peut s'étonner à bon droit de voir citer en pareille matière et qui semblent bien ne s'occuper d'aucune autre chose moins que de la forme des actes, nous examinerons seulement les deux passages qui pourraient au premier abord paraître se rapporter à la question.

L'un constitue la loi 9 du Code, *de Testamentis* (VI. 23. Il est ainsi conçu) :

« *Si non speciali privilegio patriæ tuæ juris obser-*
« *vatio relaxata est, et testes non in conspectu testa-*
« *toris testimoniorum officio functi sunt, nullo jure*
« *testamentum valet.* »

A première lecture, ce texte paraît signifier qu'au cas où les témoins n'auraient pas rempli leur office en présence du testateur, le testament ne sera cependant pas nul si la loi du lieu où il a été fait ne voit pas là une cause de nullité. Ce serait bien, semble-t-il, la consécration de la règle *locus regit actum* en ce qui a trait aux formalités extérieures. Il en serait ainsi si le rescrit faisait une allusion particulière à la loi du lieu où le testament a été fait. Or, il n'en est rien. Il exprime un principe beaucoup plus général, savoir, que la loi particulière doit être considérée comme dérogeant à la loi générale. (46.)

Un second passage également invoqué est la loi 6 du Digeste, *de Evictionibus*. (XXI. 2.)

« *Si fundus venierit, ex consuetudine ejus regionis* « *in qua negotium gestum est, pro evictione caveri opor-* « *tet.* »

En substance, la décision donnée est celle-ci : Quand il s'agit de savoir s'il est des garanties pour l'éviction d'une chose achetée, il faut, quant aux immeubles, avoir égard à la coutume du lieu où la vente a été conclue. La question porte bien sur les prestations auxquelles les contractants ont vraisemblablement voulu se soumettre, le contrat est donc supposé valable et par suite le jurisconsulte n'avait absolument pas à se préoccuper des formes requises. (47).

Il faut donc sans hésitation renoncer à invoquer le droit romain comme patron de la règle *locus regit actum* au regard des formes extérieures.

(46) Demangeat sur Fœlix, 1 p. 166, **note** a.
(47) Schæffner, op. cit. n° 76.

Les prétendues origines canoniques qu'on a voulu lui donner ne sont pas plus authentiques.

Ainsi le canon si souvent cité.

Canon 1, § *contrahentes* — *de foro competente VI°* ne décide absolument que la question de savoir où peut être portée l'action née d'un contrat valable.

Plus souvent encore que le précédent, les auteurs allemands citent à l'appui de leur prétention le canon 1, § 9 *de sponsalibus IV,* 1.

« *Ex concilio Triburiensi.*

« *De Franciá quidam nobilem mulierem de Saxoniá*
« *duxit in uxorem; verum, quia non eisdem utuntur*
« *legibus Saxoni et Francigenæ, causatus est, quod*
« *eam non suá, id est francorum lege desponsaverat*
« *(vel acceperat, vel donaverat) dimissaque illá*
« *aliam superduxit. Diffinivit super hoc sancta sy-*
« *nodus ut ille transgressor evangelicæ legis, subji-*
« *ciatur pœnitentiæ et a secundá conjuge separetur,*
« *et ad priorem redire cogatur.* »

On comprend l'intérêt considérable de ce texte. Le mariage a été contracté suivant la loi saxonne par un Franc épousant une Saxonne. Le concile de Tribur lui reconnaît cependant pleine validité ; précisément, dit-on, parce qu'il reconnaît déjà la règle *locus regis actum,* quant aux formes de la célébration du mariage. — Cet argument serait au moins fort spécieux s'il était certain que le mariage eût été célébré en pays saxon. Malheureusement le texte est sur ce point complètement muet. En outre d'ailleurs, Schœffner fait parfaitement remarquer qu'en cas même où le mariage aurait eu lieu en Saxe, il n'y aurait encore rien à conclure. Car l'Eglise fit abstraction de la di-

versité du droit séculier et dans sa décision, supposant le mariage valable en droit canonique, déclara
nulle la seconde union (48).

Ce canon ne présente donc aucun intérêt en droit
international privé, et il faut renoncer à trouver à
notre règle une origine canonique certaine aussi bien
qu'une origine romaine.

27. — Son véritable fondement, c'est la nécessité
même, l'intérêt commun des nations.

« Au point de vue général, écrit de Savigny, il
« semble que la forme de l'acte juridique doive être
« réglée par le droit local auquel cet acte est soumis.
« Ainsi les contrats devraient se faire dans les formes
« légales exigées au lieu de l'exécution.

« La considération de cette excessive dureté qui
« quelquefois rendrait les actes juridiques absolu-
« ment impossibles et plus souvent encore les expose-
« rait aux nullités d'une exécution défectueuse a fait
« naître » etc.

On comprend en effet que si on voulait exiger pour
la validité des actes, l'accomplissement des formalités
requises soit par la loi nationale des contractants, soit
par la loi en vigueur au lieu d'exécution, on rendrait
souvent impossible la passation de ces actes en pays
étranger, parce qu'il est toujours dificile de connai-
tre exactement les formes exigées par l'une et plus

---

(48) Schœffner, op. cit. n° 77.
(49) Savigny, op. cit., § 381.
(50) Schœffner, n° 73. — Aubry et Rau, § 31, note 70. — Rocco,
l. II, chap. 10.

souvent encore impossible d'observer celles déterminées par l'autre.

L'intérêt commun des nations eût été évidemment
compromis si les sujets d'un pays résidant à l'étranger se fussent ainsi trouvés contraints à une inacti-
vité juridique obligatoire. Il faut ajouter encore qu'en
dehors de la nécessité même qui y conduisait fatale-
ment, la règle *locus regit actum* est facile à justifier au
point de vue théorique. N'est-il pas naturel en effet
que ce soit la loi du lieu où les actes reçoivent l'être
et la vie, qui les modifie, les affecte et en règle la forme (51). Les lois, dans les législations modernes sont
avant tout territoriales. On ne peut apporter à ce principe que les dérogations strictement nécessaires et indispensables. Tel n'est pas le cas ici puisque tout au
contraire le maintien du principe général pouvait
seul rendre possible la condition des étrangers résidant en dehors de leur patrie.

28. — Nous pouvons donc poser comme règle de
droit international, qu'un acte, pour être régulier en
la forme, doit en général avoir satisfait aux exigences
de la loi du lieu du contrat.

Lorsque la question de régularité de forme sera
soulevée la première préoccupation du juge devra être
la détermination exacte du lieu du contrat. Dans tous
les cas où une partie invoquera un acte passé hors du
territoire, il devra avant tout s'assurer que cet acte a
été réellement passé dans le lieu indiqué (52). Cette

---

(51) Merlin,— V° Preuve, sect. II, § 3, article 1, n° 3.
(52) Pardessus VI, n° 148. — Fœlix. I, § 81.

vérification faite, alors seulement il sera possible de contrôler sa régularité. Si cette dernière est reconnue, la validité qui en résultera devra être considérée comme complète c'est-à-dire absolue dans le temps et dans l'espace.

Elle sera absolue dans le temps et dans l'espace, en ce sens que l'acte ainsi fait en pays étranger, ne perdra pas son autorité par ce seul fait que l'individu au-ra fait retour au lieu de son domicile. Il n'y aura pour lui aucune obligation de le refaire dans la forme prescrite par la loi du domicile. La validité de l'acte n'est donc pas provisoire : elle est absolue (53).

Elle l'est encore dans l'espace. Car l'acte doit être considéré comme valable, non seulement dans le pays où il a été passé, mais encore dans le lieu du domicile de la personne et même en un pays étranger quelconque. Quelque part que l'opération faite conformément à la règle *locus regit actum* soit plus tard invoquée, elle devra être considérée comme parfaitement régulière et sortir de ses pleins effets.

Toutefois bien que générale à ce point de vue, la règle souffre cependant quelques exceptions.

(*A*). — Et d'abord, il est un cas dans lequel un individu ne saurait être admis à en invoquer le bénéfice : C'est celui où l'opération a été faite de mauvaise foi. Les contractants, ou celui dont émane une disposition unilatérale, se sont rendus en pays étranger dans l'intention d'éluder une prohibition quelconque portée à leur égard par leur loi nationale. Il est in-

(53) Schæffner, § 84, in fine.

contestable alors (la fraude faisant exception à toutes les règles), que le juge pourra toujours, appréciant les circonstances, prononcer la nullité de l'acte même au point de vue de la forme. (54).

(*B*). — La validité d'un acte ne serait non plus complétement assurée par la règle *locus regit actum* dans le cas où certaines énonciations y contenues, se trouveraient contraires à l'ordre public établi dans l'Etat dans lequel l'exécution serait demandée. Ces énonciations devraient incontestablement y être considérées comme nulles et de nul effet.

Il en serait de même dans l'hypothèse où la législation du lieu d'exécution. exigerait expressément et comme condition *sine quâ non* certaines formalités indispensables. Une hypothèque, par exemple, a été consentie en un pays où la preuve fournie du contrat hypothécaire, suffit pour que l'hypothèque existe même au regard des tiers. Si les biens grevés se trouvent situés en un pays, la France, par exemple, ou une inscription est absolument requise pour lui donner effet à l'égard des tiers, l'application de la règle *locus regit actum* souffrira exception et la seule production du contrat hypothécaire ne permettra pas au créancier étranger de faire valoir des droits à l'encontre des autres créanciers français.

(*C*). — Enfin on a pu se demander encore si notre règle pouvait être invoquée par les ambassadeurs, agents diplomatiques, pour les actes passés par eux

---

(54) **Massé.** 575. — Savigny VIII. p. 353. — Demangeat sur Fœlix, I p. 178. **Note a.**

dans le pays auprès duquel ils sont accrédités (55). La seule raison de douter serait le privilége d'exterritorialité dont ils sont revêtus, cette fiction même qui les répute placés hors du territoire sur lequel ils résident. Le doute ne saurait toutefois être long. Il ne faut pas retourner contre eux et interprêter à leur détriment une fiction qui, sans aucun doute, a été créée dans leur seul intérêt. L'exterritorialité d'ailleurs n'est pas si absolue qu'elle répute le ministre étranger constamment placé en dehors de l'Etat auprès duquel il exerce ses fonctions. Nous admettons donc suivant l'opinion généralement reçue, liberté pour les ambassadeurs de suivre à leur choix les lois du lieu de leur résidence, ou celles du lieu de leur patrie en ce qui concerne la forme des actes juridiques (56).

29. — Sauf ces quelques exceptions, la rège *locus regit actum* devra recevoir application, en ce sens du moins qu'il sera suffisant pour la régularité extérieure d'un acte qu'il ait revêtu les formes prescrites par la loi locale. Cette proposition est admise sans difficulté. Mais il ne faudrait pas l'étendre, au delà des limites que nous lui avons tracées. S'il est vrai que l'observation des formes locales soit toujours suffisante, il ne faudrait pas en conclure qu'elle sera toujours nécessaire. Nécessaire et suffisant expriment

---

(55). — La question peut se présenter également à propos des consuls, ceux au moins qui jouissent du privilége d'exterritorialité. Quant à ceux autorisés par les lois de leur pays à faire le commerce, les consuls anglais ou américains par exemple, ils doivent évidemment à notre point de vue être complétement assimilés aux autres étrangers.

(56) Fœlix. — I. 82. — Merlin. Vᵒ Min. public. — Massé I. 176.

deux idées complétement différentes. Ainsi, pour reprendre cet exemple déjà cité, un ambassadeur pourra bien employer les formes prescrites au lieu de sa résidence ; mais il n'y sera pas contraint et conservera la liberté d'user de celles requises par la loi de son pays. Les premières seront à son égard suffisantes ; elles ne seront pas nécessaires. En d'autres termes la règle *locus regit actum* sera pour lui facultative ; elle ne sera pas impérative. Il pourra à son gré l'accepter ou s'y soustraire.

Est-ce là un cas spécial et exceptionnel? N'est-ce, au contraire que l'application d'un principe général ?

Le libre choix reconnu à l'ambassadeur appartiendrait-il à toute personne agissant à l'étranger ou même dans son propre pays ! Ne serait-on pas au contraire en tous cas contraint à se conformer aux lois en vigueur dans le lieu du contrat? Telle est la question depuis longtemps soulevée et présentée généralement sous cette forme plus brève « La régle « *locus regit actum* doit-elle être considérée comme « impérative ou simplement facultative ? » Nous avons maintenant à l'examiner.

30. — Il est tout d'abord une hypothèse qui ne peut souffrir aucune difficulté : C'est celle où les deux parties sont des nationaux contractant dans leur propre patrie. Les lois existantes dans un État sont rigoureusement obligatoires pour les sujets de cet Etat agissant dans l'étendue de son territoire. La seule exception admissible a trait à celles qu'on peut considérer comme purement interprétatives de la volonté des parties, alors du moins qu'il s'agit de clauses entièrement dépendantes de cette volonté. Or il est

impossible de faire rentrer dans cette catégorie les règles relatives à la forme des actes, règles qui déterminent les conditions indispensables à leur validité : celles-ci obligent les nationaux contractant dans leur patrie, alors même que l'exécution devrait avoir lieu en pays étranger.

Ils ne sauraient se dispenser de les observer qu'en un seul cas. C'est celui où la chose, objet de contrat, étant située hors de son territoire, la loi étrangère exigerait dans l'acte lui-même pour la possibilité de l'exécution certaines formes déclarées indispensables et essentielles. Il est alors de toute nécessité d'autoriser les contractants, à quelque nationalité qu'ils appartiennent, à se conformer aux dispositions de la loi étrangère. Décider le contraire, ce serait contraindre un individu à accomplir un acte de telle façon qu'il soit destitué de toute efficacité juridique. L'absurdité d'un pareil résultat est la meilleure raison à faire valoir en faveur de la dérogation proposée (57).

La règle *locus regit actum* doit donc, en général, être considérée comme impérative au regard des nationaux contractant dans leur patrie.

Conservera-t-elle le même caractère au regard des étrangers ? Il est impossible de répondre par une solution absolue. Il n'est guère admissible d'assimiler ici les étrangers aux nationaux en rendant pour eux rigoureusement obligatoires les formes exigées par la loi locale. Cette loi en effet ne peut être considérée comme ayant pour eux un caractère impératif aussi

(57) Esperson. — n° 14 — Massé I. 572. — Fiore. n° 320.

absolu que celui qu'elle possède vis-à-vis des sujets de l'Etat dans lequel elle est en vigueur.

Les résidents étrangers pouvaient bien autrefois être réputés sujets temporaires du souverain sur le territoire duquel ils se trouvaient momentanément ; cette idée qui avait sa source dans les principes admis par la féodalité ne saurait plus être accueillie aujourd'hui. La loi n'est plus comme autrefois, exclusivement territoriale ; elle est aussi personnelle. Le simple séjour de l'individu sur le territoire ne saurait indiquer qu'il entend s'y soumettre en tous points. Il faut qu'elle soit par lui acceptée implicitement ou explicitement ou que l'intérêt même de l'Etat, en exige l'application (Lois de police et d'ordre public) (58) — C'est d'ailleurs en faveur des étrangers que fut adoptée la maxime *locus regit actum* ; son but n'est autre que leur permettre de contracter précisément dans le cas où ils se seraient trouvés dans l'impossibilité de suivre les formes requises par leur loi nationale. N'en résulte-t-il pas bien pour eux le droit de renoncer à cette faveur, en se conformant aux dispositions en vigueur dans leur pays lorsque l'observation en est possible ?

La règle parait donc perdre son caractère impératif lorsqu'elle doit être appliquée à des résidents étrangers. Il ne faudrait pas cependant la considérer comme toujours et absolument facultative.

Et d'abord, il est un cas où son caractère obligatoire subsistera même au regard des étrangers. C'est celui

(58) Fœlix I. 83.

où pour constater leur convention ils feront dresser un acte public. Il est hors de doute en effet que l'officier compétent pour le rédiger devra observer les formes déterminées par la loi locale. Il serait absurde de prétendre qu'un officier public doive, dans l'exercice de ses fonctions, obéir aux prescriptions formulées par une loi étrangère (59).

Même en dehors de cette hypothèse toute particulière et alors qu'il ne s'agit que d'écriture privée, c'est-à-dire rédigée par les contractants sans l'intervention d'aucun officier public, des distinctions doivent être proposées.

On peut ramener à trois cas la situation de toute personne s'engageant hors de sa patrie.

1° En premier lieu, il se peut que l'acte juridique dont la validité est mise en question ait été passé par deux étrangers appartenant à la même nationalité, par exemple : deux Français contractent ensemble en Allemagne, ce n'est peut être pas l'hypothèse la plus fréquente en pratique, mais c'est à coup sûr la plus simple, celle sur laquelle la solution à donner, souffre le moins de difficulté.

2° La convention peut être intervenue entre deux personnes qui appartiennent toutes deux à des nationalités différentes. Ce sont par exemple un Italien et un Français qui passent un contrat en Angleterre.

3° Enfin, le plus souvent en pratique, une seule des deux parties sera étrangère, l'autre étant citoyen du pays où l'accord de volonté a été constaté.

---

(59) Massé — 571, *in fine*. — Esperson, n° 15, *in fine*.

Nous examinerons successivement ces trois situations.

31. — Dans le premier cas, c'est-à-dire quand les deux contractants, tous deux étrangers appartiennent cependant à la même nationalité, la majorité des auteurs se refuse avec raison à voir dans la règle, *locus regit actum* une disposition impérative, et tient pour valable l'acte passé par eux suivant les formes prescrites dans leur commune patrie. L'emploi des formes prescrites au lieu de la résidence momentanée de l'étranger est en effet une faculté et non pas un devoir. Lors donc qu'ils auront eu possibilité d'observer celles établies dans leur commune patrie, rien ne saurait s'opposer à ce que l'acte soit reconnu| valable. « Conformément au principe de la « souveraineté, écrit Fœlix, la soumission des indi-« vidus aux lois de leur nation constitue toujours la « règle. L'emploi des formes usitées dans le pays « étranger où ils résident momentanément n'est qu'une exception (60). »

Toutefois, suivant certains auteurs, ces considérations ne seraient décisives qu'autant que l'acte doit être exécuté dans la patrie même des contractants. Comme c'est aux autorités de leur pays qu'au cas de résistance ou de contestation, ils demanderont d'en ordonner l'exécution, il suffira que ces autorités trouvent l'acte conforme à leurs lois qui sont celles des contractants pour qu'il puisse être exécuté (61).

---

(60) Fœlix. — I. 83. — Esperson n° 14. — Massé. 572. — Savigny VIII § 38I. — Norsa jurisprud. italienne § 158. — Bar § 85. 2. — Pardessus n° 1486. 2ᵉ alinéa.

(61) Massé I. n° 572.

Si au contraire l'exécution devait en être poursuivie dans le pays même où il a été conclu les étrangers ne pourraient se soustraire à l'empire de la règle générale. Dans ce cas c'est, dit-on, la loi du lieu où l'acte à reçu l'être qui doit l'affecter, en régler la forme (62). La forme est alors la condition de l'efficacité de l'acte et on doit en juger selon la loi locale qui en garantit l'exécution.

Bien que cette distinction soit admise par les auteurs les plus éminents en matière de droit international, nous avouons que les motifs sur lesquels on la fonde, ne nous semblent pas suffisants pour attribuer une telle importance au lieu d'exécution. Il ne faut pas oublier qu'une des raisons qui ont fait accepter la règle *locus regit actum*, est tirée de cette considération que l'étranger n'est pas tenu de connaître les formes exigées par les lois des différents pays. Or, il est bien certain que cette obligation n'existe pas plus pour lui dans un cas que dans un autre. L'accès des formes prescrites par la loi locale doit toujours lui être ouvert au même titre, c'est-à-dire comme une pure faculté; il lui est offert comme un avantage auquel il peut renoncer. On affirme bien que dans le cas présent c'est la loi du lieu où l'acte a reçu l'être qui doit l'affecter et en régler la forme. Mais on peut répondre que cette raison milite également ment en faveur de la loi locale, quelque soit le lieu d'exécution désigné par les parties. Pour être complè-

(62) Massé I. 573. — Brocher. op. cit. Forme externe et interne. — Fiore. n° 320.

tement rationnel et logique, ce n'est pas même à la loi du lieu du contrat qu'il faudrait donner la préférence. mais à celle en vigueur au lieu de l'exécution, ainsi que l'observe très-bien Savigny (63). Si la solution théorique s'est trouvée écartée pour faire place à la règle *locus regit actum*, on le doit avant tout à des considérations de fait d'un ordre essentiellement pratique et utilitaire. Or, on ne voit pas comment ces raisons tirées de l'intérêt même des contractants, perdraient ici leur importance et leur utilité. Pourquoi deux Anglais pourraient-ils contracter en France dans les formes requises par la loi anglaise. quand le payement doit avoir lieu en Angteterre et ne le pourraient-ils plus si l'exécution doit intervenir en territoire français? Pourquoi si on accorde une telle importance au lieu de l'exécution, ne pas exiger d'eux qu'ils suivent en tous cas les formes requises par la loi de ce lieu, quel qu'il soit d'ailleurs. Facultative ou impérative, la règle *locus regit actum* est fondée sur des considérations de fait. Dès qu'on renonce à laisser valoir ces dernières, il faut forcément en revenir à la seule solution théoriquement vraie, qui est celle proposée par M. de Savigny.

C'est donc encore à titre purement facultatif que l'accès des formes locales est, dans notre hypothèse même, ouvert aux étrangers. L'acte fait par eux suivant la loi de leur patrie doit être déclaré valable, même par les tribunaux siégeant au lieu du contrat (64).

(63) Savigny, VIII, § 381.
(64) Esperson, op. cit. n° 15.

32. — Jusqu'ici nous avons supposé que les deux contractants appartenaient à la même nationalité étrangère. Ce n'est pas là assurément le cas qui se présentera le plus fréquemment. Un étranger aura plus souvent occasion de contracter soit avec un autre étranger, soit avec un national du pays de sa résidence.

Dans la première hypothèse, c'est-à-dire quand l'acte aura été passé par deux étrangers appartenant chacun à une nationalité différente, nous rencontrons encore les mêmes raisons que précédemment pour déclarer la règle *locus regit actum* purement facultative. Peu importe que le contrat soit synallagmatique ou unilatéral, qu'il doive être mis à exécution dans un lieu ou dans un autre, il n'en sera pas moins valable s'il est conforme aux lois du pays de l'un ou l'autre des contractants (65.)

Que décider enfin quand l'une des parties étant étrangère, l'autre est citoyen du pays où l'acte a été passé ?

Il faut distinguer ici entre les contrats synallagmatiques et les contrats unilatéraux.

---

(65) Massé,I, 574. M. Massé admet bien qu'en ce cas la règle sera facultative, mais toujours sous cette restriction que le lieu d'exécution sera le pays dont on a suivi la loi. — Dans le sens du texte : Esperson, n° 16. — Bar; § 85, n° 2, *in fine* suit un système identique « Doch dürfte auch in dem « Falle, das, Derjenige zu dessen Gunsten die Wechselverpflichtung im « Auslande ubernommen wurde, kein Staatsangehoriger war, die Gultigkeit « der Wechselverpflichtung in Gemassheit der heimatlichen Gesetze des « Verpflichteten dann anzunehmen sein, wenn die Absicht sich Wechsel- « massig zu verpflichten nachweisbar ist ».

L'acte est-il unilatéral ? On ne rencontre pas alors de grandes difficultés. L'obligation est-elle souscrite par l'étranger ? Cet étranger a pu valablement s'engager dans la forme qui lui était personnelle. Il ne pourra donc être reçu à opposer sur la poursuite du citoyen l'exception tirée de l'inobservation des formes locales.

L'obligé au contraire, est-il citoyen du lieu du contrat ? La règle *locus regit actum* conserve à son égard un caractère impératif et le seul fait de la présence d'un créancier étranger ne saurait le dispenser de l'observation de sa loi personnelle (66.)

La difficulté est beaucoup plus grande en présence d'un contrat synallagmatique. M. Massé fait observer qu'ici l'acte ne peut être obligatoire pour une partie sans l'être en même temps pour l'autre. Il en conclut que « si l'étranger est valablement obligé d'après les « lois du pays où il doit accomplir la promesse, le « national qui veut le contraindre à l'exécution ne « peut, pour se soustraire à l'accomplissement de sa « propre obligation, argumenter de ce que l'acte n'est « pas, quant à la forme, valable selon les lois de sa « patrie » (67). Toutefois ce système n'est présenté par M. Massé qu'avec une grande réserve. Il nous semble en effet avoir un vice capital qui est de méconnaitre le caractère absolument impératif de la règle *locus regit actum* au regard des citoyens d'un pays contractant dans leur propre patrie. La loi territoriale est en même

(66) En ce sens : MASSÉ, 573. — FIORE, n° 322.
(67) MASSÉ, *loco cit.*

temps pour eux loi personnelle. L'observation en est donc strictement nécessaire, et l'obligation contractée par eux contrairement à cette loi ne saurait être validée par cette raison, qu'elle a été prise au profit d'un étranger. Il est bien vrai que l'étranger de son côté, va se trouver déchu de la faculté d'invoquer sa loi nationale, par ce seul fait qu'il aura pour débiteur un citoyen du pays où le contrat a été passé. Mais cette considération ne peut prévaloir contre la raison précé-demment tirée du caractère rigoureusement obliga-toire de la règle au regard du national. L'étranger en effet avait le choix entre deux lois. Le national était tenu de suivre sa loi personnelle. En acceptant de contracter avec ce dernier, l'étranger a consommé son choix, a renoncé à sa propre loi, et doit par consé-quent être réputé avoir fait élection de la loi locale.

C'est là à nos yeux la seule solution exacte. La maxime possède ici un caractère obligatoire vis-à-vis de l'étranger lui-même. L'obligation contractée par lui, suivant sa loi nationale, devrait donc être inva-lidée, même par les tribunaux de sa patrie, si l'autre partie en poursuivait plus tard l'exécution devant ces mêmes tribunaux.

33. — Tels sont les principes suivant lesquels doit être jugée la validité d'un acte au point de vue de la forme. Nous avons maintenant à en faire l'application à la lettre de change ou plutôt aux différents contrats dont cette lettre constitue la preuve et qui se réalisent dans les actes d'émission, d'acceptation, d'endossement et d'aval.

En premier lieu il faut reconnaître que la forme de la traite sera toujours régulière, lorsqu'elle remplira

les conditions exigées par la loi du lieu d'émission (68.)
La règle *locus regit actum* trouvera ici sa complète
application. En conséquence, si nous supposons une
traite souscrite en Allemagne, payable en France et
n'énonçant pas la valeur reçue (69) elle devra être
traitée comme pleinement valable par les tribunaux
français, bien que la loi française (article 110), exige
la mention de cette valeur (70.) Cette solution sera
toujours vraie sans qu'il y ait à distinguer si la lettre
est ou non payable en France, si elle a été souscrite
au profit d'un français ou d'un étranger. Du moment
où elle remplit les conditions de validité exigées par
la loi allemande, elle devra être traitée en tout pays,
comme parfaitement régulière. Supposons au contraire
qu'elle ne renferme pas ces mots : « Lettre de change ».
Bien que cette inscription ne soit pas exigée par la loi
française, son absence devrait cependant faire consi-

(68) (*Sic*). DALLOZ, v°. Effets de Commerce, n° 884.

On s'est demandé s'il fallait réputer l'émission ou l'endossement de la
lettre consommés au lieu où l'acte est écrit, ou bien au contraire au lieu où
la réception de cet acte est agréée par le cessionnaire. « Il ne semble pas
douteux, dit M. Massé, que l'acte est consommé et parfait au lieu où il est
écrit. » Le preneur ou l'endossataire n'a pas besoin d'accepter la traite ou
l'endossement en termes exprès pour que le contrat soit parfait. Destinée à
circuler dès qu'elle est sortie de la main de l'envoyeur, la lettre est parfaite
avant toute acceptation expresse de la part de celui à qui elle est envoyée.
Quand l'acceptation ou le consentement interviennent ils rétroagissent au
jour de la date de l'acte.

(69) L'article 4 de l'ordonnance allemande n'énonce pas parmi les conditions imposées à la valididé de la lettre de change la mention de la valeur
fournie.

(70) MERLIN : Rep. v°. Lettre de change, § 2, n° 8. — NOUGUIER, I. 447.
— PARDESSUS, n° 1485. — FIORE, n° 345. — MASSÉ, 589.

dérer la traite comme nulle par le juge français, parce qu'elle était au lieu de l'émission indiquée comme condition essentielle de validité (71). Ce sont là de simples applications de la règle *locus regit actum* (72).

Le premier soin du juge devra donc être de s'assurer du lieu de l'émission et de vérifier si la lettre invoquée devant lui est conforme à la législation de ce lieu.

Il se pourrait cependant, que par application des règles précédemment reconnues elle dût être déclarée valable bien qu'elle ne fut pas conforme aux lois du lieu d'émission. La règle *locus regit actum* devant en effet être considérée comme purement facultative pour les étrangers, la nationalité des parties en cause sera encore à prendre en considération. Un Français résidant en Allemagne y souscrit une lettre de change au profit d'un autre Français sans observer les formes prescrites par l'ordonnance allemande par exemple : La traite ne contient pas l'énonciation « *lettre de change* ». Cependant si elle est conforme à la loi nationale des deux contractants, dans l'espèce à la loi française, elle devra être tenue valable par les tribunaux français et par les tribunaux d'Allemagne, comme par

---

(71) L'article 4 de l'ordonnance allemande est ainsi conçu :

« Les conditions essentielles d'une lettre de change sont : 1º L'énonciation « de l'expression de lettre de change ou si elle est rédigée en langue « étrangère une expression équivalente ».

(72) *Sic* : Cour de Paris, 22 mars 1875 (J. dr. int. 1876, p. 103). — Cassat, 13 Janv., 1857 (S, 57, 1, 81.) — *Russie*, Saint-Pétersbourg : Sénat Dirigeant (J. dr. intern., 1874, p. 148.) *Italie*, Turin, cassat., 6 mars, 1872. (*Annali*, vol. VI, 1, 107.)

ceux de tous pays où elle serait invoquée, quelque soit d'ailleurs le lieu du payement, France ou Allemagne peu importe. .

Si le tireur et le preneur appartenaient à deux nationalités différentes, par exemple : si l'un était anglais, l'autre français il suffirait pour la validité de la traite qu'elle fut conforme à la loi nationale de l'un quelconque des contractants, soit à la loi anglaise, soit à la loi française (73).

Enfin la dernière hypothèse possible serait celle dans laquelle l'une quelconque des parties (tireur par exemple) serait allemande et l'autre (preneur) étrangère, le pays d'émission étant toujours supposé l'Allemagne. L'application des principes généraux posés au n° 32 n'est plus ici aussi facile. Une question préliminaire se pose : celle de savoir si l'émission d'une lettre de change est un contrat synallagmatique ou simplement unilatéral.

Il semblerait bien au premier abord que le contrat doive être considéré comme bilatéral et par conséquent notre règle comme impérative. En effet à l'engagement du tireur et des endosseurs se joint celui du bénéficiaire, preneur ou endossataire, qui demeure lui aussi tenu de l'accomplissement de certains devoirs.

Cependant, M. Esperson ne voit, avec grande raison selon nous dans l'émission de la lettre qu'un contrat simplement unilatéral. Le tireur seul souscrit

---

(73) Esperson n° 16. — Bar § 85. note 2 in fine.

selon lui une véritable obligation de change (74).
Le preneur au contraire n'est pas ainsi engagé. Il
remplit les obligations du contrat fait avec le tireur
en lui payant la valeur de la lettre, tout comme un
prêteur remplit l'obligation née du contrat de prêt en
fournissant à l'emprunteur la chose prêtée en échange
de la quittance qu'il reçoit. Aussi les lois de change ne
parlent-elles jamais que de devoirs et non d'obligations pour les bénéficiaires, devoirs qui se réfèrent
uniquement, à certains actes nécessaires pour arriver
à l'acceptation ou au payement de la lettre (75). La

(74) J'entends ici par véritable obligation de change une obligation,
entraînant tous les effets, environnée de toutes les garanties qui sont
spéciales à la lettre de change, L'expression, je le reconnais, est peu
précise : Malheureusement la langue française ne permet pas de rendre
cette idée d'une façon plus nette. Il en est tout autrement en allemand et
en italien où les termes. *Wechselverpflichtung-Wechselmassig sich verpflichten — obbligazicne cambiaria. — cambiariamente obbligarsi —*
présentent un sens précis et presque technique.

(75) Esperson n° 17 — « Devesi pèro considerare che cambiariamente
« obbligano soltanto il traente, l'accettante, et tutti gli altri (che firmarono
« la lettera di cambio nella qualita di giranti o di datori di avallo; senza
« che rimangano altresi obbligati cambiariamente, il prenditore é i suc-
« cessivi possessori: Costoro in fatti adempiono alle obbligazioni derivanti
« dal contratto di cambio stipulato col traente o coi giranti, somminiso
« trando ad essi il valore della cambiale, cosi é non altrimenti adempie il
« mutuante all'obbligazione avente origine dall'contratto di mutuo, conse
« gnando al mutuatario, da cui riceve il chirographo, le cose mutuate.
« Tant e vero che le leggi di cambio parláno di doveri e non di obbliga-
« zióni del possessore, i quali doveri si riferiscono unicamente ad alcuni
« atti di praticarsi per ottenere l'accettazíone, od il pagomento dalla
« Lettera di cambio appure per constatare il rifiuto dell'uno o dell'altro,
« senza il cui adempimento non puo efficacemente essere esercitata l'azio-
« ne di garantia ».

situation en ce qui concerne le tireur est ici complè-tement identique à celle qu'on rencontre dans l'hypo-thèse d'une fidéjussion, aux termes de laquelle le cré-ancier serait tenu pour conserver son action en garantie contre le fidéjusseur, à poursuivre le débi-teur dans un certain délai déterminé à l'avance. Or il est bien certain que même en ce cas, la fidéjussion ne cesserait pas d'être un contrat unilatéral.

Etant reconnu que le contrat intervenu entre le tireur et le preneur est purement unilatéral, il faut bien admettre que l'étranger tireur et par suite seul obligé, pourra à son gré suivre les formes admises par sa loi nationale ou celles prescrites par la législa-tion locale. Tout au contraire, si ce tireur est précisé-ment citoyen du pays dans lequel il s'oblige, la règle *locus regit actum* s'imposera à lui d'une façon absolue.

34. — Tout ce qui vient d'être dit relativement à l'émission, s'applique également aux endossements. Il pourra donc très-bien arriver que de deux endos-sements conçus dans les mêmes termes, mais inter-venus en pays différents, l'un soit parfaitement valable, tandis que l'autre ne devra être considéré que comme simple procuration. Soit une lettre tirée de France, endossée en Angleterre au profit d'un Français, sans que l'endossement exprime la valeur fournie par celui à l'ordre de qui il a été passé; il produira ses pleins effets, même en France, bien que l'article 138 du Code de commerce traite comme simples procurations les endossements dans lesquels fait défaut la mention ci-dessus visée. Si, au con-traire, le bénéficiaire français transmettait en France

à un tiers porteur français la même Lettre de Change, sans indiquer la valeur fournie, cet endossement ne devrait être réputé valoir que comme simple procuration. Ce sont là de pures applications de la règle *locus regit actum* (76).

Les conséquences du caractère simplement facultatif de la règle au regard des étrangers, seraient exacment les mêmes que celles indiquées à propos du contrat d'émission. Il faudrait donc admettre qu'un Anglais porteur d'une Lettre de Change tirée en quelque pays que ce soit, pourrait valablement l'endosser en France au profit soit d'un autre Anglais, soit d'un étranger de nationalité différente sans exprimer la valeur fournie, parce que cette mention n'est pas requise dans la législation anglaise (77). Il le pourrait même en la transmettant à un Français, parce que le

---

(76) Massé, n° 589. — Pardessus, n° 1495. — Esperson, n° 13. — Bar, § 85. 2°. — Dalloz,|V° Eff. de comm., n° 882.

Cassat., 18 août 1856 (S. 57. 1. 586.

Paris, 10 avril 1867. — Id. 25 janvier 1868 (J. Trib. de comm. 1869. n° 6259.) Trib. de Marseille, 5 décembre 1876 (J. Dr. intern. 1877. p. 425). *Italie*, Cassat., Florence, 22 déc. 1862 (Giurisprudenza, vol. XVI, 1. 418). — Cassat., Palerme, 6 juillet 1877 (*Annali*, 1877. I. 1, 525). Cet arrêt, contraire au système que nous soutenons, décide qu'au cas où la Lettre est payable en Italie, l'endossement signé à l'étranger n'en transfère pas la propriété, s'il ne contient pas les indications voulues par l'art. 223 du C. comm. italien.

Allemagne, Trib. sup. de Berlin, 17 juillet 1858 (Zeitschrift fur das Handelsrecht, 1859 p. 126. n° 16). — Trib. sup. d'appel, de Lubeck, 31 mai 1858 (id. 1859, vol. II, p. 135. 4° 56.

(77) En Angleterre, la simple signature de l'endosseur suffit en général pour la régularité de l'endossement. La date n'est même exigée que sur les Lettres de Change supérieures à 5 livres sterling.

contrat d'endossement est unilatéral au même titre que le contrat d'émission. L'endosseur joue, au regard dè l'endossataire, le rôle de tireur, l'endossataire celui de preneur, et il n'y a pas de raison pour traiter ce contrat qui constitue en quelque sorte une seconde émission, autrement que celui que est intervenu dans les mêmes termes entre le bénéficiaire et le tireur originaire.

35.—Quant à la forme de l'acceptation, soit ordinaire soit extraordinaire et par intervention elle sera également régie par la loi du lieu où cette acceptation aura été donnée (78), toujours sauf les modifications dont nous avons constaté la nécessité, quant l'obligé, ici l'accepteur, appartiendra à une nationalité étrangère. Le contrat d'acceptation étant comme tous ceux dont la lettre de change constitue la preuve essentiellement unilatéral, il sera nécessaire de s'enquérir de la nationalité même de l'accepteur pour juger de la régularité de son acceptation. C'est donc à la loi nationale de cet accepteur qu'il faudra recourir si l'acceptation ne se trouve pas satisfaire aux exigences de la législation du lieu où elle a été donnée. Une lettre est tirée de France ou d'Espagne sur un Espagnol résidant momentanément en France. Elle lui est présentée en

---

(78) Masssé I. 591. — Bar, § 85. n° 2. — Esperson n° 13. — Fiore 345.

Etats-Unis. — Cour suprême (J. dr. intern. 1876). Une lettre de change avait été tirée en Illinois sur une personne habitant le Missouri. Celle-ci se trouvant momentanément en Illinois y accepta verbalement la lettre. — Jugé qu'il y avait lieu à appliquer les lois de l'Illinois aux termes desquelles une promesse verbale d'acceptation est valable et équivaut à acceptation.

sa résidence à l'acceptation : Il retient la lettre toute la nuit sans formuler aucune réserve, aucune observation. Il devra être considéré comme ayant fait acceptation bonne et valable, parce qu'aux termes de la loi Espagnole cette détention équivaut à une acceptation écrite. (C. comm. espagnol art. 461).

Les mêmes solutions s'imposent encore en ce qui concerne l'aval (79). Ce sera donc en général par la loi du lieu où la Lettre aura reçu aval que seront régies les formes de cet aval. C'est cette loi qu'il faudra consulter pour savoir si l'aval donné par acte séparé constitue un véritable engagement de change ou une simple obligation civile : Cela d'ailleurs sous les restrictions déjà formulées pour le cas où le donneur d'aval appartiendrait à une nationalité étrangère. Ici peut-être plus que jamais, on se trouve incontestablement en présence d'un contrat unilatéral.

En résumé donc on peut poser en ce qui concerne les formes de l'émission, de l'endossement, de l'acceptation, de l'aval d'une lettre de change cette règle bien simple : lorsque le tireur, l'endosseur, l'accepteur ou le donneur d'aval seront citoyens du pays dans lequel ils s'obligent, la seule forme régulière de chacun de ces actes sera celle prescrite par la loi locale. Lors, au contraire, que ces mêmes personnes appartiendront à un Etat autre que celui dans lequel elles contractent, quel que soit d'ailleurs le preneur, l'endossataire, le porteur ou le tiers garanti, elles auront toujours, quant aux formes de leur obligation, le droit de choisir

---

(79) Esperson n° 13 — Fiore n° 345.

entre leur loi nationale et celle de leur résidence à cette époque.

Ces solutions sont l'application des principes rationnels que nôus avons recherchés et développés dans les numéros précédents. Elles ont, en outre, l'immense avantage d'être conformes aux intérêts bien entendus du commerce, parce que leur simplicité même ne peut que contribuer à assurer la promptitude, la facilité et la sécurité des relations commerciales.

(36. — Outre les divers contrats que nous venons de passer en revue, nous avons à nous occuper, en ce qui concerne la forme, de certains devoirs imposés par toutes les législations au tiers porteur pour la conservation de ses droits.

Parmi eux figure au premier rang, la nécessité de faire dresser protêt en cas de non acceptation ou de non paiement. Nous envisagerons seulement pour le moment, la forme que devra revêtir cet acte au cas où il sera effectué, nous réservant d'examiner plus tard à quelle loi il faut se référer pour juger de sa nécessité !

A cet égard on peut poser comme principe général et absolu que la forme en est soumise uniquement à la règle *locus regit actum* (80). Aucune restriction ne peut être ici admise. Le protêt faute d'acceptation ou de

France. — Cassat. 5 juillet 1843. (S. v. 45, 1, 49).

Paris, 22 Mars 1875 (J. droit intern. 1876 p. 103).

Paris, 22 Mai 1875 (J. Trib. de comm. 1876, n° 8,674).

Contrà ; Trib. comm. de la Seine 6 avril 1875 (J. dr. internal. 1876 p. 103).

Russie : Trib. commerce de St-Pétersbourg 27 janvier 1875 (J. de droit internal. 1878, p. 297).

paiement, est en tant que protêt et par essence un acte public. Il ne peut donc être question ni de nationaux ni d'étrangers. Etant donné que cet acte se fait par le ministère d'un notaire ou d'un autre officier public, il est inadmissible que cet officier doive dans l'exercice de ses fonctions se conformer à une loi étrangère. La règle *locus regit actum* est donc ici absolument impérative à l'égard de tous.

Ajoutons que pour la validité du protêt il sera en outre nécessaire qu'il soit dressé par un officier public appartenant à la catégorie de ceux désignés par la loi locale pour rédiger ces sortes d'actes (81).

37. — Enfin les effets de commerce sont dans la plupart des états astreints à certaines formalités particulières dont la principale utilité, est ordinairement la perception d'un impôt au profit de l'Etat. La plus fréquente de ces formalités consiste en l'emploi pour les actes écrits d'un papier spécial vendu par l'Etat et revêtu de son timbre, ou dans leur inscription sur des registres publics, c'est-à-dire leur enregistrement. Elles sont dans nombre de pays déclarées obligatoires pour les effets de commerce.

Comme l'observation des lois de timbre a trait à la forme extérieure de l'acte, il semble bien qu'il faille faire application complète de la règle *locus regit actum*. Toutefois, en raison du caractère essentiellement fiscal de ces formalités, certaines distinctions doivent être admises. Les solutions à donner devront

---

(81) Fiore n° 313. — Aubry et Rau § 31, note 50. Cassat. 6 Février 1843. (S. 43, 1, 209).

varier suivant que les lois dont il s'agit seront purement fiscales, ou bien au contraire seront véritablement réglementaires et de forme, en ce sens que
l'accomplissement des formalités sera une condition
essentielle de la perfection du contrat. Au premier
cas, c'est-à-dire quand la loi du lieu du contrat ne
prononce pas la nullité de l'effet non enregistré ou
non timbré, quand par conséquent le timbre ou
l'enregistrement n'est pas une formalité substantielle
de ce contrat, il est évident que, la Lettre remplissant
d'ailleurs toutes les autres conditions de validité, devra
être traitée comme telle, quelque part qu'elle soit
invoquée, et que les tribunaux étrangers n'auront pas
à s'inquiéter de savoir si ces formalités ont été ou non
observées.

Il en serait tout autrement dans la seconde hypothèse et alors seulement (82) il pourra être question de
l'application de la règle générale. Une lettre est tirée
en Angleterre par un anglais, au profit d'un autre
anglais sur un débiteur résidant en France ; mais il
n'a pas été satisfait aux lois de timbre lors de
l'émission. La législation anglaise prononçant dans
ce cas la nullité de l'effet, il devra être déclaré non
valable par les tribunaux français lorsque le bénéficiaire en viendra réclamer l'exécution.

On a pu se demander toutefois si la règle *locus
regit actum*, pouvait à cet égard encore être considérée comme facultative pour les étrangers contractant
par voie de change. Le contrat fait par eux dans les

(82) Fœlix, II, 284. — Schæffner, n° 84.

formes requises par leur loi nationale ne devra-t-il être considéré comme valable qu'autant que les formalités du timbre et de l'enregistrement imposées par la loi locale auront été accomplies ? On a proposé cette solution en faisant observer que les lois étant principalement territoriales, chaque état devait être considéré comme pouvant régler d'une façon absolue le sort et les effets des actes intervenus sur son territoire. On a fait valoir en outre que les nations avaient tout intérêt à s'entraider plutôt qu'à se nuire dans l'exercice de leurs droits fiscaux. Raisons insuffisantes pour autoriser une dérogation à la règle générale ! Argumenter de la territorialité des lois, c'est attaquer de front ce principe que la règle « *locus regit actum* » est facultative pour les étrangers. Or on ne voit pas bien pourquoi ce caractère territorial aurait ici plus d'autorité qu'il n'en a en ce qui concerne toute autre exigence de forme. Il y a, dit-on, intérêt général pour les nations. Mais d'autre part l'extension aux étrangers d'une semblable nullité ne serait-elle pas dans le commerce une cause puissante d'insécurité, ne frapperait-elle pas bien souvent des innocents ? D'ailleurs les contractants s'étant référés à leur loi nationale, l'exigence de la loi locale n'a plus à leur égard qu'un caractère purement fiscal et ne peut en aucun cas créer une condition essentielle de forme.

Il faut donc reconnaitre que la disposition d'une loi qui déclarerait de ce chef la nullité des actes passés entre étrangers sur son territoire, alors même que ceux-ci se seraient référés à leur législation nationale serait par le fait contraire aux vrais principes du droit international privé.

Il ne peut évidemment être question de contester ici le droit qu'a le législateur de frapper de certaines redevances au profit du fisc, les actes signés sur le territoire. Il est évident d'autre part que la loi locale devra être appliquée par les juges locaux, soit qu'elle prononce une simple amende, soit qu'elle déclare la nullité de l'acte. Tout ce que nous nous refusons à admettre c'est seulement que la nullité doive être de ce chef, prononcée par les tribunaux étrangers, alors que faisant abstraction de la loi locale, les parties, usant de leur droit se seraient conformées à leur loi nationale. Il ne fait d'ailleurs aucun doute que si elles se sont soumises à la règle *locus regit actum*, c'est-à-dire si elles n'ont pas usé de la faculté qui leur était offerte de suivre leur propre loi, la législation du lieu de leur contrat devra leur être appliquée intégralement et par conséquent la nullité prononcée pour inobservation des lois fiscales viciera en tout et partout les actes qu'elles auront passés. Les principes posés généralement à propos de l'émission de la traite s'appliquent également à la négociation de la lettre, quand la loi du lieu de l'endossement assujettit cet acte, sous peine de nullité, à l'enregistrement ou au visa pour timbre. Il en serait de même pour tous les divers engagements contenus dans une lettre de change et soumis par une législation à quelqu'une de ces formalités.

38. — Après avoir recherché quelles étaient en théorie les règles applicables en ce qui concerne la forme extrinsèque des actes, il ne sera pas sans intérêt de voir jusqu'à quel point elles ont été consacrées en matière de change par quelques-unes des législations

existantes. En France, pas de règle spéciale aux effets de commerce. Force est donc de s'en référer aux principes généraux applicables à tous les actes.

A cet égard même on ne trouve dans le Code civil aucune disposition expresse. Les articles 47, 170, 999, ne sont incontestablement que des applications du principe *locus regit actum* ; mais celui-ci n'est formulé nulle part. Il avait été expressément consacré par l'article 5 du projet primitif du titre préliminaire qui était ainsi conçu : « La forme des actes est réglée « par les lois du pays dans lequel ils sont faits ou « -passés (83) ». Mais cette disposition fut critiquée comme pouvant donner lieu par sa rédaction trop absolue à de fausses inductions. On fit valoir en effet que, l'article se référant aux actes passés en pays étranger, le législateur sortait du cercle où il devait se renfermer parce qu'il ne lui appartenait pas d'étendre son pouvoir au-delà du territoire français. Quant aux actes passés en France, la disposition était inutile, attendu que la forme en était aujourd'hui la même sur tout le territoire. Par suite de ces observations cette disposition fut abandonnée. Le conseil d'Etat, sans chercher à la modifier ne la reproduisit plus dans le second projet qui fut définitivement adopté. « Toute-« fois, fait observer Merlin, le conseil d'Etat tout en « retranchant cette disposition, n'a pas laissé de la « considérer comme énonçant réduite à son véritable « et seul objet, la forme extrinsèque des actes, une de « ces maximes tellement notoires qu'elles n'ont pas « besoin de la sanction expresse du législateur ».

(83) Locré, Législat., I, p. 380, art. 5. — Merlin, Rep. v° Loi, § 6, n°⁵ 7 et 8. — Fœlix, I, 85.

Elle est en effet continuellement consacrée par les tribunaux français. Quelques dissidences ont pu dans les premiers temps se produire dans des arrêts isolés, (84). Il n'en est pas moins vrai que de nos jours la jurisprudence reconnaît d'une façon constante que les actes juridiques en général sont soumis, quant à leur forme, à la loi du lieu où ils ont été passés (85). Il en est fait application par nombre d'arrêts soit à l'émission, aux endossements, etc., des effets de commerce (86). Même chose en ce qui concerne les formes du protêt (87).

On rencontre il est vrai moins d'uniformité en ce qui concerne le caractère impératif ou facultatif de la règle à l'égard des étrangers. Toutefois les arrêts les plus récents autorisent généralement les contractants à se conformer à leur propre loi, pourvu que l'intérêt

(84) Cour de Trèves, 20 frimaire an XIV. (S. 2, 2,98).

Bruxelles, 20 janvier 1808 (S. 2, 2, 330.)

(85) Cassat., 6 février 1843 (S. 43, 1, 209). — Cassat., 13 janvier 1857 (S. 57, 1, 81). — Cassat., 18 août 1856 (S. 57, 1, 586). — Paris, 22 mars 1875 (*J. droit intern.* 1876, p. 103).

(86) Paris, 29 mars 1836 (S. v, 36, 2, 457). — Cass., 5 juillet 1843 (S. v. 44, 1, 49). — Paris, 7 mai 1856 (J. *Trib. de comm.*, vol. v, n° 1872). — Paris, 10 avril 1867 (id. 1869 n° 6259). — Paris, 25 Janvier 1868 (id. eod. loco). Trib. de Marseille. 5 décembre 1876 (*J. dr. intern.*, 1877, p. 425).

Contrà : Rouen, 1er décembre 1854 (S. 56, 2, 692), — Paris, 12 avril 1850 (S. 50, 2, 333).

(87) Cassat., 5 juillet 1843 (S. v. 44, 1, 49). — Paris, 22 mars 1875 (*J. de dr. intern.* 1876, p. 103). — Paris, 22 mai 1875 (*J. Trib. de comm.*, 1876, n° 8674).

Contrà : Trib. de comm. de la Seine, 6 avril 1875 (*J. droit intern.*, 1876, p. 103).

7

général et l'ordre public en France ne reçoivent de ce fait aucune atteinte (88).

39. — Le législateur italien a reconnu d'une façon formelle la règle *locus regit actum* et rendu hommage au principe de la libre manifestation de volonté chez les contractants en la déclarant facultative pour les étrangers de même nationalité. L'article 9 des dispositions préliminaires du Code civil italien porte : « Les formes extrinsèques des actes entre vifs ou de « dernière volonté sont déterminées par la loi du « lieu où ces actes ont été faits. Il est toutefois au « pouvoir des disposants ou contractants de suivre « leur loi nationale, pourvu qu'elle soit commune à « toutes les parties ». Dans la commission de coordination un des commissaires avait proposé de reconnaître complètement le caractère facultatif de la règle sans s'attacher aucunement à la nationalité des étrangers et de modifier ainsi la rédaction de l'article 9 : « *esser salva ai disponenti o contraenti la facolta di* « *ossevare anche all'utero le forme stabilite dalla* « *propria legge nazionale* ». Cette proposition ne fut pas acceptée (89). Il en résulte donc que l'observation des formes prescrites par la loi italienne s'impose aux étrangers contractant en Italie, lorsqu'ils n'appartiennent pas tous deux à la même nationalité. Néanmoins

(88) Cass., 19 mai 1830 (S. 30, 1. 325). — Cass., 25 août 1847 (S. 47. 1, 712). — Grenoble, 25 août 1848 (S. 49, 2, 257). — Orléans, 4 août 1859 (S. 60, 2, 37).

Contrá : Paris, 25 mai 1852 (S. 52, 2, 289).

Cass., 9 mars 1853 (S. 53, 1, 274.

(89) Esperson, n° 17 note 14

M. Esperson soutient qu'en dépit de l'article 9, les tribunaux italiens devraient déclarer valable une obligation de change contractée, en Italie, par un étranger en observant les formes requises par la loi de son pays, même au cas où le créancier ne serait pas son compatriote. L'article 9, suivant lui, ne peut être invoqué efficacement qu'autant qu'il s'agit de conventions bilatérales, par conséquent d'actes à la rédaction desquels concourent toutes les parties contractantes, par exemple : une vente, un louage. « Au « contraire lorsqu'il s'agit d'une convention unilaté- « rale et par suite lorsque l'acte destiné à la constater « est unilatéral, l'obligé seul concourant à la rédac- « tion, le créancier y restant étranger, il est hors de « doute que la règle admise par le Code italien n'em- « pêcherait pas le débiteur étranger de se conformer « aux dispositions en vigueur dans son pays (90) ». Les différents contrats que l'on trouve réunis dans la Lettre de change étant unilatéraux (91) ne tomberaient donc pas sous l'application de l'article 9. — Le seul reproche qui puisse être fait à cette interprétation à coup sûr fort ingénieuse est d'être peut-être un peu judaïque. Il semble bien difficile d'admettre que dans l'intention du législateur italien ces expressions finales de la disposition en question « *purche questa* « *sia commune à tutte le parti* » aient trait, non pas aux personnes directement intéressées au contrat,

(90) ESPERSON, *loc. cit.*
(91) Voir n° 33 *in fine*.

mais seulement à celles concourant ou devant con-
courir à la rédaction de l'acte (92).

40. — On rencontre dans l'Ordonnance allemande
une disposition spéciale relative à la forme des engagements de change souscrits en pays étranger.

L'article 85 porte :

« Les difficultés élevées sur les conditions essen-
« tielles d'une Lettre de Change tirée à l'étranger ou
« tout autre engagement de change souscrit à l'étran-
« ger, doivent être jugés d'après les lois du pays où
« la Lettre a été tirée et l'engagement pris.

« Mais si les énonciations faites sur la Lettre de
« Change étrangère sont suffisantes selon la loi alle-
« mande, la circonstance qu'elles sont défectueuses
« selon les lois étrangères, ne peut pas donner lieu à
« des exceptions contre la valeur des endossemenls
« ajoutés ultérieurement en Allemagne.

« De même les énonciations que cette Lettre de
« Change contient et d'après lesquelles un Allemand

______

(92) Malgré la disposition formelle du Code italien nous avons rencontré
un arrêt récent d'une Cour de cassation italienne soumettant les actes aux
formes requises par la loi du lieu d'exécution. C'est l'arrêt de la Cour de
Palerme du 7 juillet 1877 déjà cité. — La Cour invoque comme motifs :

1° Que la maxime ayant sa source dans les lois romaines, c'est dans le
sens qu'elle y avait qu'il faut encore l'interprêter (L. 21 D. de oblig. et act).

2° Que cette interprétation est conforme à la raison et au bon sens,
parcequ'il est à présumer que les parties ont voulu se reporter à la loi du
pays où leur obligation doit recevoir exécution.

La réfutation de ces arguments, résulte de considérations déjà déduites
au texte dans les n°s précédents. Nous ferons seulement remarquer qu'une
telle interprétation de la règle : *locus regit actum*, en serait le complet
anéantissement et rendrait les transactions commerciales extrêmement
difficiles, pour ne pas dire impossibles.

« s'engage .envers un autre Allemand en pays étran-
« ger sont valables,si ces énonciations sont conformes
« à la loi allemande. »

Le premier alinéa est la consécration formelle à la
règle *locus regit actum* (93).

Le second semblerait y apporter une dérogation.
Il n'en est rien cependant. Il est fondé sur l'indépendance réciproque des engagement de change d'où
il résulte que l'imperfection d'une opération de
change ne peut avoir aucune influence sur les opérations faites ultérieurement. Par suite il faut bien reconnaître que dans l'hypothèse où l'émission de la Lettre
ne serait pas valable, il ne s'en suivrait pas que les
endossements postérieurs dussent être déclarés nuls.
En éffet, si on supprime l'obligation du tireur, celle
du premier endosseur prend sa place dans la suite
des contrats de change; car chaque endosseur peut se
considérer comme tireur à l'égard de l'endossataire. Dès
lors son engagement, étant conforme à la loi du lieu où
il a été pris devra, par application de la règle *locus regit
actum*, être considéré comme parfaitement valable,
puisque l'inefficacité des opérations qui ont précédé
ne peut avoir sur lui aucune influence. La disposition
du second alinéa est donc parfaitement rationnelle:
elle dérive de la nature même des obligations de
change (94). Nous n'hésitons pas à reconnaître que

(93) Tribun. sup. d'appel de Lubeck, 31 mai 1858 (*Zeitschrift für Handelsrecht*, 1859, vol, II, p. 135.)

(94) *Sic :* BAR, § 85, 2. — Thol., vol. II, 16, 2ᵘ. — Trib. sup. de Berlin,
17 juillet 1858 (*Zeitsch. Hand.*, 1859, vol. II, p. 126, n° 16.) — Trib. sup.
de Comm. de Leipsig, 21 février 1871. — Id. 9 février 1872 (*J. dr. intern.*,
1874. p. 187.) — Principe formellement reconnu par la Cour de Cassation
de Florence le 23 décembre 1862 (cité par ESPERSON, n° 18, note 21.)

la même solution devrait être donnée dans les mêmes cas par les tribunaux français, puisque l'admission de la règle *locus regit actum*, est chose incontestable dans leur jurisprudence (95).

En dernier lieu, l'article 85 rend la règle facultative pour les contrats faits entre nationaux allemands en pays étrangers. Bien qu'exacte en soi, cette disposition est sujette à critique. Il en résulte en effet, que la faculté de s'en référer à la loi nationale n'est pas reconnue aux étrangers s'obligeant en Allemagne, où ils demeurent absolument soumis à l'observation des formes locales. C'est là une première atteinte à ce principe que la loi locale ne s'impose pas aux contractants étrangers qui peuvent généralement se référer à leur loi nationale.

En résumé, l'ordonnance allemande pose dans l'article 85 une règle incomplète, dans laquelle on trouve encore violé le grand principe d'égalité de traitement pour les nationaux et les étrangers, principe qui, en matière commerciale, doit être une des bases de toute bonne législation.

---

(95) La disposition du 2me alinéa de l'art. 85 de l'Ordonn. all. est reproduite dans le projet de Code de commerce pour la Suisse préparé par une commission spéciale de juristes suisses, et qui vient d'être tout récemment, à la date du 18 juin 1880, adopté dans son ensemble par 30 voix contre 10, dans le Conseil des Etats de la Suisse.

CHAPITRE IV

Droits et Obligations nés de la Lettre de change.

41. — Nous ne nous sommes occupés jusqu'à présent que des conditions requises en droit international, pour la validité de la Lettre de change, tant au point de vue de la capacité des parties contractantes qu'au regard de la forme même du contrat. Nous plaçant maintenant en face d'une Lettre valablement souscrite à tous points de vue et dont la régularité n'est et ne peut être attaquée, il reste à se demander comment cet acte devra être interprété; par conséquent quels en seront les effets, quels droits et quelles obligations elle créera au regard de chacune des parties.

Remarquons d'abord que toute obligation conventionnelle dérive de l'accord de deux ou plusieurs personnes que déterminent par une manifestation de volonté commune leurs rapports juridiques. Le premier principe qu'il faut constater en cette matière, c'est la liberté même de la volonté des parties. En règle générale et dans les limites fixées par les nécessités de l'ordre public, deux contractants peuvent se placer l'un vis-à-vis de l'autre, dans telle situation que bon leur semble; ils peuvent, à leur gré, régler les droits et obligations qui, pour l'un et pour l'autre,

résulteront du contrat. En un mot, dans les conventions, tout dépend de la volonté des parties, volonté
qui a pour elles force de loi.

Une application directe de ces principes ne pourra
toutefois être faite qu'autant que tous les effets et
toutes les suites qu'on entendait donner à la convention auront été prévues et déterminées d'une façon
complète. Cela arrivera rarement. Rarement en effet,
deux personnes contractant ensemble prennent la
peine d'énumérer d'une façon formelle toutes les
conséquences qu'elles consentent à voir résulter pour
chacune d'elles de leur contrat. D'ailleurs, voudraient-
elles le faire? elles n'y réussiraient pas, parce que
l'esprit humain est incapable de tout prévoir. Aussi
dans la pratique on ne rencontre de manifestation
expresse de la volonté touchant certains effets à naître
du contrat, qu'autant que ces effets constituent des
conséquences lointaines et peu habituelles de ce contrat. Sur les suites ordinaires de l'acte on garde
généralement le silence. C'est ce silence même qu'il
faut interpréter et comprendre. La volonté, bien
que ne s'étant pas révélée d'une façon expresse n'en
existait pas moins. Assurément, chaque contractant
a eu en vue certains effets à faire produire au contrat.
Pour assurer autant que possible l'exécution d'une
volonté qui ne s'est pas manifestée d'une façon claire
et précise, il faut la rechercher, la supposer. Force est
donc de recourir au système des présomptions.

42. — La difficulté n'est pas grande et le doute est
facilement levé quand les deux parties sont citoyens
du même pays.

De deux choses l'une, en effet : ou bien le contrat a

été passé dans la patrie même des contractants ; ou bien il a été conclu à l'étranger.

Au premier cas aucune hésitation n'est possible. Le silence gardé ne peut être interprété qu'en ce sens que les parties ont entendu se référer à leur loi nationale, quant à tout ce sur quoi elles ne se sont pas formellement expliquées. A moins donc de dérogation explicite, c'est la loi nationale du contractant qui déterminera les effets du contrat.

Lorsque la convention a été faite en pays étranger, la même solution doit encore être gardée. Il est à présumer raisonnablement que les contractants ont entendu encore se référer à la loi de leur patrie, quelque soit d'ailleurs le lieu déterminé pour l'exécution. Une règle puisée dans la nature de l'esprit humain fait en effet supposer que la volonté de tout individu qui procède à un acte de la vie civile, s'en est rapportée plutôt aux faits qu'il connaît qu'à ceux qu'il ne connaît pas ; or, leur loi nationale ne doit-elle pas être présumée connue d'eux mieux que toute autre loi (96).

43. — Quand les parties n'appartiennent pas à la même nationalité, la question devient beaucoup plus délicate. A quelle loi doivent-elles être présumées s'être référées ? Il n'y a pas plus de raison pour donner la préférence à la loi du débiteur qu'à celle du créancier. Lorsqu'un Espagnol et un Allemand contractent en France, pourquoi appliquer à ce contrat la loi espagnole plutôt

---

(96) Fœlix, n° 96 et 109. — Fiore, n° 239. — Massé, I, 597. — Pardessus, n° 1493. — Esperson, n° 21. — Paris, 29 mars 1836 (S. 36, 2, 457). — Weiss.

que la loi allemande ou réciproquement? Cependant comme « il est de l'essence de toute convention, qu'il « y ait consentement commun des parties sur tout ce « qui compose le contrat, *duorum pluriumve in idem* « *placitum consensus*, on a dû admettre que leur vo- « lonté s'en est rapportée à une loi commune et par « un accord à peu près unanime, les auteurs et les « tribunaux ont admis en principe qu'il faut s'arrêter « à la loi du lieu où le contrat a été passé (97) ». C'était déjà le principe posé par Ulpien dans la loi 34 pr. du Digeste *de regulis juris*.

« *Semper in stipulationibus et cœteris contracti-* « *bus id sequimur quod actum est*; *aut si non pateat* « *quod actum sit, erit consequens ut sequamur, quod* « *in regione in quâ actum est frequentatur.* »

Cette règle de raison, reproduite par notre Code civil dans l'article 1159 est aujourd'hui admise et appliquée d'une façon à peu près constante en droit internatio- nal, alors du moins que l'exécution du contrat doit se produire dans le lieu même où il a été conclu. Mais il n'en est plus de même dans l'hypothèse particulière où le lieu de l'exécution est différent de celui où l'acte est intervenu.

Deux théories complétement opposées ont à cet égard été produites.

Les auteurs anciens, Pothier, Merlin et quelques écrivains des temps modernes (98) posent en principe, qu'ici la convention doit être interprêtée d'après la loi

(97) Foelix, I, 96

(98) Savigny, Droit romain, VIII, 372. — Story, (cité par M. Fiore).

du lieu fixé pour l'exécution, que cette même loi doit
en régler les effets et les conséquences juridiques.
Cette opinion se fonde généralement sur quelques
textes de Droit romain (99). Sans vouloir entrer dans
les détails de la controverse placée sur ce terrain, nous
devons dire qu'il est aujourd'hui généralement reconnu que les textes invoqués prévoyaient tout autre
chose que la question ici débattue; il s'y agit avant
tout de juridiction et de compétence. — En fût-il
autrement, que les arguments qu'on en tirerait tou-
cheraient encore peu parce qu'il serait toujours bien
singulier de voir invoquer l'autorité du Droit romain
en Droit international, c'est-à-dire dans une matière
qui lui était à peu près complétement étrangère. Il faut
donc laisser de côté cette vieille argumentation qu'on
a voulu exhumer dans les temps modernes et, puisqu'en cette matière c'est la volonté des parties qui constitue en quelque sorte la *lex suprema*, se guider uniquement sur cette volonté ou tout au moins la présumer de la façon la plus vraisemblable. En se plaçant à
ce point de vue on a, il est vrai, fait valoir encore que,
si une loi a dû entre toutes être prise en considération par les contractants, c'est essentiellement celle du
lieu du payement puisqu'enfin c'est en cet endroit que
doit se réaliser pour eux tout l'intérêt de l'opération. Ce motif semble pouvoir être invoqué avec d'autant plus de force en matière de lettre de change que
le consentement du tiré est nécessaire pour que le

(99) L. 21. *De obligat.* (XLIV, 7). — L. 1, 2 et 3, *De rebus auct. judicis*
(XLIII, 5). — L. 6, *De evict.* (XXI, 2).

contrat soit parfait et produise ses pleins effets : que
sa réalisation effective se reporte ainsi au lieu de son
accomplissement (Pothier, *Traité du contrat de change*
n° 155).

Néanmoins cette doctrine a de nos jours perdu
beaucoup d'autorité. Il est aujourd'hui généralement
reconnu que même en ce cas il y a lieu à application
de la maxime *locus regit actum*. Telle est au moins
l'opinion de Demolombe, de Fœlix, de Demangeat,
de Rocco, d'Esperson, de Norsa, de Schæffner, de
Fiore et Massé (100). On la retrouve déjà dans un certain nombre d'auteurs anciens, notammént dans
Mævius, Burgundus et Paul Vœt. La présomption la
plus naturelle, celle qui sera le plus souvent vérifiée ne
conduit-elle pas à croire que la volonté des contractants
s'est reportée à la loi du lieu où s'est effectuée l'opération. Je souscris en Italie une lettre de change au
profit d'un Belge ; la lettre est payable en Suisse.
Assurément la loi qui entre toutes aura dû attirer
mon attention, c'est la loi du pays même où j'ai souscrit cet engagement : la loi Italienne dans l'espèce.
Il est vrai de dire qu'en ce cas les lois locales « con-
« tratui adhærent sunt altera quasi natura et in
« naturam transeunt ».

Remarquons enfin que, conforme à la volonté présumée des contractants, cette théorie respecte de la
façon la plus scrupuleuse les droits de l'Etat dans

(100) DEMOLOMBE, 1, 105. — FŒLIX, 1, 96, 98. — PARDESSUS, n° 1495.
— DEMANGEAT, *Condit. des étrangers*, p. 354. — Rocco, 3ᵐᵉ Partie, Chap.
8. — ESPERSON, n° 21. — NORSA : *Sub conflitto*.... p, 33 et suiv. —
SCHÆFFNER, n° 94. — FIORE, n° 243. — MASSÉ, 598.

lequel le rapport juridique a pris naissance. Aussi, outre l'autorité des auteurs déjà cités a-t-elle été sanctionnée par nombre d'arrêts français et etrangers (101) et peut-elle de nos jours être considérée comme élevée à la hauteur d'un principe de droit international. L'article 9 des dispositions préliminaires du code civil italien, les articles 35, 36, 37 du code autrichien, les articles 437, 438 du projet de code de commerce rédigé pour la Suisse par M. Munzinger, la consacrent expressément.

44. — Les principes précédemment posés sont applicables à tout ce qui concerne les effets des contrats. Mais il convient de déterminer ici d'une façon précise ce qu'il faut entendre par effet d'un contrat. Il faut

---

(101) *France. Sic :* Cass., 23 février 1864 (S, 64, 1, 385). — Chambéry, 25 nov. 1864 (S. 65, 2, 96). — Trib. comm., Seine, 9 Septembre 1852 (J. Trib, comm., 1, n° 382). — Paris, 16 novembre 1858 (J. trib. comm., VIII, n° 2709). — Paris, 25 Janvier 1868 (idem, n° 6259).

Suisse. Contrà. — Cour de Genève, 25 Mars 1872 (J. dr. intern. 1874).

Allemagne. Sic : Trib. supérieur d'appel de Lubeck, 15 Février 1858 (Zeitsch. f. d. h., 1859, p. 140). — Trib. supérieur de Leipsig, 21 février 1871 (J. dr. intern. 1874, p. 187). — Cour commerciale de Leipsig, 4 Décembre 1876 (id. 1878. p. 617.

Italie. Sic : Turin Cassat, 11 Mars 1871. — Cour de Gênes, 17 Juin 1871. — Cour de Milan, 14 avril 1872 (*Monitore del Tribunali* 1871, p. 918). — Turin Cass. 6 Mars 1872 (*Annali*, I, 1, 107, 1872). — Cour de Rome 12 Juin 1872 (*Annali* 1872, II. 266).

Autriche : Sic : Cour suprème d'Autriche 9 Juin 1858 (Zeitsch. f. h. 1859, vol. II, n° 58).

Belgique : Sic : Cour de Bruxelles 29 Avril 1872 (J. dr. intern. 1874, p. 210). Cour de Gand, 15 mai 1873 (eod. loco).

Suède : Sic : Cour suprême de Stockolm 14 Mai, 1873 (J. dr. intern. 1874, p. 100).

avant tout les distinguer de ce que nous appellerons
les conséquences accidentelles. Cette distinction a été
posée d'une façon fort nette par Fœlix (I, 109). « Les
« effets dérivent de la nature même de l'acte ou de
« l'exercice du droit établi par cet acte ; ce sont les
« droits et obligations inhérents au contrat, c'est-à-
« dire qui y sont contenus expressément ou implicite-
« ment ou qui en résultent médiatement ou immé-
« diatement ; il n'y a pas lieu de distinguer si ces
« droits et obligations sont actuellement ouverts ou
« exigibles, ou s'il ne sont qu'éventuels et expectatifs.
« Sous la dénomination de *suites* (102) du contrat, on
« comprend les obligations ou les droits que le légis-
« lateur fait naître à l'occasion de l'acte ou du droit :
« Les suites n'ont pas une cause inhérente au contrat
« même ; elles résultent d'événements postérieurs au
« contrat et qui surviennent à l'occasion des circons-
« tances dans lesquelles le contrat a placé les parties. »
En substance il y a cette différence essentielle entre
les effets et les conséquences accidentelles, que les
premiers dérivent du contrat lui-même, tandis que
celles-ci ont besoin pour se produire d'un fait postérieur et accidentel. Les premières ont été prévues par
les parties : les secondes dépendant d'un fait incertain et futur, n'ont pas dû l'être. La même raison

(102) Fœlix désigne sous le nom de suites ce que nous appellerons conséquences accidentelles. Cette dernière expression nous paraît plus exacte et
plus claire que celle de suites. Elle a l'avantage de se définir elle-même,
tandis que le mot suites, beaucoup plus général a par là même un sens plus
vague, et semble comprendre tout à la fois les effets proprement dits et les
conséquences accidentelles des contrats.

n'existe donc plus de recourir à la loi du lieu du contrat. N'àyant dû prévoir et par suite régler ces conséquences, les contractants doivent être réputés avoir consenti à s'en remettre à cet égard aux lois du lieu où elles viendraient à se manifester. Lors même qu'on objecterait qu'elles ont été prévues par eux , il n'en résulterait pas pour cela qu'elles dussent être soumises à la *lex loci contractus*. Ce n'est pas en effet le fait des deux parties qui leur donne naissance, c'est le fait d'une seule, sa faute, son retard, etc. Par conséquent, ce n'est pas au lieu du contrat, fait très-bien observer M. Rocco, mais au lieu du quasi contrat qu'il faut avoir égard. Ce lieu sera le plus souvent celui de l'accomplissement de l'obligation. Généralement et en fait la loi souveraine se trouvera ainsi être celle de l'exécution. Mais il ne faut pas pour cela perdre de vue qu'en principe c'est toujours la loi du lieu même où elles se seront produites qui doit les régir (103).

45. — Interpréter la volonté des parties , en déduire les effets que les contractants ont entendu faire résulter de leur convention, ce n'est pas encore conduire à son dernier terme l'analyse d'un acte juridique au point de vue du droit international privé. Cet acte, en effet, demande à être exécuté, et pour cette exécution même dans la plupart des cas, l'accomplissement de certaines formalités sera nécessaire. Ces formalités ne doivent pas être confondues avec les effets propre-

---

(103) Fœlix, I, 109. — Massé, I, 599. — Fiore, n° 260. — Rocco, livre III, Chap. 9. — Esperson, n° 41.

ment dits de l'acte, puisqu'elles ne sont elles-mêmes que les moyens d'arriver à la production de ces effets. La même loi qui régit ceux-ci devra-t-elle également régir celles-là ? Evidemment non. Les actes d'exécution, qu'ils exigent l'accomplissement de certaines formalités, ou la mise en œuvre de moyens juridiques rigoureusement déterminés, ne peuvent être soumis qu'à une seule loi, celle du lieu même de l'exécution. Cela est d'autant plus naturel, écrit M. Massé, que celui qui exécute et qui se trouve en ce lieu ne peut être tenu de formalités autres que celles qui y sont prescrites. « *Ea quæ ad complementum vel ad execu-* « *tionem contractus spectant, vel absoluto eo super-* « *veniunt, solere a statuto loci dirigi in quo pera-* « *genda est solutio. Rationem mutuantur a jure con-* « *sulto qui unumquemque vult in eo loco contraxisse* « *intellegi; in quo ut solveret se obligavit* » (104).

Après avoir reconnu et déterminé les principes généraux qui doivent servir à résoudre les difficultés internationales, soulevées à propos de l'interprétation, des effets et de l'exécution des obligations conventionnelles, il me reste à en faire l'application à la matière des lettres de change.

Pour mettre quelqu'ordre dans cette étude, je suivrai autant que possible une lettre valablement souscrite dans sa marche régulière et j'examinerai dans quatre sections les principales questions qui

---

(104) BURGUNDUS : *Tract. controv. ad consuetud. Flandriæ,* IV, n° 29.— *Sic.* MASSÉ, I, 600. — ESPERSON, n° 49. — FIORE, n° 259.

peuvent se présenter en droit international relativement

A l'acceptation ;
A l'échéance ;
Au payement ;
Aux recours.

SECTION I

DE L'ACCEPTATION

46. — Une lettre de change lors de son émission ne contient encore au profit du preneur qu'un seul engagement, celui du tireur, qui s'est obligé à en faire payer le montant par le tiré et implicitement à le payer lui-même à défaut de ce dernier. Le tiré n'est pas et ne peut être obligé envers le porteur, par le seul fait de l'émission de la traite. Il ne le sera qu'autant qu'il aura librement accédé à la convention conclue antérieurement et par un nouveau contrat avec le bénéficiaire reconnu et admis le mandat qui lui a été conféré. Cet acte constitue de sa part le contrat d'acceptation, acceptation qui va faire de lui l'obligé principal et du tireur un simple garant. On comprend facilement quelle en est l'importance et combien plus facile sera la négociation de la lettre quand celui sur lequel elle est tirée, aura ainsi souscrit l'engagement

d'y faire honneur. L'intérêt donc du porteur le conduit ainsi naturellement à présenter la lettre à l'acceptation du tiré. L'intérêt du tireur lui-même amène au même résultat, car il est, autant que le premier, intéressé à connaître l'accueil fait à sa traite afin de pouvoir immédiatement retirer ou faire retirer les fonds qu'il a peut-être fournis pour le payement.

Ainsi justifiée d'une façon générale la présentation d'acceptation se trouvera cependant pour certaines lettres impossible, tandis que pour d'autres elle sera absolument indispensable, pour d'autres enfin simplement utile. Les Lettres de change se divisent en effet au point de vue de leur échéance en trois catégories :

1° Lettres à vue c'est-à-dire payables à simple présentation.

2° Lettres à délai de vue.

3° Lettres à jour fixe ou à délai de date.

Pour les premières il est évident qu'il ne peut être question d'acceptation proprement dite, puisque la lettre étant payable sur simple présentation la demande d'acceptation se confondrait avec la demande de payement.

En ce qui concerne les lettres tirées à un certain délai de vue la présentation à acceptation est au contraire absolument indispensable. Sa nécessité résulte de la teneur même du contrat, puisque seul, l'accomplissement de cette acte, peut fixer définitivement une échéance jusqu'alors incertaine. Aussi toutes les lois de change rendent-elles dans ce cas absolument obligatoire la réquisition d'acceptation, qui constitue ainsi le premier devoir du porteur.

Enfin quant aux lettres tirées à jours fixe ou à certain délai de date, la même nécessité n'existe plus.

L'échéance est dès le moment même de l'émission déterminée d'une façon complète et définitive. La présentation offre, il est vrai, pour le tireur et le porteur, l'avantage de mener à l'acceptation ; mais elle n'a pas en réalité le caractère de nécessité qu'on lui a reconnu dans le cas présent. On comprend donc que la plupart des législations l'aient considérée comme simplement facultative. Il en est ainsi notamment dans les lois française, italienne, anglaise et allemande. Quelques. législations commerciales, cependant, entre autres les Codes espagnols, portugais, ceux de l'Amérique du Sud et du Mexique, rendent obligatoire d'une façon générale la présentation à acceptation des Lettres de change, alors même qu'elles sont tirées à certain délai de date.

De ce conflit nait déjà une première difficulté relative à la nécessité même de la présentation. D'un autre côté, la plupart des législations commerciales dans les cas, quels qu'ils soient, où elles considèrent la présentation comme obligatoire, prennent le soin de déterminer un certain délai dans lequel elle doit être effecuée, afin que le tireur ne se trouve pas indéfiniment sous le coup d'une action en garantie possible de la part du porteur. Mais ces délais fixés d'une façon tout arbitraire, varient selon les pays. Des écarts souvent fort considérables existent dans la durée du temps imparti ; il en résulte en cas de conflit, la nécessité de déterminer quelle législation devra être considérée comme souveraine en ce qui touche la détermination du temps accordé au porteur **pour requérir acceptation.**

47. — Soit une Lettre à certain délai de date tirée de Portugal sur France au profit d'un Français. Le Code de commerce portugais, art. 396, impose d'une façon générale au porteur de toute traite, le devoir de la présenter à l'acceptation du tiré. Au contraire, l'art. 160 du Code de commerce français n'exige cette présentation qu'au cas où il s'agit d'une Lettre payable à vue ou à certain délai de vue. Quelle sera dans ce cas la situation du possesseur de l'effet? Devra-t-il, en considération du lieu d'émission, présenter la Lettre à acceptation? Pourra-t-il, au contraire, invoquant la loi en vigueur au lieu du payement, se prétendre dispensé de cette formalité?

Un des écrivains les plus éminents en droit commercial, M. Nouguier (105), soutient qu'en pareille hypothèse la présentation doit être considérée comme purement facultative. Qu'est-elle, en effet? Selon lui, un acte préliminaire au payement, ayant pour but et pour effet de le préparer. On requiert l'acceptation dans le dessein d'assurer autant qu'il est possible l'exécution du contrat intervenu entre le tireur et le bénéficiaire. Présenter l'effet, c'est donc user déjà d'un mode d'exécution: or, tout ce qui a trait à l'exécution des contrats est régi d'une manière souveraine par la loi du lieu du payement, dans l'espèce par la loi française. — Très-séduisant au premier abord, ce système a, selon nous, le grave défaut d'affirmer sans bien le démontrer, que la présentation est uniquement un

(105) Nouguier, livre III, chap. 12, sect. 3. — En ce sens Schæffner, § 96.

mode d'exercice du droit, et par conséquent un acte d'exécution. Ne peut-on pas avec autant de vraisemblance, et surtout avec plus de raison, affirmer avec M. Massé (106), qu'un tel acte tient plus au fonds du droit qu'à la forme et au mode de son exercice, et que dès lors, c'est la loi du lieu du contrat, partant du lieu d'émission, qui seule peut fournir la solution. Lorsqu'une personne s'engage librement à garantir à une autre l'accomplissement d'un acte quelconque par un tiers, elle peut, en règle générale, mettre à sa garantie telle condition ou restriction que bon lui semble. Spécialement en matière de change, un tireur serait admis à ne s'engager comme garant envers son preneur que pour certains cas prévus et sous certaines conditions déterminées. Cela est incontestable. Si donc le tireur portugais avait explicitement déclaré dans la Lettre qu'il n'entendait se soumettre à un recours, qu'autant que le porteur aurait fait diligence pour obtenir l'acceptation du tiré, il n'est pas douteux qu'à défaut de réquisition faite à ces fins par le bénéficiaire, aucune action en garantie ne pourrait être admise. Cette solution, donnée dans l'hypothèse précitée d'une stipulation expresse, serait,

---

(106) Massé, n° 626. — Fiore, n° 359. — Esperson, n° 25. — Le même principe est posé d'une façon générale, mais fort nettement par Bar, § 83, n° 5. « Die Bedingungen des Regresses sind nach demjenigen Rechte zu « beurtheilen, welches uber die Verbindlichkeit des im Wegen des « Regresses belangten Wechselschuldners entscheidet, also regelmassig « nach dem Rechte des Orts von welchem die betreffende Wechselerklärung « datirt ist..... Denn nur fur den Fall der Erfüllung dieser Bedingungen « hat sich der Wechselschuldner zur Zahlung der Wechselsumme eventuell « verpflichtet. »

assurément admise par M. Nouguier lui-même, qui
ne pourrait en cette matière, se refuser à donner effet
à la volonté formelle de l'une des parties.. Or c'est
tout ce qu'il nous faut pour conclure que la décision
donnée par lui au cas de silence des contractants est
inexacte. En effet, dans l'hypothèse où la volonté ne
s'est pas manifestée d'une façon expresse, on peut
toujours la présumer : on le doit. Pour arriver à la
découvrir, il faut mettre en pratique les règles générales reçues en ce qui concerne l'interprétation des
conventions en droit international , règles que
M. Nouguier lui-même admet et reconnait comme
exactes. Or les conventions s'interprétant en général
d'après la loi en vigueur au lieu du contrat, ce sera
bien ici la loi du lieu d'émission, et non celle du lieu
du payement qu'il faudra consulter. Le tireur portugais qui crée la Lettre sous l'empire d'une législation
exigeant qu'elle soit présentée à l'acceptation, la crée
avec cette condition qu'il ne s'engage à garantir le
preneur, qu'autant que ce dernier aura fait toutes les
diligences requises par la loi portugaise pour arriver
à cette acceptation. Et comme d'ailleurs les conditions
par lui posées à sa garantie ne peuvent être changées
dans la suite par le seul fait du preneur, il en résultera que le devoir de présentation incombera également aux porteurs successifs de la Lettre, tout comme
au porteur primitif, puisque l'endossement passé à
leur profit n'aura pu leur transmettre plus de droits
contre le premier garant que n'en avait leur auteur
lui-même.

En règle générale, donc, c'est à la loi du lieu d'émission qu'il faudra demander si la présentation à accep-

tation est absolument obligatoire ou simplement facultative. Nous sommes arrivés à cette solution par l'application pure et simple des règles précédemment posées pour l'interprétation des contrats. Il en résulte comme corollaire que dans les cas où les parties auraient déclaré expressément s'en référer à une loi autre que celle du lieu du contrat, leur volonté devrait être suivie. Il faut en conclure encore que dans l'hypothèse où l'effet serait tiré par un étranger au profit d'un compatriote, c'est, à moins de dérogation expresse, la loi nationale de ces deux étrangers qui seule pourrait fournir la solution demandée, chacun d'eux étant raisonnablement censé avoir voulu se référer à cette loi et non à celle du lieu du contrat. Concluons donc qu'un français pourrait tirer en Portugal une lettre de change au profit d'un autre français, sans que l'article 160 de notre Code de commerce cessât de recevoir application.

48. — Quelle que soit d'ailleurs la loi à laquelle on se rattache pour déterminer les devoirs du porteur quant à la présentation de la lettre, il reste encore, au cas où cette présentation est jugée nécessaire, à rechercher à quelle législation devra se conformer le possesseur, quant à l'observation des délais généralement impartis pour l'effectuer. Ces délais ne semblent-ils pas plus encore que la présentation elle-môme faire partie intégrante de la procédure et par conséquent devoir être entièrement soumis aux lois locales ? Ne tiennent-ils pas beaucoup plus aux formes de l'exécution qu'à l'essence de l'obligation ? La présentation à acceptation ne constitue-t-elle pas un acte suffisamment indépendant, ayant en quelque sorte une

autonomie assez grande pour pouvoir admettre à son égard l'application de la règle générale « *locus regit actum* ».

Quelques auteurs l'ont pensé ainsi et ont en conséquence laissé aux lois du lieu du payement le soin de déterminer l'étendue du délai (107.) Massé, qui relativement à la nécessité de la réquisition de l'acceptation avait conclu à l'autorité de la *lex loci contractus*, abandonne ici cette solution pour se rattacher à la loi du lieu d'exécution. « C'est en ce sens, écrit-il, qu'il a « été jugé que l'échéance d'une lettre de change, se « règle d'après le calendrier en usage dans le pays où « la lettre de change doit être payée, et non par la loi « du lieu d'où elle a été tirée ». Suivant lui la question des délais se rattache ici d'une façon trop intime à celle de l'échéance pour qu'il soit possible d'admettre l'intervention de la loi du lieu d'émission.

Cette opinion repose, à notre sens, sur une inexactitude et conduit l'éminent auteur à une inconséquence ; il y a d'abord, croyons-nous, inexactitude à faire intervenir ici une idée d'échéance. Qu'on se place en effet dans l'hypothèse d'une lettre payable à un certain délai de date, pour laquelle la loi du lieu d'émission exige présentation : n'est-il pas évident qu'il n'y a ici aucun rapport entre la réquisition d'acceptation et l'époque du payement ? L'échéance s'est trouvée fixée dès la création de la lettre, et cela d'une façon complètement irrévocable et absolument indépendante de toute présentation. Quant aux Lettres

---

(107) Massé, n° 628. — Pardessus, n° 1495.

payables à vue, on sait qu'il ne peut être question
d'acceptation proprement dite et par conséquent de
présentation à cette fin. Une réquisition faite par leur
possesseur au tiré ne saurait être autre chose qu'une
réquisition de payement. Ici encore, ce n'est pas à
vrai dire la présentation qui fixe l'échéance, puisqu'en l'effectuant le porteur ne fait en réalité qu'exercer un droit qu'il avait déjà antérieurement acquis.
Restent les effets payables à un certain délai de vue.
La considération sur laquelle se base l'opinion proposée par M. Massé présente à leur égard une importance
plus grande. Il est en effet impossible de nier le
rapport intime qui existe ici entre la demande d'acceptation et l'échéance. Nous ne dirons pas avec M.
Esperson (108) que pour un tel effet on ne peut parler
d'échéance tant qu'il n'a pas été présenté au tiré, le
délai indiqué par le tireur sur la lettre courant précisément de la présentation. Se refuser ainsi à reconnaître une connexité parfaite entre l'époque du
payement et celle de la présentation, c'est fermer les
yeux sur l'évidence. Mais, tout en constatant le rapport
étroit qui existe entre ces deux termes, il est encore
vrai de dire que le délai imparti pour la présentation
à acceptation tient plus à la substance même de
l'obligation qu'à son exécution. Il a été reconnu
antérieurement, et M. Massé l'a lui-même admis que

---

(108) ESPERSON. n° 26 « Nel caso poi di una cambiale a certo tempo vista,
« non si puo parlare di scadenza, fintanto che non sia presentata al trat-
« tario, deccorrendo appunto dalla presentatione il tempo indicato dal
« traente sulla cambiale. »

la présentation constituait par elle-même un acte absolument dépendant de la création de la Lettre, auquel on ne pouvait appliquer la maxime *Locus regit actum*, dont la nécessité ne pouvait par suite être déterminée par une autre loi que celle sous l'empire de laquelle l'effet a été tiré. Les considérations invoquées pour aboutir à cette solution militent toutes également dans la question présente pour une solution identique et nous prétendons qu'on ne peut sans inconséqnence, se rendre à elles dans un cas sans le faire également dans l'autre. S'il est vrai que le tireur n'a promis sa garantie que pour l'hypothèse où toutes les diligences exigées par la loi du lieu d'émission, auraient été faites par le porteur, s'il est vrai aussi que la présentation à acceptation lorsqu'elle est requise, doit être considérée comme une des conditions de la garantie promise, il faut reconnaître également que le délai dans lequel cette condition doit être accomplie fait corps avec la condition même et par conséquent doit être régi par la même loi. L'observation du délai dans lequel doit être faite la présentation constitue aussi bien que la présentation elle-même, une des conditions mises par le tireur à la possibilité d'une action en recours contre lui. Comment sans inconséquence la faire régir par une autre loi que celle qui régit déjà la nécessité de présentation en elle-même ? Des rapports existent il est vrai entre la fixation du délai et la détermination de l'échéance, par conséquent l'exécution du contrat ; mais un acte pour se trouver en quelques points connexe à l'exécution d'un contrat n'est pas pour cela forcément soumis à la loi du lieu de cette exécution. Quand, comme au cas présent, la fixation du délai tient plus à l'essence même du contrat qu'elle n'a trait au payement, seule la loi qui régit la convention des parties lui est applicable. La législation du lieu d'émission doit donc conserver ici son empire à moins qu'une volonté contraire n'ait été manifestée d'une façon expresse par les parties ou puisse être présumée avec vraisemblance (cas de contractants compatriotes). Cette solution proposée et vivement soutenue par la nouvelle école Italienne semble également admise pas Schæffner qui renvoie à la loi du lieu d'émission pour tout ce qui concerne le recours à exercer contre le tireur (109).

49. — Voyons maintenant si et comment les principales législations positives ont fait application de ces principes.

Le Code de commerce français de 1807 n'avait primitivement déterminé le délai d'acceptation que pour les Lettres tirées de France sur France ou provenant de pays étranger et payables en France. Quant aux effets émis en France et payables à l'étranger, le Code gardait le silence. Pour eux on avait admis, sans grande discussion, que la loi étrangère seule devait recevoir application en ce que concerne les délais à impartir. C'était, on le voit, une disposition absolument contraire à celle que nous avons admise et que nous proposons. Toujours, en effet, la loi du lieu du payement déterminait l'étendue du délai.

Les inconvénients pratiques de ce système ne tardèrent pas à se révéler. Les tireurs et endosseurs

(109) Fiore, n° 347.— Norsa, *Sub confl.*, Chap. III, art. 2.— Esperson, n° 26. — Schæffner, § 96.

français d'effets payables à l'étranger, se virent, par
suite de l'application des lois étrangères, exposés à
des recours pendant un temps souvent fort long; il
y eut des déceptions et des surprises toujours désa-
gréables. Aussi dès 1816 un projet de loi ayant pour
objet d'étendre aux Lettres tirées de France et payables à l'étranger, les dispositions relatives aux délais
d'acceptation, fut présenté à la Chambre des députés.
Cette proposition devint dans la suite la loi du
19 mars 1817. Elle consacrait une disposition absolument conforme à la vérité théorique. Mais pour satisfaire complètement aux exigences du droit international, il fallait alors supprimer de l'article 160 toute
détermination de délai pour la présentation des Lettres
tirées de l'étranger et payables en France, sans quoi
on tombait dans une contradiction évidente en
faisant régir certains effets par la loi du lieu du
payement et d'autres par celle du lieu d'émission.
On n'en fit rien, et la disposition nouvelle vint
s'ajouter, sans aucune autre modification, à l'article
160. On s'était laissé guider principalement par des
considérations pratiques et surtout pour cette idée
exprimée très-nettement par M. de Sèze, le rapporteur
de la commission à la Chambre des pairs, que la procédure de l'action en recours, étant poursuivie en
France contre des nationaux français, il était de toute
nécessité qu'elle fut en tous points soumise à la loi
française, et que par conséquent on ne pouvait refuser
au Français le droit d'opposer l'épuisement d'un délai
imparti par la loi française. C'est ainsi que l'article 160
du Code de commerce consacra à la fois les deux systèmes, en soumettant toutes les Lettres françaises ou

étrangères à l'application de la loi française. Les délais accordés, modifiés seulement dans leur durée par la loi du 3 mai 1862, varient, entre trois mois et un an, selon la provenance de la Lettre.

Une disposition analogue est consacrée par l'article 246 du Code de commerce italien qui soumet à cet égard à la loi italienne tous les effets de commerce quel que soit leur lieu d'émission. Le délai de présentation est de trois mois pour les lettres tirées et payables à l'intérieur du royaume. Il s'étend de quatre à dix-huit mois pour celles tirées et payables en pays étranger. En outre, les délais ainsi établis sont doublés en cas de guerre maritime, si la lettre est tirée d'une place ou sur une place avec laquelle le trafic se fait par mer en tout ou en partie (art. 246, al 7).

C'est également la disposition de notre article 160 que l'on trouve reproduite, sauf modification dans la durée du délai, dans les articles 482, 485 du Code de commerce espagnol, 116 du Code hollandais et les § 9 à 12, chap. XIII de l'ordonnance de Bilbao encore généralement en vigueur au Mexique et dans la plupart des États de l'Amérique du Sud.

En Angleterre et aux Etats-Unis à défaut de lois positives sur la matière on admet qu'il suffit que la présentation soit faite dans un délai convenable *(a reasonable term)*. Sur le point de savoir quelle loi doit recevoir application en cas de lettre émise ou payable à l'étranger, la jurisprudence anglaise ne semble être nullement fixée (110).

Dans les conférences de Leipsig, où fut élaborée la

(110) Hœchster et Sacré, p. 457-459.

loi de change allemande, la question qui nous occupe
donna lieu à de sérieuses discussions lorsqu'il s'agit
de savoir si on soumettrait à la nouvelle loi les effets
de provenance étrangère. — D'une part on prétendit
qu'une loi de change n'avait à s'occuper que des lettres
payables à l'intérieur. Quant à celles émises d'Allemagne sur pays étrangers on faisait observer que le
tireur devait lui-même pourvoir à ses propres intérêts
en fixant dans la traite le délai de présentation passé
lequel il entendait n'être plus sujet à recours pour défaut d'acceptation. — Mais on répondit avec beaucoup
de raison que la loi positive allemande ne pouvait, en
cette matière s'occuper des traites venant de l'étranger sans empiéter sur les droits de la souveraineté
étrangère; que si le délai de deux ans proposé, sem-
blait aux tireurs allemands prolonger trop longtemps
leur garantie, ils pouvaient toujours obvier à cet inconvénient en fixant eux-mêmes dans la lettre un délai conventionnel plus court; que, d'ailleurs, à défaut
de stipulation particulière, il était tout naturel que ce
fût la loi nationale qui suppléât à une manifestation
expresse de volonté du tireur allemand. Enfin, contre
les partisans du système analogue à celui de l'article
160 du Code français, on argumenta des inconvénients
pratiques que présenterait l'adoption d'une semblable
disposition. Il était évident en effet que, si chaque loi
de change fixait un délai de présentation, tant pour
les lettres tirées de l'intérieur que pour celles émises
en pays étranger, on aboutirait bientôt aux conséquences les plus fâcheuses pour les porteurs d'effets
étrangers.

Qu'on suppose un instant une lettre tirée de Paris

sur Berlin ou inversement de Berlin sur Paris. Dans un cas comme dans l'autre, le délai imparti pour la réquisition d'acceptation ou la demande de payement. si la lettre est à vue, sera de trois mois, suivant la loi française, de deux ans suivant la loi allemande. Qu'arriverait-il ? Le porteur allemand, se croyant parfaitement en règle en présentant la lettre dans les deux ans de sa date, se verrait repoussé par les tribunaux français qui ne pourraient appliquer d'autres lois que la loi française. Pour éviter de pareilles méprises il était donc beaucoup plus sage de ne fixer ce délai que pour les effets dont l'émission aurait eu lieu en Allemagne. Après d'assez longs débats, cette opinion prévalut et fut adoptée par 14 voix contre 5. Nous la retrouvons dans les articles 19, 1° ; et 31, 1°, de l'ordonnance générale de change (111). Elle a été reproduite dans les articles 366, 380, du projet du Code de commerce pour la Suisse, rédigé par le professeur Munzinger et tout récemment adopté avec quelques modifications par le conseil des Etats. Toutefois le délai général et unique de deux ans, fixé par la loi allemande s'y trouvait réduit à un an. Nous ignorons si les articles précités ont subi de ce chef quelques modifications.

A peine est-il besoin d'ajouter que l'ordonnance allemande nous semble sur ce point complètement

(111) Les articles ci-dessus semblent disposer d'une façon générale sans distinguer entre les effets émis en Allemagne et ceux souscrits en pays étranger. Mais cette distinction a été faite nettement dans les conférences de Leipsig. Elle est d'ailleurs de jurisprudence constante devant les tribunaux allemands.

satisfaisante, tant au point de vue théorique qu'au point de vue pratique. Peut-être pourrait-on lui repro·cher un défaut de clarté dans la rédaction, une certaine exagération de simplicité dans la fixation d'un délai unique de deux ans ; mais cela n'infirme en rien la vérité et la valeur du principe général qu'elle consacre.

50. — Ce n'est pas assez d'avoir examiné quand la présentation sera nécessaire et dans quel délai elle devra être effectuée.

Sur cette présentation même le tiré auquel elle est faite peut prendre deux partis : donner son acceptation ou la refuser.

Je me place d'abord dans la première hypothèse : le tiré a accepté. — Quant à la forme même dans laquelle cette acceptation doit être donnée, il ne peut s'élever aucune difficulté. La règle *locus regit actum* doit incontestablement recevoir ici pleine application. Seule la loi du lieu où elle est intervenue devra être consultée lorsqu'il s'agira d'en constater la régularité. C'est encore suivant la même loi que se détermineront les effets de l'acceptation (112), par conséquent les obligations qui en résulteront pour le tiré à l'égard du porteur dont il est devenu le débiteur direct. Une application remarquable en sera faite dans l'espèce suivante. Une acceptation est donnée à découvert, c'est-à-dire sans provision préalable. Postérieurement, mais avant payement, le tireur tombe en faillite. Quelle va être dans ce cas la situation du tiré accepteur ? Deux systèmes sont à cet égard suivis par les législ-

---

(112) FIORE, n° 348. — SCHÆFFNER, n° 95.

lations positives. Les unes, la législation anglaise entre autres, admettent le tiré à faire rescinder son acceptation. D'autres n'accordent pas cette rescision. En présence de cette divergence, il y aura lieu à faire application du principe général posé, et l'on ne devra admettre l'accepteur à découvert, à demander et obtenir cette restitution, qu'autant qu'elle sera admise par la loi du lieu dans lequel a été donnée l'acceptation, sauf toutefois convention contraire des parties.

Même solution encore lorsqu'il s'agira de savoir si le tireur possède ou non une action contre le tiré qui après avoir accepté à découvert a refusé le payement (113). Ce sera la loi du lieu d'acceptation qui décidera de l'admissibilité du recours. Car c'est en ce lieu que le contrat entre le tireur et le tiré résultant de l'acceptation est devenu parfait (114).

Dans toute cette matière il n'y a d'ailleurs aucune distinction à faire entre l'acceptation ordinaire et l'acceptation par intervention. « Les conditions es-
« sentielles à ce mode d'acceptation et les cas dans
« lesquels l'intervention peut avoir lieu, ainsi que
« les effets qui en découlent doivent se déterminer
« d'après la loi du pays où l'intervention se
« réalise (115) ».

---

(113) Cette action aurait pour but, non pas d'obtenir la restitution d'une provision qui n'existe pas, mais de contraindre le tiré accepteur à répondre des conséquences du refus de payement.

(114) L'article 23 de l'ordonn. allemande dispose expressément que de l'acceptation résulte une véritable obligation de change du tiré envers le tireur.

(115) FIORE, n° 350.

51. — Lorsque l'acceptation a été donnée, le porteur, s'il ne négocie pas la Lettre, se bornera à attendre l'arrivée de l'échéance pour demander le payement. Mais il se peut que le tiré, pour une cause ou pour une autre, ait refusé sa signature à la traite. Ce refus autorisera le possesseur de l'effet à craindre pour le jour de l'échéance un refus de payement. Aussi les lois de change lui permettent-elles généralement de demander en ce cas certaines garanties au cédant. Mais pour obtenir ces garanties, encore faudra-t-il qu'il justifie avoir rempli tous les devoirs que lui imposait le contrat d'émission, et particulièrement avoir fait toutes les démarches, toutes les diligences nécessaires pour arriver à l'acceptation. Aussi la plupart des législations exigent-elles que le refus d'acceptation soit constaté par un acte spécial, astreint à certaines formes, dressé par un officier public à ce compétent. Cet acte, dit *acte de protêt*, envoyé immédiatement au tireur ou à l'endosseur, constituera pour le possesseur de la Lettre la meilleure preuve de l'accomplissement de ses devoirs. Presque toutes les lois de change exigent aujourd'hui qu'au cas de non acceptation ou de non payement, un protêt soit levé dans un certain délai, généralement très court. Toutefois dans certains pays encore, le protêt n'est pas considéré comme absolument nécessaire, et on se contente d'obliger le porteur de la lettre à donner rapidement avis. Cette notification se fait alors par simple lettre missive, ordinairement le jour même ou le lendemain de la présentation.

Par suite de cette divergence dans les législations, des difficultés pourraient être soulevées, relativement à la nécessité même de la levée du protêt, lorsque les lois du lieu de l'acceptation et celles du lieu d'émission ne s'accorderont pas sur cette exigence; nous n'hésitons pas à donner encore ici préférence à la loi du lieu d'émission. Ainsi quand la Lettre a été créée dans un pays où existe pour le porteur l'obligation absolue de faire constater par un protêt le défaut d'acceptation, il ne peut se dispenser de cette obligation sans être déchu de ses droits de recours contre les endosseurs et le tireur bien que la loi du pays où devait être donnée cette acceptation en dispose autrement. « Le tireur d'une Lettre de change, dit M. Norsa, « est réputé, si telle est la loi du lieu d'émission, « n'avoir promis la garantie que sous la condition « pour le porteur de faire constater par un acte de « protêt le refus de payement ou d'acceptation » (116). C'est en ce sens que la question a été décidée par la majorité des auteurs (117) et par tous les arrêts les plus récents (118).

On a fait valoir contre cette solution (119) qu'elle conduirait à des difficultés parce que le porteur se trouvera souvent dans un pays où il ne pourra rencontrer un officier public qui dresse le protêt en ques-

(116) Norsa, *Revue de la Jurisprudence italienne*, § 161.

(117) Fiore, n° 347. — Norsa, *Sul conflitto*, p. 62. — Esperson, n° 30. — Bar, § 85, n° 5. — Massé, n° 627. — Pardessus, n° 1497.

(118) Trib. sup. de Berlin, 21 février 1860. (Cité par Bar, § 85, note 17, *in fine*). — Cour de Gênes, 27 juin 1871. (Monitore, 1871, p. 98). — Cour de Milan, 14 avril 1872. (Annali VI, 2, 139).

(119) Bravard Veyrières, t. III.

tion. On lui a aussi reproché de compromettre l'exercice du recours. En effet, prétend-on, suivant que le porteur impayé recourra contre le tireur ou contre l'endosseur, il devra s'être conformé, soit à la loi du lieu de l'endossement, soit à la loi du lieu de l'émission, de sorte que s'il était impossible de les observer à là fois toutes deux, il ne pourrait conserver la plénitude de son recours. — Cette impossibilité et ce danger sont plus imaginaires peut-être que réels. En fait, il pourra sans doute arriver que la levée d'un protêt régulier se trouve chose impossible. Mais alors, le porteur ne sera-t-il pas complétement couvert par ce vieil adage *Impossibilium nulla obligatio ?* En présence de cette impossibilité matérielle, n'est-il pas évident qu'une simple ratification contenant constatation du refus d'acceptation suffira pour lui conserver son action en garantie? Quant au danger même que le système adopté présenterait relativement à l'exercice du recours par suite de la nécessité d'observer à la fois les lois du lieu d'émission ou des différents lieux d'endossement, les considérations précédentes suffiront à démontrer qu'il ne saurait exister pour le porteur diligent, puis qu'une impossibilité absolue constituera pour lui une excuse valable.

Nous persistons donc à affirmer sur ce point l'autorité de la loi du lieu d'émission ou d'endossement. Cette loi seule décidera de la nécessité du protêt, et cela d'une façon générale et absolue. C'est donc à elle encore qu'il faudra recourir pour savoir, si, au cas où une tierce personne aurait été indiquée comme besoin, un seul protêt levé tant contre le tiré que contre le besoin serait suffisant, ou si tout, au contraire, deux protêts distincts et séparés seraient nécessaires (120).

52. — Dans les hypothèses ou en vertu des règles précédentes le protêt aura été reconnu nécessaire, il devra être dressé dans les formes prescrites par la loi locale. Les délais utiles pour procéder à sa levée seront déterminés par la même loi, qu'il faudra encore consulter pour connaître les heures et les jours fériés pendant lesquels les actes de procédure ne peuvent être faits. Cette doctrine est universellement suivie par tous les auteurs anciens et modernes; non pas précisément comme semble le croire Pothier (121), parce que le contrat de change et censé formé au lieu où l'effet est payable, mais parce que ces délais tiennent aux formes de l'exécution et non à l'essence de l'obligation (122). Ell a trouvé une sanction formelle dans l'article 86 de l'ordonnance allemande.

« Les actes nécessaires pour exercer et conserver le
« droit de change dans une place étrangère sont réglés
« dans les lois en vigueur dans ce pays. »

(120) Trib. sup. de Berlin, 9 mai 1857 (V. BAR, § 85. Note 17, *in fine,* La règle y est posée d'une façon fort nette. « Bei einem vom Inlande auf « das Ausland gezogenen Wechsel , entscheiden behuf des Regresses, « welchen der inlandische Indossatar gegen den inlandischen unmittel- « baren Vordermann, auf Grund des, vom dem letzteren im Inlande « ertheilten Indossaments nimmt, die Gesetze des Inlandes uber die Noth- « wendigkeit der Protestaufnahme gegen die Nothadressen. »

(121) *Traité des Contr. de ch.,* 1re partie; chap. V, sect. 2, art. 1, § 5.

(122) MASSÉ, n° 628. — MERLIN, Rep., V. Protet. — PARDESSUS, n° 1495. — NORSA, *Sul conflit.,* p. 64, 65. — BAR, § 85, n° 5, *in fine.* — SCHÆFFNER, § 96. — Paris, 25 avril 1861 (*Journ. trib. comm.* 1861, n° 3650. — Paris, 22 mars 1875 *Journ. Dr. intern.* 1876, p. 103). — Trib. de comm. de Saint-Pétersbourg, 27 janv. 1875 (*Journ. dr. intern.* 1878, p. 297).

Les articles 9 et 10 des dispositions préliminaires du nouveau Code civil italien posent un principe général identique.

53. — Lorsque le porteur de la traite s'est conformé aux règles posées dans les numéros précédents, il a conservé intact le droit de recours contre ses garants qui sont responsables de l'acceptation. L'engagement du tiré par eux promis, n'ayant pas été donné il y a de ce chef déjà une inexécution partielle de leurs obligations, et par suite il est tout naturel qu'une action en recours soit ouverte au possesseur de l'effet. Sur ce principe général toutes les législations positives sont d'accord· Mais il n'en est plus de même lorsqu'il s'agit de déterminer quel sera l'objet de l'action en question ; ce que le porteur pourra exactement exiger de ses garants. L'article 120 du code de commerce français et en général les législations qui l'ont pris comme modèle, obligent le tireur et les endosseurs, sur la notification du protêt faute d'acceptation à donner caution pour assurer le payement à son échéance, si mieux ils n'aiment en effectuer immédiatement le remboursement. La loi de change allemande astreint seulement les garants à fournir caution pour le payement sans leur permettre d'échapper à cette obligation par le remboursement immédiat. Enfin, plus rigoureuses que les précédentes, les législations de l'Angleterre et des États-Unis d'Amérique permettent en tous cas d'exiger du tireur ou des endosseurs le payement intégral du montant de la lettre avec les frais de protêt et de rechange. Si maintenant on suppose une Lettre tirée de France, endossée en Allemagne et payable en Angleterre, quels vont

être les droits du porteur au cas de refus d'acceptation de la part du tiré anglais ? Il n'y a pas lieu à
grande difficulté. Que sont en effet les droits du porteur et les devoirs corrélatifs des garants, sinon des
effets des contrats intervenus entre les uns et les
autres ? Or il a été reconnu antérieurement comme
principe de droit international que les effets des contrats étaient déterminés par la loi du lieu où la convention était devenue parfaite entre les parties. Pour
qui admet ce principe l'hésitation ne saurait être
longue. Pour déterminer les droits du porteur c'est
à la loi sous l'empire de laquelle l'effet a été émis
ou endossé qu'il faudra recourir, selon qu'il se pro-
posera d'agir contre le tireur ou un endosseur. D'une
façon plus générale et à la fois plus exacte, ce sera la
loi adoptée expressément ou tacitement par les parties
qui fixera les droits du porteur. Si donc on suppose
le dernier cessionnaire anglais recourant contre son
cédant immédiat, également anglais, il faudra sans
hésitation donner la préférence à la loi anglaise et
par conséquent autoriser une demande en remboursement. M. Esperson (n° 39, note 2) fait remarquer
que le même effet se produirait au cas où le cédant
serait anglais et le porteur citoyen des Etats-Unis,
par suite de cette présomption raisonnable que tous
deux, dans cette hypothèse, ont pu se référer aux lois
de leur pays, lois qui toutes deux sont d'accord à
autoriser le possesseur à demander le payement immédiat (123). Dans l'espèce antérieure le possesseur de

(123) (*Sic*) Fiore, n° 349. — Esperson, n° 40. — Trib. de comm. de
Saint-Pétersbourg, 27 Janv. 1875 (*Journ. dr. intern. privé* 1878, p. 297.)

l'effet pourra donc exiger du tireur français soit une caution, soit un remboursement ; mais il ne pourra demander que des garanties aux endosseurs allemands, tandis qu'un garant d'Angleterre se verra tenu au payement intégral de la Lettre. Il arrivera ainsi, au cas où l'effet a été successivement endossé dans des pays régis par des lois différentes, qu'un endosseur se trouvera tenu à des obligations plus grandes de garantie vis-à-vis de son cessionnaire, sans qu'il ait les mêmes actions vis-à-vis de son cédant. « La position de deux endosseurs « qui transmettent la lettre de change sous l'empire « de lois différentes, et qui, n'ayant fait aucune décla- « ration contraire, s'en rapportent à la loi sous l'em- « pire de laquelle ils s'obligent, correspond parfaite- « ment à celle de deux endosseurs succesifs dont « l'un a transmis la lettre avec quelques conditions, et « l'autre l'a transmise par un endossement pur et « simple et sans condition...

« La même chose doit se dire si la condition au « lieu d'être expressément convenue est considérée « comme tacitement acceptée parce qu'ainsi dispose la « loi sous laquelle la traite est tirée (124) ».

Toutefois il ne faut pas oublier que si l'endosseur est libre d'assumer vis-à-vis de son cessionnaire des obligations plus ou moins rigoureuses ; il ne peut lui conférer vis-à-vis de ses auteurs, tireur et endosseurs précédents, plus de droits qu'il n'en a lui-même. Car il ne peut, par sa seule volonté, changer les ter-

(124) Fiore, n° 349.

mes du contrat dans lequel ont figuré ces derniers.
C'est là une considération dont il faudra tenir compte
dans toutes les questions que pourra soulever un
recours en garantie.

54. — Quels que soient les droits du porteur en cas
de refus d'acceptation, ils sont subordonnés par
toutes les lois de change à l'accomplissement de certains devoirs, levée et notification du protêt ou simple avis par lettre missive suivant les exigences de la
législation compétente. Ce sont là des conditions de
possibilité d'un recours de sa part. Néglige-t-il de les
remplir ? il s'expose dans la plupart des cas à perdre
ses droits ou tout au moins à les voir considérable-
ment amoindrir. Dans certains pays, il se voit fermer
tout recours, tant contre le tireur, que contre les
endosseurs. D'autres législations, à l'exemple du Code
de commerce français, l'autorisent à agir néanmoins
contre le tireur, mais au cas seulement où il n'exis-
terait pas entre les mains du tiré de provision constituée. Enfin quelques lois de change maintiennent
en trois cas l'obligation de garantie qui incombe au
souscripteur. — Quelle que soit la diversité des dispositions légales, il n'est pas douteux qu'un conflit
de lois venant à soulever la question de l'obligation
ou de la libération du tireur, c'est encore à la loi
générale qui a présidé au contrat qu'il faudra s'arrêter et non à celle du lieu où devait être donnée l'acceptation. En émettant l'effet le tireur était libre de poser
à la possibilité d'un recours les conditions qu'il voulait. Au cas de silence de sa part c'est dans la loi du
lieu du contrat qu'il faut aller chercher sa volonté.

En règle générale, lorsque le recours est perdu contre le tireur, il l'est également contre les endosseurs. Bien que leurs obligations soient distinctes, il est indubitable néanmoins, que si celle du tireur vient à s'éteindre, parce que la condition qui y avait été apposée a fait défaut, toutes les autres postérieures en date disparaissent également. Les endosseurs ne sont tenus envers le porteur qu'autant que ce dernier peut les mettre en position d'agir contre le tireur. Lorsqu'au contraire il a, par sa négligence, procuré la libération de celui-ci, il doit seul supporter la peine de sa faute sans pouvoir la rejeter sur les autres garants.

Cependant il serait inexact d'affirmer, d'une façon absolue, que la libération du tireur ferme tout recours au porteur. Il est certain cas dans lequel une action en garantie demeurera encore admissible. Qu'on suppose en effet que l'acceptation ait été garantie par une tierce personne sans condition. Il y a là un engagement accessoire tout différent de ceux du tireur et des endosseurs, dont il est d'ailleurs complètement indépendant. Il faut en conclure que le porteur de l'effet pourra en exiger l'accomplissement et par conséquent recourir en garantie lors même qu'il eut par négligence perdu le droit de recours contre les garants ordinaires. — Il en serait autrement alors seulement que les usages du lieu où la garantie a été donnée seraient contraires. Nous reconnaissons en effet avec M. Fiore (125), que ce sont eux qui doivent tout

(125) Fiore, n°. 349

d'abord être consultés, lorsqu'une question de ce genre sera soulevée (126).

SECTION II

DE L'ÉCHÉANCE

55. — Quelle que soit la situation du possesseur de la lettre, à la fin de ce qu'on pourrait appeler la période d'acceptation, qu'il ait obtenu cette acceptation ou ait essuyé un refus, qu'il ait pu agir en recours contre ses garants ou bien ait perdu ce droit par sa négligence, peu importe : S'il n'a pas négocié la lettre, il a conservé le droit d'en requérir le payement à l'échéance. Mais la rigueur des règles universellement admises en matière de change, va encore lui imposer ici de nouvelles obligations. Tandis qu'un créancier demeure généralement libre de choisir après l'échéance le moment auquel il veut être payé, le créancier par voie de change est astreint dans toutes les législations commerciales à présenter à fin de payement dans un délai extrêmement court. L'article 160 du Code de commerce français dispose : « Le porteur d'une lettre « de change doit en exiger le payement le jour de son « échéance ». La même exigence se retrouve dans la

(126) Bordeaux, 23 février 1836 (S. 36, 2, 325).

plupart des législations. La détermination précise du jour de l'échéance présente donc le plus haut intérêt pour le créancier.

L'indication de l'époque du payement doit toujours être faite dans une lettre de change. C'est là une condition de sa validité. Mais cette indication peut être faite de plusieurs manières.

La lettre peut être payable à vue,

A certain délai, certaines usances de vue,

À jour fixe,

A certain délai, usance de date ; en foire.

En ce qui concerne les lettres à vue, toutes les législations s'accordent à les déclarer payables sur première présentation. Mais pour ne pas permettre au porteur de perpétuer indéfiniment les obligations de ses garants, elles l'astreignent en général à faire cette présentation dans un certain délai. Le dernier jour de ce délai constituera l'échéance la plus éloignée de l'effet, le créancier conservant le droit de la présenter et d'en demander le payement avant cette époque. La fixation de l'échéance reste donc presque complètement en son pouvoir. La seule question qui puisse être soulevée sera celle de savoir à quelle loi il appartient de fixer le délai accordé pour la demande de payement. Les mêmes raisons qui ont fourni la solution lorsqu'il s'agissait du délai de présentation à acceptation peuvent être invoquées au cas actuel et commandent la même solution. C'est donc ici encore la loi qui a présidé à la formation du contrat qui devra être prise en considération.

Quant aux lettres à certain délai de vue, toutes les

lois de change admettent que le délai déterminé par
le tireur ne commencera à courir qu'à la date de
l'acceptation ou du protêt dressé à défaut d'acceptation. Dès ce moment ces lettres se convertissent donc
en lettres à jour fixe et déterminé.

Sur l'échéance de celles-ci des difficultés assez sérieuses se présentent. Il faut supposer un effet souscrit dans un Etat et payable dans un autre, où la computation du temps se fait suivant un autre calendrier.
La question fut posée devant la Cour de cassation
française en l'an XI, alors que le calendrier républi-
cain était encore en usage à Paris. Il fut jugé que
l'échéance se règlait d'après le calendrier en usage
dans le pays où la lettre devait être payée (127) Ce
système est aujourd'hui admis par la plus grande
majorité des auteurs (128). On se fonde pour le soutenir sur ce que l'échéance se référe à l'exécution ·du
contrat, et par suite doit en principe général être
soumise à la loi du lieu du payement. En vérité, c'est
là une allégation qui demande preuve. Sans doute les
questions d'échéance et celles d'exécution ont des
rapports impossibles à nier, par ce que tout se tient
dans une lettre de change. Mais à ce compte tout
aurait trait à l'exécution du contrat. Qu'on prenne
la nécessité de la présentation à acceptation, les
conséquences et les effets de cette présentation,

---

(127) Cass. 18 brumaire an XI. (S. 1. 1. 716).

(128) MERLIN, *quest. de droit.* v° protêt § 2.— MASSÉ, n° 628.— DALLOZ,
Rep. v° eff. de comm. Chap. II. Sect. 15 n° 887. — NOUGUIER, n° 280. —
ESPERSON n° 52.

voir même l'exigence et les effets d'une provision constituée ; est-ce que tout cela n'a pas pour objet de préparer et de faciliter l'exécution du contrat ? Dira-t-on cependant que dans tous ces cas la loi du lieu du payement va être souveraine ? — Evidemment non. Ce qui tombe sous l'empire de cette loi, ce sont les actes d'exécution en eux-mêmes ; c'est le *modus executionis* sous toutes ses formes qui doit seul être conforme aux exigences de la loi locale. Or la détermination du jour de l'échéance tient plus encore à la substance même du contrat qu'à son exécution. L'empire reconnu à la loi locale pour ce qui concerne l'exécution en elle-même, a pour fondement et raison d'être la présomption d'une volonté conforme des parties contractantes. On ne saurait donc ici sans inexactitude supposer que deux personnes, tireur et preneur intervenant à l'émission d'une lettre de change, pour en fixer l'échéance ont réglé cette échéance sur un calendrier autre que celui qu'elles connaissent et auquel elles sont accoutumées. Qu'on suppose une lettre émise en France, au profit d'un français, et payable en Russie où le calendrier Julien est encore en usage. Souscrit le 1ᵉʳ août l'effet est déclaré payable le 1ᵉʳ octobre. Arrivera-t-il souvent que deux français, en fixant cette date se réfèrent pour la computation du temps au système usité en Russie, et en déclarant, sans plus amples explications la traite payable le 1ᵉʳ octobre entendent qu'elle le sera 12 jours plus tard c'est-à-dire, le 12 octobre seulement (129).

(129) Qu'il nous soit permis de relever à ce sujet une légère erreur scientifique commise par M. Esperson. Il rappelle fort exactement, dans la

Voilà donc une présomption invoquée qui se trouverait en désaccord avec la majorité des faits. Il suffit de le constater pour être autorisé à la déclarer inacceptable. Ce qui précède est si vrai, que le législateur russe lui-même, afin d'éviter que la différence des calendriers fut pour les commerçants une source de surprises toujours fâcheuses a posé en principe dans l'art. 355 du code de commerce de l'empire que l'échéance de toute lettre provenant de l'étranger sera calculée suivant le calendrier grégorien et non selon le système Julien. En règle générale donc il faudra pour déterminer la date de l'échéance faire le calcul très simple qui permettra de déterminer sur un calendrier différent le jour correspondant à celui désigné dans un autre système de computation. Cette correspondance, il faut bien, de toute nécessité, l'éta-

note 5 du n° 52, la reforme opérée en 1582 par le pape Grégoire XIII, réforme qui consistait principalement à avancer de dix jours la date acquise à cette époque. Mais c'est sans doute sous le coup d'une étrange distraction et d'un oubli fort pardonnable que l'honorable auteur considère, aujourd'hui encore la date réelle comme antérieure à la nôtre des dix jours complémentaires de 1582. Les Russes et les autres peuples de l'Église grecque, qui en sont restés à la méthode julienne, ont sans interruption une année bissextile sur quatre. Or depuis le concile de Nicée en 325, point de départ commun, il y a eu douze années séculaires qui pour les motifs de la méthode grégorienne ne devaient pas être bissextiles. Il en résulte que les Russes ont compris dans les années antérieures à l'année présente, douze jours de plus que nous. En 1582, dix seulement de ces années séculaires avaient été rencontrées. Depuis cette époque il s'en est trouvé deux autres, de sorte que, pour chaque jour de l'année, leur date est aujourd'hui en arrière de douze jours et non de dix jours seulement, comme semble le croire M. Espersou qui a simplement omis de tenir compte d'un laps de bientôt trois cents ans.

blir lorsque le système de computation est absolument distinct par exemple le système musulman : pourquoi ne pas le faire de même lorsque les différences sont moins accentuées ? (130).

Une solution analogue doit être donnée pour les lettres à un certain délai de date. Pour établir le point de départ du délai, il faudra par un calcul fort simple déterminer quel est le jour du calendrier usité au lieu du payement qui correspond à celui indiqué suivant l'autre système. C'est de ce jour, date réelle et exacte que le délai aura dû commencer à courir. Soit une lettre émise en Russie le 1ᵉʳ octobre du calendrier Julien et payable à un mois de date. Le jour de l'échéance sera non pas le 1ᵉʳ novembre suivant du calendrier Grégorien, mais bien le 12 seulement, car le 1ᵉʳ octobre russe correspondait au 12 du même mois suivant le système Grégorien. L'ordonnance allemande a dans son article 34 consacré le système proposé.

« Si une lettre payable en Allemagne à délai de date
« a été tirée dans un pays où l'ancien calendrier est
« encore en vigueur, et s'il n'y est pas exprimé que
« la date doive être celle du nouveau : ou si elle est
« datée d'après les deux calendriers, le jour de l'é-
« chéance sera celui du nouveau calendrier corres-
« pondant avec l'ancien. »

(130) Les musulmans font commencer leur ère du jour ou Mahomet se dérobant au poignard des Koraïchites s'enfuit de la Mecque pour se réfugier à Médine. Ce fut suivant les historiens, le 16 juillet 622 après Jésus-Christ. La période annuelle est réglée sur la marche de la lune, de telle sorte que la durée d'une Lunaison constitue le mois. Le 1ᵉʳ jour de l'année musulmane, et par suite du mois de Moharrem qui la commence, correspond ainsi au 16 juillet de la nôtre.

Les mêmes principes serviront à fixer l'échéance d'une lettre tirée à une ou plusieurs usances de vue ou de date, alors que l'usance aura une valeur différente dans les deux Etats. C'est ici à la loi du lieu d'émission qu'il faudra recourir pour en déterminer la durée. Cependant, si les parties avaient déterminé l'échéance par l'indication d'une ou plusieurs usances alors que la loi du pays d'émission, ne reconnaissant pas l'usance, n'en détermine pas la valeur, force serait bien de recourir à la loi du lieu du payement. Ce ne serait d'ailleurs que se conformer à la volonté des parties qui ont bien nettement, dans ce cas, abandonné la loi du lieu d'émission.

Restent enfin les lettres payables en foire. Les divergences entre les législations peuvent ici encore donner lieu à conflit. Tandis que la plupart fixent l'échéance de ces lettres à la veille du jour indiqué pour la clôture de la foire (131), d'autres la reportent au dernier jour (132). Quelques-unes enfin, celles de l'Angleterre, des Etats-Unis, de la Suède et de la Norvége ne font pas mention de ce mode d'échéance. Tout ce qui a été dit relativement aux lettres tirées à une ou plusieurs usances est complètement applicable aux lettres payables en foire.

56. — Au jour de l'échéance, sans plus attendre, le porteur de l'effet a droit au payement. Mais pour

(131) C. comm. français art. 133. Code italien art. 219. — Ord. allem. art. 35,

(132) Code espagnol art. 446. — C. portugais art, 374.

l'obtenir, il doit le requérir lui-même en présentant la lettre à cette fin. Le payement n'est pas ici portable; c'est au créancier à venir le demander. La raison en est que le débiteur de la lettre ne sait pas généralement en quelles mains elle se trouve, par suite de la rapidité et de la multiplicité des endossements dont elle peut avoir été l'objet. Une maison commerciale, tant soit peu importante ne serait jamais en mesure d'effectuer ponctuellement les différents payements qui lui incombent chaque jour à tant d'endroits différents, s'il lui fallait les faire hors du siége de ses affaires. C'est là en effet que se trouvent les livres, la correspondance, et en général tout ce qui est nécessaire pour se rendre compte de l'exactitnde, du montant et des échéances de toutes les obligations souscrites. Aussi toutes les législations ont elles imposé au créancier par voie de change le devoir de présenter ou faire présenter la lettre au moment de l'échéance. Le vieil adage : « *Die interpellat pro homine* » n'a donc ici aucune valeur par cette bonne raison que si le créancier omet de réclamer son payement, et par là ne se fait pas connaître, le débiteur se trouve dans l'impossibilité de se libérer. Les conséquences du défaut de payement en temps utile doivent donc retomber, non pas sur le débiteur innocent, mais sur le porteur négligent. Car il est vrai de dire qu'en ce cas il y eu, non pas *mora solvendi*, mais bien plutôt *mora accipiendi*. Aussi les lois positives s'accordent-elles toutes à refuser tout recours, soit contre les endosseurs, soit contre le tireur lorsque la lettre impayée n'a pas été présentée à l'échéance.

Encore faut-il pour être valable que la demande de

payement ait été faite d'une façon régulière, quant au temps et quant au lieu.

En ce qui concerne le lieu où la présentation devra être faite, au cas par exemple où une maison de commerce ou de banque se trouve dans la même ville représentée par plusieurs personnes ou possède des succursales en différents quartiers, aucune difficulté sérieuse ne peut s'élever. En existerait-il que, pour les trancher, seule la loi locale aurait autorité.

Sur le point de savoir à quelle époque précise peut et doit être faite la présentation, il n'existe pas plus de doute. De fait, le porteur est astreint à observer les jours fériés légaux de la place où le payement doit s'effectuer. Il en est de même quant aux heures avant ou après lesquelles la journée civile ou commerciale n'est pas encore ou n'est plus considérée comme ouverte. Mais indépendamment de ces considérations toutes pratiques, il semble incontestable au point de vue théorique que la loi en vigueur au lieu du payement doit seule être reconnue compétente en toute question de ce genre. C'est la même loi qu'il faudra consulter pour savoir si le jour de l'échéance se trouvant être un jour férié le payement pourra être demandé la veille de ce jour ou le lendemain seulement. — Il est impossible de ne pas reconnaître que dans toutes ces questions il s'agit principalement de l'exécution de l'obligation et non plus de son essence.

57. — Une solution analogue doit être donnée lorsque, le payement n'ayant pas été fait sur présentation régulière de la lettre, le tiré prétendra à un certain délai, accordé par quelques législations, refusé

par d'autres et que l'on appelle jours de répit ou de grâce (133.) Le juge ne pourra prendre en considération ces jours de grâce qu'autant qu'ils sont admis et reconnus dans la place indiquée comme lieu du payement. Ces principes se retrouvent dans le fameux arrêt du 21 février 1871 de la cour suprême commerciale de Leipsig à propos des difficultés soulevées par l'application des lois moratoires françaises (134.) L'arrêt de la cour de cassation de Turin du 6 mars 1872 intervenu dans une cause analogue, reconnaît également en termes formels qu'au cas « où la lettre de « change est tirée sur un lieu ou sont concédés « quelques jours de grâce et d'attente, tous ceux qui « y ont apposé leur signature sont censés consentir « à attendre que l'acte de protèt ne soit fait qu'après « l'expiration de ce délai de grâce (135) ».

Ce système est aujourd'hui universellement admis en doctrine (136), et en jurisprudence (137).

58. — Enfin, il n'est pas sans intérêt d'observer que l'époque de l'échéance de la lettre, est pour le tireur,

(133) L'abolition des jours de grâce est prononcée par le Code de commerce français, article 135, le Code italien, article 221, l'ordonnance allemande, article 33. — En Angleterre et aux Etats-Unis, le débiteur a droit à trois jours de répit à compter de l'échéance. Lorsque le dernier jour du délai est un dimanche ou un jour férié légal, le payement est exigible la veille (Hœchster et Sacré, p. 531-532.)

(134) V., *J. dr. intern.* 1874, p. 185.

(135) *Annali*, I, 1, 107. — Dalloz, per., 72, 2, 1 et 5.

(136) Massé, n° 628. — Bar, § 85. Texte et note 25. — Esperson, n° 52. — Dalloz, Rép., v° eff. de comm., n° 890. — Nouguier, n° 280.

(137) V. arrêts précités. Ajouter. — Aix, 9 avril 1872 (D. p. 1872, 2, 202.) — Cour de Bruxelles, 29 avril 1872 (*J. dr. intern.* 1874, p. 210.)

le preneur et les endosseurs successifs qui l'ont acceptée sans modification, irrévocablement fixée lors de l'émission. Ils sont responsables du payement à cette échéance et non du payement à une époque postérieure. Si donc le tiré obtenait d'un endosseur la prorogation du jour du payement originaire, cette prorogation ne se trouverait valable que vis-à-vis des possesseurs ultérieurs de l'effet. Elle ne saurait en aucun cas modifier la situation des garants antérieurs. De quoi s'agit-il en effet ? Des conditions à l'accomplissement desquelles est attachée l'existence de l'obligation du tireur. Or ces conditions une fois fixées ne peuvent être changées par la seule volonté d'un tiers. Par suite la prorogation accordée à l'accepteur par un ou plusieurs endosseurs ne prolonge pas pour les autres le délai pendant lequel ils sont soumis au recours. Pour que ce recours s'exerce contre eux, il faudra donc que la lettre ait été présentée et protestée au jour de l'échéance fixée par elle-même. Or il sera impossible au porteur de remplir ces devoirs à cette époque. Car, cessionnaire médiat ou immédiat de l'endosseur qui a changé le jour du payement, il est tenu de respecter un engagement qui est devenu sien, lors de la transmission de l'effet à son profit : il perdra donc ainsi forcément le recours contre les garants précédant le prorogateur (138.)

Ces considérations trouvent application en droit international, lorsqu'au lieu de prorogation volontaire

---

(138) Cour suprême comm. de Leipsig, 4 Déc. 1876 (*J. dr. intern.* 1878, p. 184.)

on rencontre une prorogation forcée ; au cas par exemple
où en temps de crise politique ou de calamité publique un gouvernement est amené à prolonger les
échéances des effets de commerce. Cette prorogation
est opposable aux signataires, sujets de l'Etat dans
lequel a été rendue la loi moratoire, à laquelle ils se
trouvent ainsi soumis, et qu'ils ne peuvent éluder
parce qu'elle revêt un caractère d'ordre public contre
lequel viendraient s'échouer toutes les dispositions
contraires des volontés individuelles. Mais elle ne saurait être opposée aux étrangers qui peuvent toujours
argumenter de leur extranéité et du caractère strict
de la lettre de change quant à la garantie. Cette doctrine se trouve développée d'une façon extrêmement
nette dans l'arrêt du tribunal supérieur de Leipsig du
21 février 1871 (139). Elle constitue aujourd'hui un
principe incontesté du droit international privé. Aussi
lorsque, après les premiers engagements de la guerre
franco-allemande une proposition tendant à accorder
aux commerçants certains délais pour le paiement des
effets de commerce fut portée au Corps législatif
français, on dut écarter après vive discussion le système tendant à déclarer prorogées les échéances parce
qu'il fut reconnu qu'une mesure de cette sorte ne serait
pas opposable aux signataires étrangers. « Sans
« doute, MM., disait (140) dans la séance du 13 août
« 1870, M. Le Cesne, vous pouvez légiférer à votre aise
« pour la France, mais vous ne pouvez pas légiférer
« pour l'étranger ; et par cela même que vous aurez

(139) *V. J. dr. intern,,* 1874 p. 187.
(140) *J. officiel,* 14 août 1870.

« repoussé l'obligation du protêt, vous aurez fait
« disparaître le recours que nous pouvions exercer
« contre les endosseurs étrangers. Car les protêts
« n'ayant pas été faits dans les termes rigoureux in-
« diqués par la loi sous l'empire de laquelle ils se
« seraient engagés, ils sont par là même exonérés. On
« comprend que la loi nouvelle ne saurait être obli-
« gatoire pour eux. »

Dans la même séance, le président de la commission
M. Werlé, concluait dans le même sens, et, prévoyant
toutes les difficultés que pourrait soulever une loi
qui n'abandonnerait pas franchement le système de
la prorogation terminait par ces paroles presque pro-
phétiques :

« Si au contraire vous dites que les échéances sont
« prorogées, tous les tribunaux du monde vous diront:
« vous n'avez pas le droit de changer le contrat, et
« le recours n'est plus possible » (141).

---

(141) La loi du 13 août 1870 et les différentes mesures législatives qui
l'ont suivie ont suscité une vive agitation juridique à propos de leur application aux garants étrangers. Nous renvoyons à la quatrième section de ce
chapitre l'examen des difficultés soulevées. C'est seulement lorsque nous
traiterons des conditions du recours que nous pourrons aborder l'étude des
questions auxquelles les lois moratoires ont donné naissance.

SECTION III

DU PAYEMENT DE LA LETTRE

59. — Sur la présentation régulièrement faite à l'échéance, l'accepteur est tenu d'en effectuer le payement. En règle générale, tout ce qui concerne le *modus solutionis* se trouvera régi par la loi du lieu où le payement doit s'effectuer. C'est à cette législation que les parties sont censées s'en être rapportées pour la solution de toutes les difficultés qui pourraient s'élever à ce sujet.

Une application immédiate et facile du principe pourra être faite dans le cas où les contractants n'ayant pas indiqué dans quelle monnaie la lettre serait payable, des difficultés surgiraient relativement à cette monnaie. Il n'y a pas de doute, en effet, que le payement ne soit valablement effectué en espèces ayant cours légal au lieu où il est demandé.

La difficulté ne serait pas plus grande si le tireur et le preneur avaient, lors de l'émission, indiqué comme monnaie de payement des espèces ayant cours dans la place sur laquelle la lettre est tirée et y possédant même valeur qu'au lieu d'émission. Il est certain qu'en cette hypothèse le tiré ne pourrait fournir d'autres espèces que celles convenues ; car il n'aurait aucune raison valable pour modifier les conditions posées dans la Lettre.

60. — La question devient beaucoup plus délicate si

on suppose que la monnaie indiquée par le tireur a bien cours légal au lieu du payement, mais y représente une valeur différente de celle qu'elle a au lieu d'émission.

Une lettre est tirée d'Autriche sur Hollande pour 1000 florins, sans autre indication. La valeur du florin n'étant pas la même dans les deux places on peut se demander s'il s'agit dans la traite de florins autrichiens ou de florins hollandais. L'application de la présomption générale en matière de contrats permettrait au tiré de se libérer par le paiement de la valeur de 1000 florins hollandais quelle que soit d'ailleurs la différence de valeur entre le florin d'Autriche et le florin de Hollande. La promesse faite par lettre de change se rapporte naturellement, selon M. Massé (142) au lieu où la somme est payable, puisqu'elle équivaut à la cession faite au preneur ou au cessionnaire de la somme qui se trouve en ce lieu. Cependant M. Pardessus est d'une opinion contraire (143), la somme suivant lui doit être fixée suivant la valeur du florin au lieu où le contrat a été passé. — Cette solution nous semble également la plus exacte. Celle donnée, par M. Massé, est peut être plus conforme aux règles générales qui gouvernent en droit international l'exécution des contrats; mais la logique parfaite avec laquelle elle est déduite, ne suffit pas pour l'établir d'une façon irréfutable. Il ne faut pas oublier quelle est l'origine et quel est le fondement de ces règles générales posées en

(142) Massé, I, 610.
(143) Pardessus, n° 1492.

droit international pour l'interprétation et l'exécution des actes. Ce ne sont pas des principes abstraits, vrais en eux et par eux-mêmes, comme les lois mathématiques. Leur nature est toute autre. C'est l'observation des faits, c'est un examen attentif de l'intention et des dispositions des personnes contractant ensemble qui a amené à les formuler parce que les règles qu'ils posent ont été reconnues exactes dans la plupart des cas. Mais des dérogations sont possibles. Nous nous trouvons ici en une hypothèse qui s'y prête. La raison théorique donnée par M. Massé ne semble pas déterminante. Pour qui admet sa solution « deux lettres « tirées dans le même jour, dans le même lieu, par le « même individu à l'ordre du même preneur, énon- « çant la même somme, énonceraient des valeurs dif- « férentes parce que l'une serait payable en un lieu « et la seconde en un autre (144) ».

Voilà un résultat, à coup sûr, bien singulier ! ajoutons que dans l'hypothèse présente, c'est au lieu où la lettre a été créée qu'elle a été payée par le preneur, et cela sans doute en monnaie locale. L'interprétation la plus simple de l'engagement du tireur n'est-elle pas qu'il s'oblige à faire trouver pareille somme au lieu du payement. Conclusion nécessaire, c'est que le montant de cette somme sera déterminé d'après la valeur en florins autrichiens.

61. — Il arrivera souvent qu'une lettre provenant de l'étranger énoncera la somme à payer en une monnaie n'ayant pas cours légal ou commercial au lieu du

(144) ALAUZET, vol. III, n° 1395.

payement. Un effet payable en France sera ainsi conçu :

A. ... il vous plaira payer par cette seule de change à l'ordre de M... la somme de 500 thalers..., etc.

On devra alors réduire en francs le thaler allemand et cette réduction une fois faite, il n'y a aucun doute que le débiteur de la lettre puisse se libérer en monnaie française sans qu'il ait même aucun compte à tenir du taux du change au jour de l'échéance. L'indication du montant de la dette en thalers ne saurait être considéré comme suffisant à prouver la volonté du preneur d'être payé en espèces allemandes.

Mais il en serait autrement si l'effet portait cette mention particulière qu'il sera payable en telle monnaie déterminée, monnaie qui, par hypothèse n'aurait pas cours légal au lieu du payement. On peut se demander quelle sera dans ce cas l'obligation de l'accepteur. Sera-t-il tenu de se procurer la monnaie indiquée dans la lettre, quelque difficulté qu'il puisse rencontrer à cet égard? Lui suffira-t-il, au contraire, d'ajouter à la somme payée en monnaie courante l'équivalent de la valeur du change au moment de l'échéance? La solution de la question devra ici être cherchée dans la loi du lieu du paiement (145). Quand cette législation contiendra une disposition analogue à l'article 143 du Code de commerce français (146), le

___

(145) Massé, n° 610 et suiv. — Esperson, n° 54.

(146) Malgré sa disposition si nette et si précise, l'article 143 est cepen-

tiré accepteur ne pourra se contenter de fournir l'équivalent de la valeur du change. Aucune autre monnaie
ne pourra être subrogée à celle indiquée dans la lettre.
Lors au contraire que la même loi autorisera l'usage
de la monnaie du pays le possesseur se verra contraint
à recevoir un tel payement sauf à se faire tenir compte
de la valeur du change (147.) Au surplus il faut

dant devenu l'objet d'une controverse entre les commentateurs du Code de
commerce.

Les uns pensent que l'accepteur pourra payer en monnaie française
représentant au cours la somme indiquée en espèces étrangères. La Cour
d'Aix, 23 novembre 1871 (S. 72, 2, 161), a été plus loin en faisant signifier à cet article que le porteur d'une lettre de change payable en France, a
le droit d'exiger son paiement en monnaie française ayant cours légal,
c'est-à-dire qu'elle réduit l'article à une insignifiance absolue.

Sans entrer plus avant dans la controverse, nous devons déclarer qu'à
notre sens c'est la monnaie étrangère promise qui seule doit être payée.
L'article 143 est en correlation intime avec l'article 1243 du Code civil. La
convention des parties est la loi qu'il faut suivre.

Il ne faut pas oublier toutefois, ainsi que le fait remarquer M. Rivière,
(Repet. écrites, p. 404, note 1), qu'en cas de refus du tiré, le porteur sera
obligé d'obtenir contre lui une condamnation qui ne pourra être liquidée
qu'en une quantité équivalente de monnaie française. Mais la solution que
nous proposons n'en sortira pas moins ses effets parce que l'accepteur,
pour inobservation du contrat, pourra se voir condamner à des dommages-
intérèts.

Sic. PARDESSUS, I, 204. — VINCENS, chap. VI, n° 11. — RIVIÈRE, *op. cit.*
— NOUGUIER, I, p. 490 et suiv. — BOISTEL, *Précis de Dr. comm.*,
p. 532.

Contrà: BEDARRIDE, n° 384. — Aix, 23 nov. 1871 (S. 72, 2, 161).

(147) On peut se demander, en se plaçant à un point de vue tout à fait
général et abstrait, jusqu'à quel point un législateur réglant le *modum
solutionis* des lettres de provenance étrangère peut exercer ce droit de
façon à déroger à la loi du contrat. — D'une part il est impossible de ne
pas reconnaître que le payement en telle monnaie plutôt qu'en telle autre,

ajouter que c'est encore la loi du pays d'exécution qui seule déterminera le lieu et l'époque suivant lesquels

constitue une des conditions même de la lettre de change, condition admise par le tiré lors de son acceptation et que sa seule volonté doit être désormais impuissante à effacer. Il est également vrai que dans la plupart des cas on pourra reprocher au tiré de ne s'être pas procuré à temps la monnaie indiquée par le tireur. Cet argument offrira une importance indéniable dans l'hypothèse d'une lettre qui a dû être présentée à acceptation avant l'échéance. Il est certain que dans ce cas, le débiteur se sentant dans l'impossibilité de fournir les espèces indiquées, pouvait se dégager de toute responsabilité envers le porteur en refusant son acceptation. — Mais d'autre part, il ne faut pas oublier que, si les conventions légalement formées doivent avoir force de loi entre les parties, il n'en est pas moins vrai que quelle que soit la teneur du contrat, le débiteur se trouvera souvent dans l'impossibilité de fournir les espèces indiquées et sera couvert par le vieil adage. « *Impossibilium nulla obligatio* ». Cette situation sera la sienne dans nombre de cas. Elle se produira toutes les fois que l'effet se trouvera payable sans qu'aucune présentation soit nécessaire. C'est déjà là un grave argument en faveur des lois qui autorisent la conversion des monnaies étrangères en monnaies nationales. Mais il est une autre considération absolument décisive, à notre sens : C'est que le manquement à la loi du contrat autorisé dans un Etat, est commandé par des nécessités d'intérêt public dans cet Etat, qui peut et doit incontestablement assurer avec un soin jaloux la facilité du cours aux monnaies nationales. Il faut observer enfin que le payement de la valeur du change au moment de l'échéance enlèvera tout sujet de plainte raisonnable au possesseur de l'effet, qui se trouvera ainsi mis en situation de se procurer sans aucun frais la monnaie étrangère dont il aura besoin. L'autorisation accordée par diverses législations de se libérer en monnaie nationale moyennant le payement des frais de change nous paraît donc parfaitement légitime. Mais nous avouons toutefois que notre préférence reste acquise au système consacré par l'ordonnance allemande, système mixte, consistant à permettre au débiteur de se libérer en monnaie nationale, sauf au cas où le tireur réserve d'une façon absolument formelle le payement en espèces étrangères.

Allg. Wechselordunng, article 37.

« Lorsque la lettre porte le payement en monnaie étrangère ou de conven-
« tion, ce payement peut être fait dans la monnaie du pays d'après sa
« valeur, lors de l'échéance, à moins d'indication spéciale par le mot
« *effectif* ou autre mot équivalent ».

devra être calculé le taux du change. Par suite pour un effet payable en Angleterre ou aux Etats-Unis le taux sera celui du jour de l'émission, parce que la loi de ces deux pays en dispose ainsi. Pour une lettre payable en Russie au contraire, on calculera le change au jour de l'échéance ou bien au lendemain si cette échéance ne tombe pas un jour de bourse, cela conformément à l'article 364, 2° et 3° du Code de commerce russe (148.)

62. — Les différentes questions examinées dans les numéros précédents supposent nécessairement qu'une mention spéciale enjoint au tiré d'effectuer le payement en espèces étrangères. Quand aucune mention de ce genre n'existe dans sa traite, ou quand la monnaie désignée à cours légal au lieu du payement, nous avons dit précédemment qu'en général aucune difficulté ne surgirait relativement à l'exécution du contrat. Il faut excepter toutefois certaines hypothèses pour lesquelles une étude particulière est absolument nécessaire.

Il arrive malheureusement trop souvent, que par suite de calamités publiques ou du mauvais état des finances un gouvernement se voit forcé de donner à une monnaie métallique une valeur légale supérieure à sa valeur réelle, ou sans recourir à cette mesure extrême, décrète le cours forcé de titres fiduciaires tels que bons sur l'Etat, billets de banque ou autres institutions de crédit. Il est incontestable qu'en pareille circonstance le créancier soumis en raison de

(148) Hœchster et Sacré, p. 548, 550, 551.

sa nationalité aux lois de l'Etat en question ne pourrait se refuser à recevoir pour leur valeur nominale
ces monnaies dépréciées ou ces titres sans valeur.
Mais en sera-t-il de même lorsqu'il appartiendra à une
nationalité étrangère? Pour donner une solution
exacte à cette question il faut distinguer deux hypothèses bien différentes.

On peut supposer tout d'abord que l'effet présenté
par le porteur étranger ne contient aucune désignation de monnaie en laquelle doive être effectuée le
payement. Dans ce cas toute monnaie ayant cours
légal au lieu du payement devra être reçue par le
porteur pour sa valeur nominale, quelle que soit
d'ailleurs la dépréciation qu'elle ait pu subir sur le mar-
ché. Il reste, comme ses auteurs, soumis à la législation du lieu d'exécution pour tout ce qui concerne le
modus solutionis de l'obligation. En fait d'ailleurs,
le payement en monnaie dépréciée le mettra rarement
en perte. Car il est évident que dans une lettre tirée
sur un pays traversant une crise monétaire, il a du
être tenu compte de la différence existant entre la
valeur réelle et la valeur légale des monnaies, et que
la somme à payer par le tiré aura été le plus souvent
majorée d'autant. En fut-il même autrement et l'émission eut-elle eu lieu avant que la crise monétaire se
fut déclarée qu'il faudrait encore décider de même.
Il est vrai que dans ce cas le créancier se trouve lésé
dans ses intérêts puisqu'en fait il reçoit moins qu'il
n'aurait dû recevoir; mais ce fait doit-il être imputé au
débiteur? Ne doit il pas être considéré comme un de
ces nombreux cas fortuits, une de ces éventualités
toujours à craindre, qui peuvent enlever au commer-

çant tout le profit qu'il espérait d'une affaire ? Assurément c'est là son véritable caractère. Cela est si vrai
que si, renversant la situation, on suppose que le
montant d'une lettre souscrite pendant la durée d'une
crise ayant été majoré en raison de la dépréciation des
valeurs, la crise vienne à cesser avant l'échéance, personne à coup sûr ne refusera au porteur le bénéfice
résultant pour lui de cet événement. Qu'en conclure,
sinon que ce gain est considéré comme dû à un pur
cas fortuit. Traitera-t-on autrement la perte résultant
de circonstances identiques (149)?

Cependant cette solution est vivement combattue
par M. Pardessus (150). Le créancier étranger, dit-il a

(149) Fiore, n° 300. — Esperson n° 60. — Cour d'appel de Milan 11
mars 1872 (*annali* 72-2-476).

« Attendu que la loi du lieu du contrat peut bien exercer son influence
« quant aux questions relatives á l'essence, la validité, l'interprétation de
« ce contrat; mais que quant aux modalités accidentelles de son accomplisse-
« ment, quand elles n'ont pas été régies par la volonté expresse des parties
« il convient de se reporter à la loi du lieu où le contrat va recevoir son
« exécution.

« Attendu qu'en conséquence de ce principe, l'article 228 du C. de Comm.
« prescrit bien qu'il faut pour le payement de la lettre adopter la monnaie
« expressément indiquée en suppléant à défaut de cette monnaie etc.....

« Mais que la même obligation n'est pas imposée pour les lettres où
« manque cette indication expresse, qu'en ce cas le payement peut être
« fait dans la monnaie du lieu au cours légal.

« Attendu que les indications qui se rencontrent dans la lettre ne sont
« pas suffisantes pour faire admettre que la volonté des parties a été de se
« référer etc..... ».

La Cour décide que le payement de la lettre a pu être valablement
offert en papier monnaie pour sa valeur nominale.

(150) Pardessus, n° 1465 bis.

entendu recevoir un certain nombre de pièces métalliques contenant une quantité donnée d'argent et
d'alliage. Son calcul s'est basé sur la monnaie qui
existait au jour de la convention. Si depuis lors une
crise monétaire a éclaté, il ne peut être tenu de s'en
rapporter au gouvernement et de croire que par un
ordre de ce gouvernement, une feuille de papier im-
primé, sur lequel il est écrit :

> Bon pour. . . . . .

ait réellement cette valeur. En conséquence il devra
être admis à recourir contre ses cédants, tout comme
s'il n'avait reçu qu'un payement partiel.

M. Massé (151) part du même principe que M. Pardessus pour aboutir à une solution analogue, quoique
non identique. Et d'abord, il admet d'une façon générale le droit du porteur à la différence entre la valeur
nominale et la valeur effective. Peu importe à cet égard
que l'émission de l'effet soit antérieure ou postérieure
à la crise. Mais pour recouvrer cette différence, ce
n'est pas un recours en garantie contre ses cédants,
qu'il reconnaît au porteur c'est une action directe
contre l'accepteur lui-même. « Sans doute, il ne pourra
« dans le pays où est fait le payement contraindre le
« débiteur à lui payer la différence si la loi du pays
« s'y oppose ; mais ce débiteur qui ne se sera pas libéré
« complètement pourra être cité par le créancier
« étranger devant les juges de celui-ci, y être valable-
« ment condamné à parfaire le payement et voir le
« jugement exécuté sur tous ceux de ses biens qui se

(151) n° 611,

« trouveront en pays étranger à la disposition de son
« créancier. »

Ces deux solutions nous paraissent également inad-
missibles. Elles se fondent principalement sur des
considérations d'équité plutôt que sur des principes
juridiques. On oublie que le porteur de l'effet comme
tous ses garants, s'est soumis pour tout ce qui concerne le mode d'effectuer le payement à la loi de la
place sur laquelle la lettre est tirée. M. Pardessus favo-
rise le porteur au détriment des possesseurs antérieurs
sur lesquels il fait retomber sans raison apparente le
dommage causé par un pur cas fortuit, dommage qui
ne peut et ne doit être supporté que par le possesseur
actuel. M. Massé maltraite sans motif le débiteur de
la traite, qui, ayant accepté alors qu'aucune restriction n'était faite quant à la monnaie de payement, n'a
contracté d'autre engagement envers le porteur que
celui de solder la lettre en une monnaie à son choix
ayant cours légal sur la place au jour de l'échéance.
Enfin tous deux aboutissent à ce résultat que, contrairement aux principes fondamentaux du droit international, une obligation va être considérée comme
légalement éteinte dans un Etat et subsistante dans
un autre. « Le passage de la frontière, écrit M. Esper-
« son, va donc avoir ce pouvoir magique de donner
« une vie nouvelle à une obligation déjà éteinte. »
Est-il une solution moins conforme à la sécurité que
réclament les relations commerciales entre les divers
pays (152).

(152) M. Esperson présente ces dernières considérations d'une façon véri-

63. — Nous concluons donc à la validité complète d'un payement effectué en papier monnaie même entre les mains d'un créancier étranger. Pour éviter cet inconvénient, le preneur lors de l'émission aura généralement soin de stipuler que le payement ne pourra être fait qu'en or ou en toute autre monnaie métallique.

Dans cette hypothèse, la manifestation intentionnelle de la volonté des contractants vient compliquer encore la difficulté et augmenter les incertitudes. Une volonté parfaitement légitime et nettement exprimée va-t-elle demeurer absolument sans aucun effet? Le preneur d'une lettre dans laquelle le payement en métal forme une des conditions essentielles se verra-t-il contraint à recevoir au lieu de monnaie sonnante des billets sans valeur ou dépréciés? La précaution

tablement nette et saisissante. Voici le texte italien que je me garde de traduire afin de lui conserver toute sa clarté et toute son originalité.

Con qual diritto adunque potra il medesimo rivolgersi ai tribunali del suo paese per ottenere il rimborso fra il valore reale ed il valore nominale della moneta cartacea da lui ricevuta in pagamento ? Avra forse il mutamento de confine la potenza magica di dar nuova vita ad una obbligazione già ostinta ? L'efficacia di un atto non e ristretta al territorio del paese in cui esso segue ; deve invece esser lecito d'invocarla ovunque, purche non si rechi offesa al gius publico degli altri stati. Cio appunto avviene per quella commuuione di diritto che come già si disse, esiste tra les nazioni ; la quale communione imperiosamente esige, che quando una obbligazione e considerata legalmente esistente, oppure legalmente estinta in uno stato, debba come tale esser riguardata per ogni dove. Tale coza e richiesta anche dal reciproco interesse degli stati, perocche sarebbe men che conforme alla sicurezza delle relazioni commerciali fra individui di diversa nazionalita il systema di doversi una obbligazione considerare ora esistente ed ora estinta secondo che ne venga chiesto l'adempimento piuttosto in un paese che in un altro.

ainsi prise par le tireur est-elle donc frappée d'une inutilité d'avance certaine ? Ces questions se sont posées fréquemment devant les Cours de justice de tous les pays ; elles y ont donné naissance aux plus vives controverses. D'un côté, il semble bien difficile de prononcer l'annulation d'une convention parfaitement licite, de supprimer en fait une clause essentielle d'un contrat en maintenant les autres ? Qu'ont fait en effet les contractants lors de l'émission ? Ils ont déterminé en quelles espèces le créancier entendait recevoir son payement. A coup sûr cette stipulation eut été considérée comme parfaitement licite, et cela sans aucune contestation, si, étant admises comme seules monnaies légales les espèces d'or et d'argent, il avait été convenu que le payement serait effectué en monnaie d'argent à l'exception de la monnaie d'or ou réciproquement. Il y a au jour de l'échéance trois monnaies de payement : le papier, l'or et l'argent. Qu'importe ? La loi qui a établi le cours forcé veut que la première soit absolument assimilée aux deux autres et tenue comme elles comme monnaie courante. Mais précisément, pour que cette assimilation soit complète, il faut les mettre sur le même pied. Or, songerait-on à annuler la clause portant qu'un effet de commerce sera payable en billets ou autres titres fiduciaires ? Assurément non. Eh bien ! renversez l'hypothèse, dit-on, et en vertu même de cette équivalence parfaite que le cours forcé a pour but d'établir, il vous faudra bien admettre la même solution.

N'en déplaise aux partisans d'un système qui a pour lui la faveur qui s'attache à tout ce qui garantit la liberté des conventions, nous croyons les considérations qu'ils invoquent plus spécieuses que topiques au point de vue juridique. Si rigoureuse que puisse paraître notre solution, nous reconnaissons au débiteur le droit de se libérer en papier monnaie, quelle qu'ait été, d'ailleurs, l'époque de l'émission, antérieure ou postérieure au commencement de la crise monétaire. La stipulation d'un payement en or est, assure-t-on, parfaitement licite, tout comme celle qui serait faite d'un payement en billets. Nous y contredisons. Cette stipulation n'est pas licite au regard de l'Etat qui a décrété le cours forcé de titres fiduciaires. La loi qui a établi ce cours forcé n'a eu d'autre but que de parer à l'insuffisance momentanée du numéraire, et de telles stipulations tendant à augmenter les inconvénients de cette insuffisance aboutiraient indirectement à neutraliser les effets salutaires de cette loi. Or il n'y a jamais de droit acquis contre l'intérêt général et l'ordre public, et quelle que soit la faveur attachée à la liberté des conventions, cette liberté doit fléchir devant les nécessités introduites par une loi pour conjurer les dangers d'une crise financière. Nous n'hésitons donc pas à reconnaître que malgré la précaution prise par les parties, le payement sera valablement offert en papier monnaie. Le créancier se verra tenu, non-seulement à recevoir en qualité de monnaie les papiers de crédit, mais encore à les recevoir pour la valeur que le législateur leur imprime, à les accepter comme équivalents à la somme de monnaie métallique dont ils portent le titre (153).

(153) *Sic:* Aix, 23 nov. 1871, (S. 72, 2, 161). — Cass., 11 février 1873, (S. 73, 1, 97).

Est-ce à dire cependant qu'il n'y ait pour le créancier aucun moyen de se garantir de la perte que pourrait lui causer la survenance d'une crise monétaire dans le pays où il doit recevoir son paiement? Les parties, par une clause spéciale, ne pourront-elles valablement convenir qu'il sera tenu compte de l'agio c'est-à-dire de la différence qui existera entre la valeur des billets et celle des espèces métalliques? La question s'est pré-

Cour de Cass. de Palerme, 21 déc. 1872. (*Circolo Giurid*, III, 329).
Même Cour, 19 février 1875, (id., VI, 17).
Cass. Naples, 18 oct. 1873. (*Monitore*, 1873, p. 1165).
Cass. Florence, 10 déc. 1874. (*Monitore*, 1875, p. 155).
Cass. Naples, 2 mai 1876. (*Monitore*, 1876, p. 760).
Cour d'appel de Milan, 11 mai 1872. (*Annali*, 72, 2, 476).

Sur ce dernier arrêt de la Cour de Milan, rapporté déjà au numéro précédent, une courte observation est nécessaire. La Cour ne se borne pas à décider que le créancier d'une somme ne peut se refuser à recevoir la monnaie de papier en cours au lieu du payement. Un de ses considérants porte que l'indication se rencontrant dans la Lettre de « *francs payables en or* » « n'est pas suffisante pour faire admettre que la volonté des parties a été « de se référer à une espèce de monnaie autre que celle ayant cours dans « le royaume..... pas assez exclusive pour ne pas permettre la subroga- « tion de la monnaie exceptionnelle ».

Il se peut, et nous l'avons reconnu nous-mêmes, que cette subrogation soit admissible. Mais il nous semble que cette stipulation de *francs payables en or* nous place bien dans l'hypothèse d'une convention parti-culière quant à la monnaie de payement. Que cette convention ne sorte pas ses effets : nous n'y contredisons pas. Mais que les termes employés n'en soient pas une preuve suffisante, c'est ce qui nous semble inexact. — En résumé, l'arrêt est, à notre sens, bien rendu au fonds. Mais c'est se montrer bien difficile que se refuser à voir dans cette énonciation, *francs payables en or*, l'intention formelle du créancier d'exclure le payement en papier.

Contra : en matière de prêt.

Douai, 8 mars 1872. (S. 72, 2, 161).
Cour d'appel de Palerme, 16 avril 1870.
(*Circolo Giuridico*, 1870, p. 170).

sentée fréquemment dans ces dernières années devant les Cours italiennes (154) par suite du décret-loi du 1ᵉʳ mars 1866 établissant en Italie le cours forcé des billets de la Banque nationale (155). En général la nullité de la convention a été prononcée (156). Les arrêts sont fondés sur cette considération que la loi peut donner à un papier de crédit une valeur obligatoire équivalente à celle des espèces qui ont cours légal; qu'une telle loi est incontestablement d'ordre public; qu'en conséquence toute convention tendant à établir entre la monnaie fiduciaire et la monnaie métallique une différence de valeur doit être considérée comme non avenue. Malgré l'autorité des motifs invoqués, il semble bien difficile de souscrire à une telle solution. Le législateur peut bien fixer souverainement ce qui

(154) Il y a, en Italie, cinq Cours suprêmes ou de cassation. Elles siégent à Rome, Naples, Turin, Palerme et Florence. La Cour de Turin seule n'a pas eu à se prononcer sur la question présente.

(155) La question ne peut plus aujourd'hui être soulevée en Italie au moins en ce qui concerne les lettres de change. L'article 18 d'une loi en date du 30 avril 1874 permet par exception de stipuler le payement en espèces des lettres de change et de quelques autres dettes commerciales.

(156) Cassat., Palerme, 19 février 1875.

   (Circolo Giur., VI, 17).

Cassat., Naples, 18 octobre 1873.

   (Monitore, 1873, p. 1165).

Cour d'appel de Venise, 23 septembre 1874.

   (Monitore, 1864, p. 1018).

Cassat., Florence, 10 décembre 1874.

   (Monitore, 1875, p. 155).

Cassat., Rome, 8 août 1876.

   (Monitore, 1876, p. 909).

est monnaie, ce qui circulera comme monnaie; mais, comme le fait observer fort exactement M. Labbé (157), les parties restent libres de déterminer souverainement le montant de leurs obligations, et peuvent en faire varier l'étendue selon l'espèce de monnaie qui sera employée à leur paiement. Annuler la convention de tenir compte de l'agio, c'est blesser l'équité en modifiant le contrat; c'est méconnaître les besoins du commerce, et, au point de vue même de l'intérêt public, c'est dépasser le but de la loi sur le cours forcé, c'est compliquer la crise monétaire d'une altération dans la valeur des choses. « Si les parties, dit M. Labbé,
« ne peuvent pas fixer comme objet de leur dette une
« somme différente en or ou en papier, tous les prix
« seront fixés comme s'ils devaient être payés en pa-
« pier, augmentée d'après la dépréciation que subit
« ce papier. Bien candide serait alors celui qui paierait
« en or ou en argent! Une mesure destinée à pallier la
« la gêne résultant de la rareté des espèces métalliques
« aurait, ainsi entendue, l'effet de les exclure complé-
« tement des rapports des particuliers entre eux.

« Au contraire, admettez avec nous que les particu-
« liers peuvent, dans l'exécution de leurs engage-
« ments et en vertu de conventions formelles, tenir
« compte de la différence du cours entre les mon-
« naies; celui qui a de la monnaie d'or ou d'argent la

(157) Notes sur l'arrêt de cass. du 11 février 1873 (*S.* 73, 1, 97).

Voir sur ces diverses questions :

Daniel DE FOLLEVILLE (*Revue pratique*, 1871. p 426).

BOISSONADE (*Revue de législation française et étrangère*, 1872, p. 558).

« montre et l'emploie, car il y trouve avantage ; la
« monnaie métallïque continue à circuler et conserve
« sa valeur propre. »

En présence de ces considérations, dont la justesse
au point de vue économique semble indiscutable que
devient, cette prétendue nécessité d'intérêt public qui
seule empêchait de laisser à la volonté des contractants produire ses pleins effets ? Elle disparaît à coup
sûr ; et dès lors il ne reste plus que la liberté. Restreindre à cet égard cette liberté des parties serait une
maladresse politique et une faute au point de vue du
régime financier de l'Etat. La restreindre en se fondant
sur ce principe d'ordre public que toutes les monnaies
soit métalliques, soit fiduciaires, sont obligatoirement
équivalentes, serait un non-sens et une absurdité.
Car on n'a jamais considéré comme illicite la convention de tenir compte de la différence du change entre
l'argent et l'or pour le cas où un payement stipulé en
or serait effectué en argent, ces deux métaux constituant en temps régulier les seules monnaies légales.
On ne réprouverait pas, croyons-nous, la clause par
laquelle le payement d'une dette serait déclaré majoré
d'une certaine quantité, si ce payement n'était pas
fait en billets. Enfin il paraitraît sans doute bien difficile d'annuler la convention, en vertu de laquelle un
créancier ferait à son débiteur remise d'une somme
équivalente à la valeur du change s'il se libérait en
or ou en argent ! Mais que fait-on alors du principe de
l'équivalence de toutes les monnaies. Force est bien
de l'abandonner si on ne veut arriver à des impossi-
bilités, et mieux, à des inconséquences. Un Etat en
établissant le cours forcé de titres fiduciaires peut bien

régler souverainement le *modus solutionis* des dettes payables sur son territoire ; mais il ne peut empêcher les contractants, quels qu'ils soient, de déterminer librement le montant de leurs obligations et de le faire varier suivant le genre de payement adopté par le débiteur.

64. — Nous avons supposé jusqu'à présent que le payement était offert et effectué par le tiré lui-même. C'est le cas le plus ordinaire, la situation normale. Il faut cependant prévoir l'hypothèse inverse dans laquelle le tiré ne pourra ou ne voudra faire honneur à la traite. Le porteur s'adressera à ses garants en leur réclamant payement. Alors se présenteront relativement à la monnaie des questions analogues à celles qui ont été examinées précédemment. Les mêmes solutions ne pourront toutefois être admises.

Il ne faut pas perdre de vue que le payement auquel le porteur a un droit absolu, c'est celui qui aurait été valablement effectué en la place sur laquelle la lettre était tirée. Ce qu'il aurait reçu en ce lieu devra lui être fourni par ses garants. Il ne devra en aucune façon souffrir de ce fait que le tiré n'a pu ou voulu payer ; la garantie de ses cédants le décharge des conséquences quelles qu'elles soient de ce refus. Spécialement en ce qui concerne la monnaie dans laquelle le garant actionné pourra se libérer de son obligation, la situation sera complètement assimilable à celle qui se présente dans le cas spécial où une clause particulière prescrit le payement en espèces étrangères. Le porteur en recevant la lettre a entendu être payé au lieu sur lequel elle était émise et en espèces y ayant cours. Son cédant lui a garanti ce payement dans ces conditions, par conséquent s'est engagé à l'effectuer lui-même au défaut du tiré. La même convention donnant lieu à la même garantie est intervenue successivement entre tous les possesseurs de l'effet, et leur cédant immédiat en remontant jusqu'au tireur. Tous les garants, endosseurs et tireur ont donc implicitement promis pour le cas où ils seraient actionnés en garantie un payement en espèces étrangères et ces espèces sont celles ayant cours sur la place dans laquelle l'effet était payable. Force est donc de se reporter à la solution admise précédemment dans cette hypothèse. L'appliquant au cas présent, on est amené à formuler les règles suivantes.

1° — Le garant actionné aura en tous cas le droit de se libérer en monnaie ayant cours au lieu sur lequel la lettre avait été tirée. Par suite le papier monnaie, avait-il cours forcé sur cette place, il pourra valablement effectuer son payement en cette monnaie. Toute réclamation faite à ce sujet par le créancier devrait être écartée comme mal fondée parce qu'un semblable payement le place exactement dans la même situation que si les choses avaient suivi leur cours normal.

2° — Le tireur ou l'endosseur appelé en garantie sera tenu *absolument* à se libérer en les espèces étrangères promises quand la loi du pays dans lequel il doit payer contiendra une disposition conforme.

3° — Il pourra au contraire payer en espèces ayant cours dans son propre pays sauf à tenir compte au porteur de la valeur du change entre elles et celles en usage chez le tiré lorsque la même loi autorisera dans ces conditions, la subrogation de la monnaie locale à la monnaie étrangère. Les droits du porteur même en ce cas se trouveront entiers et complètement garantis, puisque le payement de la valeur du change l'aura mis dans la possibilité de se procurer sans bourse délier, la monnaie qu'il aurait reçue au lieu indiqué à l'origine pour le payement (158).

65. — Indépendamment des questions relatives à la monnaie, le payement d'une lettre de change soulevera encore en droit international d'autres difficultés. Souvent il arrivera que le tiré, ne reconnaissant pas comme montant de sa dette la somme totale portée sur la Lettre, ne pourra ou ne voudra effectuer qu'un payement partiel. En matière civile un créancier pourrait incontestablement refuser une telle offre : Toutes les législations s'accordent en effet à reconnaître ce principe tiré du droit romain, que le payement même d'une obligation divisible doit être intégral et que le créancier peut se refuser à le recevoir fractionné par parties sans encourir la conséquence de la *mora accipiendi*. En matière de lettre de change il n'en est plus ainsi. Tandis que les législations française et italienne n'autorisent pas le débi-

(158) Par application de cette dernière solution il arrivera en fait, que le porteur de l'effet pourra se voir contraint à recevoir des billets de banque au lieu de monnaie métallique quand le cours forcé de ces titres sera établi au domicile du garant actionné. Mais même en ce cas ses droits ne seront pas compromis puisqu'il devra lui être tenu compte de la valeur du change entre cette monnaie et la monnaie étrangère. M. Esperson n'admet pas la solution proposée au texte dans le 3º ; il applique avec la plus grande rigueur ce principe que le porteur de l'effet ne saurait être tenu de recevoir autre chose que ce qu'il aurait reçu au lieu du payement.(V. p. 106 note 20).

teur à imposer au porteur un payement fractionné. La loi de change allemande décide formellement dans son art. 38 que « Le porteur ne peut refuser le paye-« ment partiel d'une lettre de change qui lui est offert, « lors même que l'acceptation aurait été donnée pour « le payement intégral », étant réservé le droit de faire protêt pour le surplus· Quels seront alors les droits du porteur quand un effet émis en France ou en Italie se trouvera payable en Allemagne où un payement partiel sera offert. Pourra-t-il argumenter de la loi du pays d'émission, présenter le payement intégral comme une des conditions du contrat et recourir contre ses garants pour la totalité de la somme ? Une telle solution ne saurait être admise. En effet, il n'y pas de doute que la question de savoir si un payement partiel peut ou non être refusé par le créancier se rattache de la façon la plus intime au *modus solutionis* de l'obligation, puisqu'il s'agit précisément de déterminer comment doit être payée la somme convenue. Dès lors ce n'est plus la loi du lieu d'émission qu'il faudra consulter, mais celle du lieu d'exécution. Dans l'hypothèse prévue, le porteur, quel qu'il soit, se trouvera donc soumis à l'article 38 de l'ordonnance allemande et par conséquent contraint à recevoir un payement partiel, sauf à dresser protêt et recourir contre ses garants pour le surplus. Une autre solution ne serait possible qu'autant qu'une clause contraire et expresse aurait été insérée dans la Lettre.

SECTION IV

DES RECOURS.

66. — En vertu d'une règle fondamentale qui se retrouve dans toutes les législations commerciales, toute personne ayant transmis à une autre une Lettre qu'elle avait elle-même reçue ou souscrite, demeure, malgré la cession faite, obligée envers son cessionnaire, tant que la Lettre n'a pas été payée par le débiteur principal. Endosseur ou tireur, tout cédant quel qu'il soit, n'a reçu le prix de la Lettre qu'en s'engageant tacitement à restituer les deniers à défaut de payement au jour de l'échéance. De là naît pour le porteur impayé un droit de recours contre ses cédants qui sont en même temps ses garants. Mais, comme au cas de refus d'acceptation, encore faudra-t-il pour pouvoir agir contre ses auteurs, que le possesseur de l'effet ait fait toutes les diligences nécessaires pour obtenir le payement et en formuler preuve suffisante. Cette preuve, il la trouvera dans un acte de protêt dressé à sa requête par un officier public compétent, dans un délai généralement fort court. C'est seulement lorsqu'il aura satisfait complètement à ces exigences que le créancier pourra agir efficacement contre ses garants.

L'exercice de ces recours se place ainsi dans la dernière période de l'existence d'une Lettre de Change.

67. — Les difficultés inhérentes à l'exercice du

— —

droit de recours et de garantie en droit international,
peuvent se rattacher :

1° A la nature même de ce droit :
2° Aux conditions requises pour son exercice ;
3° A son objet, son étendue.

§ I.

Nature du droit de Recours (159).

68. En ce qui concerne la nature du droit de
recours, la seule question qui pourrait se poser, est
celle de savoir si le porteur d'un effet protesté,
possède une action solidaire et collective contre les
endosseurs et le tireur ou s'il est tenu d'agir séparé-
ment contre chacun d'eux. — Lorsque les législations
du lieu du contrat et du lieu du payement sont conformes, soit pour accorder au porteur l'action solidaire, soit pour la lui refuser, la situation est nette.

(159) C'est aujourd'hui une règle fondamentale en matière de change que
tous les souscripteurs d'une Lettre sont *ipso jure* solidairement responsables
envers le porteur. Par suite celui-ci a le droit d'agir soit collectivement
contre tous, soit individuellement contre chacun des coobligés pour obtenir
payement ; il ne saurait donc s'élever en droit international aucune
difficulté, quant à la solidarité du tireur et des endosseurs ; il en était
autrement avant l'adoption en 1850 de l'Ordonnance allemande comme
loi générale de change dans l'empire d'Autriche.

Bien qu'elle ne présente plus en notre matière un intérêt actuel et pratique, nous croyons cependant devoir traiter cette question aussi brièvement que possible en raison de l'intérêt général quelle présente et surtout
en vue de changements possibles dans les lois commerciales ou de dispo-
tions législatives de nous inconnues.

Il ne pourrait exister de doutes qu'au cas où la lettre aurait été souscrite à l'étranger, par un étranger, au profit d'un de ses compatriotes. Mais le doute est bientôt levé, puisque deux personnes appartenant à la même nationalité, contractant ensemble doivent toujours être réputées s'en être rapportées à leur loi nationale pour tout ce qui concerne la substance même de leurs obligations. Or, la solidarité tient bien à l'essence de l'obligation ; car elle en fait la force ; elle constitue la sécurité du créancier. La supprimer dans une convention quelconque, c'est dénaturer la convention, l'altérer dans son essence même.

Ces principes sur la nature du lien de solidarité nous fourniront la solution cherchée, lorsqu'au lieu de contractants compatriotes, nous rencontrerons des parties de nationalité différente, souscrivant en un lieu une Lettre payable en un autre. C'est alors la loi du lieu d'émission qui, étant présumée avoir présidé à la formation du contrat, décidera si le porteur pourra exercer une action solidaire contre le tireur et les endosseurs. — Cette loi sera seule à consulter lorsque l'émission et toutes les transmissions auront eu lieu sous son empire. Mais il n'en serait plus de même, si parmi les endossements successifs il s'en trouvait qui aient été passés sous une législation n'accordant qu'un recours divisé. L'endosseur qui le premier s'est engagé sous l'empire de cette législation aurait pu transmettre la lettre en se refusant à toute garantie ; à plus forte raison peut-il assumer une obligation moins étendue que celle du tireur et des endosseurs précédents. S'il n'a pas à cet égard manifesté sa volonté d'une façon expresse, nous la retrouvons néanmoins dans les dispositions de la loi du lieu de l'endossement, loi à laquelle il est censé s'être référé. Or, cette législation par hypothèse, exclut la solidarité entre les garants du porteur impayé.

Une solution analogue, *mutatis mutandis*, devrait être donnée dans l'hypothèse inverse, c'est-à-dire quand, la loi d'émission, refusant l'action solidaire, des endossements seront ensuite intervenus sous l'empire d'une législation déclarant la solidarité de tous les codébiteurs garants. Le porteur sera admis à exercer un recours solidaire contre tous les endosseurs s'étant engagés sous l'empire de cette dernière loi, alors qu'il ne peut agir que divisément contre le tireur et les garants antérieurs.

M. Massé (160) repousse cependant cette solution. Selon lui le preneur de la Lettre qui l'a reçue sans action solidaire contre le tireur, l'a transmise à son tour sans action solidaire, puisqu'il n'a pu transmettre plus de droits qu'il n'en avait lui-même ; de telle sorte

---

(160) M. Massé met en présence trois lois différentes : Loi du lieu du contrat ; loi du domicile des obligés ; loi du lieu d'exécution. Lorsque les obligés sont domiciliés au lieu où ils contractent, il reconnaît qu'alors c'est la loi du lieu du contrat qui doit décider. — Lors, au contraire, que le lieu d'exécution est celui du domicile des parties ou celui de la passation du contrat, il s'attache à la loi du lieu d'exécution. — Enfin, « lorsque l'obli-« gation doit être exécutée dans un lieu qui n'est ni celui du domicile des « obligés, ni celui du contrat j'inclinerais, dit-il, pour la loi du lieu du « contrat quand les parties n'ont pas la même nationalité et pour la loi du « domicile quand il s'agit d'individus de la même nation. »

En résumé, M. Massé donne préférence à la loi du domicile quand elle se confond avec l'une quelconque des deux autres ou quand les parties ont même nationalité ; à celle du lieu du contrat dans les autres cas.

que les endossements passés en dernier lieu n'ont pu
donner aux endosseurs et au porteur d'autres droits
que ceux qui résultaient de l'obligation principale. —
Il y a dans ces considérations des principes incontestablement fort exacts. Il est bien vrai qu'un cédant ne
peut transmettre à son cessionnaire d'autres droits
à exercer contre ses auteurs que ceux qu'il possède
lui-même ; mais il est vrai aussi que ce cédant peut,
vis-à-vis de son cessionnaire, assumer pour son
propre compte des obligations plus étendues que
celles de son propre auteur envers lui. Or, ces obligations, il les assumera soit par une convention
expresse, soit par sa soumission présumée à la loi du
lieu d'où est daté son engagement. Pour les endossements signés sous l'empire d'une loi autorisant les
recours solidaires, les endosseurs ne pourront donc
exciper des dispositions contraires de la loi du lieu
d'émission et le recours collectif, soit du porteur, soit
de l'un quelconque d'entre eux contre les autres ne
pourra être écarté (161).

§ II

Conditions de l'Exercice du Recours.

69. — La première condition mise par la plus part
des lois de change à l'exercice d'un recours contre les
garants c'est l'existence d'un acte de protêt dressé

<hr>

(161) Fiore, n° 358. — Pardessus. n° 1485-1499.

d'une façon regulière et en temps opportun à la requête du porteur. Quelques législations cependant dispensent en certains cas du prôtet et permettent au possesseur de se contenter d'un simple avis par lettre missive expédiée le jour même ou le lendemain au plus tard.

Il serait superflu d'examiner à nouveau les difficultés soulevées par un conflit de lois en la matière. Tout ce qui a été dit relativement à la nécessité du protêt à défaut d'acceptation, au délai dans lequel il devait être levé, etc., est absolument applicable au protêt levé à défaut de paiement. Comme pour le premier c'est la loi du lieu d'émission qui décide de sa nécessité ; c'est au contraire celle du lieu d'exécution qui régira ses formes et fixera le délai dans lequel il doit être dressé (162).

70. — Pour ne pas s'être absolument conformé aux exigences précédentes, le possesseur de la lettre est déclaré par la plus part des lois de change déchu du droit qu'il avait à exercer, tant contre les endosseurs que contre le tireur. Cependant le Code de commerce français art. 117, et en général les lois de change qui, comme lui, consacrent la nécessité d'une provision permettent, alors même que le protêt n'a pas été fait dans les délais utiles, le recours contre le tireur si ce dernier ne parvient pas à prouver qu'il y avait provision entre les mains du tiré au jour de l'échéance. On peut dès lors se demander quelle devra être

---

(162) Cour de Paris, 25 avril 1861 (J. Trib. comm. 1861, n° 3650). Voir en outre arrêts cités sur protêt à défaut d'acceptation.

l'influence du défaut de provision constituée, alors qu'une lettre émise sous l'empire d'une loi appartenant à l'un de ces deux systèmes se trouvera payable en un pays soumis au système opposé. Une traite émise en France par un Français au profit d'un Anglais est payable en Allemagne. Le porteur négligent fait dresser protêt alors que les délais impartis par la loi allemande sont déjà écoulés. Il perd ainsi son recours contre les endosseurs; cela est certain; mais argumentant de l'art. 117 du Code de commerce français et du défaut de provision au jour de l'échéance, il prétend agir en garantie contre le tireur français. Il le pourra. Quand le tireur français a souscrit la lettre, il s'est engagé à en garantir le paiement même en cas de protêt tardif s'il ne parvenait pas à justifier de l'existence de la provision. C'était là une des clauses implicites du contrat passé entre lui et le premier preneur. Le preneur en endossant la lettre à un cessionnaire n'a pu modifier la situation faite au tireur par la convention originaire. Il lui a donc transmis tous les droits qu'il possédait contre lui, et par conséquent, quelle que soit la place indiquée pour le paiement, le droit d'agir en garantie même en cas de protêt tardif, s'il n'y a provision constituée au jour de l'échéance (163).

Une hypothèse inverse emporterait nécessairement une solution inverse. En règle générale donc ce

(163) *Sic :* Trib. de comm. de la Seine, 9 sept. 1852.
(Journal trib. comm. I, n° 382.)
Cour de Paris, 16 nov. 1858 (id. VIII, n° 2709).

sera toujours la loi du lieu d'émission qui fournira les éléments de décision (164).

71. — En général la première condition de l'exercice du droit de recours se trouvera ainsi être la levée d'un protêt régulier. Mais il peut arriver qu'indépendamment de toute négligence le porteur se soit trouvé dans l'impossibilité absolue de remplir cette condition. Ce peut-être le résultat d'un cas fortuit, c'est-à-dire d'un de ces accidents que ne peut prévoir la personne la plus diligente, ou la conséquence d'un obstacle invincible, soit de fait comme la guerre, l'inondation etc... soit de droit comme une loi interdisant momentanément toute poursuite contre les débiteurs. Dans un cas comme dans un autre quelle va être sa situation vis-à-vis de ses garants ? Sera-t-il admis à tirer excuse de la force majeure qu'il aura rencontrée et qui aura paralysé sa volonté ? Devra-t-on au contraire le considérer comme absolument déchu de ses droits ? « *Casum sentit dominus* » dit-on à l'appui de ce dernier système. *Impossibilium nulla obligatio* répondent les partisans du premier. Nous n'avons pas à entrer ici dans la discussion de ces deux doctrines, non plus qu'à rechercher quels peuvent être les avantages ou les inconvénients de l'une et de l'autre Il suffit de constater quelesdivergences de la doctrine se retrouvent dans les législations des différentes nations commerçantes. Chose à remarquer, c'est que

---

(164) Est réservé toutefois le cas où le tireur et preneur seraient deux compatriotes contractant hors de leur patrie. La loi du lieu d'émission ne saurait alors prévaloir sur la loi nationale des deux contractants.

la solution de la question a paru à la plupart des législateurs assez délicate pour qu'ils s'abstiennent de la
donner d'une façon positive, aimant mieux laisser ce
soin à la jurisprudence de leur pays.

En France l'ordonnance de 1673 encore en vigueur
lors de la promulgation du Code de commerce ne con-
tenait aucune disposition à cet égard. Mais l'opinion
dominante dans la doctrine et dans la jurisprudence
reconnaissait à l'exception de force majeure opposée
par le possesseur de l'effet le pouvoir de lui conserver
son droit de recours « Si par quelque force majeure et
« imprévue, dit Pothier (contrat de change, n° 144),
« le protêt n'avait pu se faire le jour auquel il doit
« être fait, le défaut de protêt dans le dit jour ne
« ferait pas déchoir le propriétaire de la lettre de ses
« actions en garantie ; car on ne peut jamais être
« obligé à l'impossible ».

Lors de la rédaction du projet de Code de commerce
on crut devoir insérer une disposition spéciale (article
123 du projet) sanctionnant d'une façon positive,
l'admissibilité de l'exception. Mais cette innovation
rencontra une vive opposition et finalement fut
repoussée lors des discussions au conseil d'Etat. Le
Code de commerce français garde donc à cet égard le
même mutisme que l'ordonnance et la solution doit
encore être cherchée dans la doctrine et la jurisprudence. Or, aujourd'hui comme autrefois, l'exception
de force majeure est généralement accueillie par la
jurisprudence des tribunaux français.

Les rédacteurs du Code de commerce italien se sont
également abstenus de faire mention de la force
majeure. Mais les jurisconsultes italiens. les plus

autorisés reconnaissent qu'il n'en faut nullement conclure au rejet de l'exception (165). La législation italienne étant en cette matière une copie presque complète de la législation française, ils admettent généralement la conservation du droit de recours au profit du porteur.

Le droit anglais et celui de l'Amérique du Nord admettent la même solution d'une façon beaucoup plus large encore. Tandis que les législations précédentes ne considèrent comme cas de force majeure suffisants pour le bien fondé de l'exception que des faits présentant un caractère général tels que la guerre, l'inondation, un blocus effectif..., les tribunaux anglais et américains permettent d'argumenter de simples accidents individuels, tels que la mort ou une maladie grave.

Pas plus que les autres lois commerciales déjà citées l'ordonnance allemande ne tranche la question d'une façon positive. Le projet prussien proposé en 1847 lors des conférences de Leipsig ne présentant aucun éclaircissement à cet égard, un député demanda qu'il fût inséré un article reconnaissant formellement l'admissibilité de l'exception. Après une assez vive discussion cette proposition fut adoptée par dix voix contre neuf. Néanmoins la question fut soulevée de nouveau dans une autre séance. On voulut faire une distinction fort délicate entre la force majeure, le cas fortuit et la faute légère. Mais on dut reconnaître qu'il était difficile de statuer sur ces points avec beaucoup de préci-

(165) Norsa. — *Sul conflitto...* p. 91.

sion ; on craignit de se mettre involontairement en contradiction avec les principes du droit civil, et quand fut posée la question de savoir s'il fallait adopter une disposition admettant d'une façon positive l'excuse de force majeure, douze voix contre sept se prononcèrent pour la négative. Ce vote annulait évidemment le premier ; la solution était encore laissée à la doctrine et à la jurisprudence. Docteurs et tribunaux se sont jusqu'à ce jour généralement prononcés pour la négative. En conséquence, aucun fait, fût-il imprévu et inéluctable, ne peut aujourd'hni relever le porteur de la déchéance encourue par suite du défaut ou de la tardiveté du protêt.

En Suisse, une distinction est à faire entre les cantons. Dans ceux où, comme à Neuchâtel, Vaud, Valais, Genève, la loi de change est à peu près une reproduction de la loi française, l'exception de force majeure est généralement admise. Il en est autrement dans les cantons qui ont modelé leur législation sur l'ordonnance allemande. Telle est au moins l'opinion exprimée dans la célèbre consultation des professeurs Münzinger et Niggeler.

Les divergences sont, on le sait, fort grandes entre les législations. Un conflit de lois sera donc possible quand une lettre tirée ou endossée dans un pays sera payable dans un autre et qu'un fait de force majeure aura empêché le porteur de lever le protêt en temps utile. Merlin *(Quest. de droit,* v°. Protêt, § 8) soutient qu'en ce cas c'est à la loi du lieu d'exécution qu'il faudra recourir pour savoir si l'exception tirée de la force majeure peut ou non assurer la conservation du recours. — Il nous semble beaucoup plus rationnel de décider la question par la loi même qui régit le contrat. La possibilité ou l'impossibilité d'un recours, les conditions de son exercice, tiennent au premier chef à la substance même de l'obligation, et sont par conséquent soumises à la loi qui a présidé à sa formation. Quand je souscris une Lettre de change en France, où l'exception tirée de la force majeure est admise, je suis censé consentir à prolonger ma garantie, dans le cas où un événement de cette nature empêcherait le porteur de remplir les .conditions mises à son recours. Peu importent les dispositions de la loi du lieu d'exécution. Elles ne sauraient avoir de valeur que dans l'opinion de ceux qui considèrent une convention comme parfaite au lieu où elle doit être exécutée.

La solution ainsi donnée d'une façon absolue et générale, a besoin cependant de quelques éclaircissements. Des complications peuvent se présenter. Un effet, émis en Allemagne est endossé en Italie puis en France où il est payable. Il y a eu protêt tardif, excusable par force majeure, et le porteur français veut recourir contre l'endosseur italien. Le pourra-t-il ? M. Norsa, MM. Munzinger et Niggeler lui refusent le droit de recours sous le prétexte que les effets juridiques de l'endossement, bien que réglés en principe par la loi du lieu où l'endossement a été donné sont, néanmoins toujours subordonnés à la conservation de tous droits contre le souscripteur originaire. La loi allemande repoussant l'exception de force majeure et le recours se trouvant ainsi perdu contre le tireur allemand, l'endosseur Suisse ou Italien se trouverait également déchargé. — On peut douter toutefois de l'exactitude

de cette solution et nous croyons beaucoup plus
conforme aux principes de considérer comme subsis-
tant encore la garántie des endosseurs. Le preneur
originaire de la lettre en l'endossant en Allemagne au
profit de l'Italien est censé s'en être référé pour tout ce
qui concerne les effets de la convention à la loi allemande. Le recours en cas de protêt tardif pour cause
de force majeure ne sera donc pas possible contre lui,
non plus que contre le tireur. En signant en Italie un
endossement au profit d'un tiers, le possesseur italien
n'a pu évidemment changer cette situation et autoriser un recours contre les garants allemands. Mais
rien ne s'opposait à ce qu'il contractât pour lui-même
des obligations plus étendues, qu'il ne rendit plus
étroit son devoir de garantie à l'égard des possesseurs
futurs. Des clauses expresses en ce sens seraient assurément licites. A leur défaut, c'est à la loi italienne
qu'il faut demander quelle a dû être la volonté des
contractants. Cette législation admettant l'exercice
tiré de la force majeure comme suffisant à conserver
le recours contre les garants nous y trouvons cette
extension de l'obligation de garantie tout aussi valable
lorsqu'elle est ainsi implicite, que si elle eut été stipulée
directement et expressément.

72. — Aux questions relatives à la force majeure et
à la tardiveté du protêt se rattachent des difficultés
transitoires par nature, susceptibles cependant de se
représenter de temps en temps dans la vie des peuples.
Dans les moments de crise soit politique, soit commerciale, aux époques malheureuses de l'histoire d'un
pays, les gouvernements des nations commerçantes,
préoccupés d'éviter à leurs nationaux, les dangers et

les conséquences de crises financières, ont généralement, dans la durée de ce siècle, cherché à atténuer les effets d'une situation difficile en retardant momentanément l'exigibilité des effets de commerce payables sur le territoire. C'est ce que firent notamment la Prusse lors des mouvements révolutionnaires de 1848, le Piémont dans les années 1848 et 1859, plus tard le gouvernement italien en 1866, lors des troubles de Palerme, en 1870 pour la province de Rome, lors de l'inondation du Tibre, la France enfin en 1848 et plus récemment en 1870.

Ce sont les difficultés soulevées par les dispositions législatives prises en France à cette époque dont nous voulons tenter l'examen. Ce sont à la fois les plus récentes et celles qui ont soulevé les discussions les plus vives en raison précisément de l'importance et de l'étendue du commerce entretenu par la France avec les autres nations.

Dans les premiers temps de la guerre franco-allemaune, en présence de l'invasion des départements de l'Est, plusieurs députés MM. Drouot et Buquet, Crémieux, Argence et Magnin dans la séance du 10 août déposèrent plusieurs projets de lois tendant à retarder l'exigibilité des effets de commerce payables en France. L'urgence ayant été déclarée, le gouvernement de son côté déposait dans la séance du lendemain 11 août un projet dans le même sens. Pour parer aux inconvénients de la situation commerciale deux moyens étaient possibles. L'un proposé par MM. Crémieux et Magnin, soutenu en même temps par le Gouvernement prorogait de 30 jours les échéances des effets de commerce ; l'autre indiqué par M. Argence et adopté

par la commission se réduisait à proroger d'un mois
les délais dans lesquels devaient être faits les protêts
et tous actes concernant le recours pour les valeurs
commerciales souscrites avant la guerre et en cours
de circulation. Entre ces deux remèdes identiques au
premier abord, il existait au point de vue juridique
une différence profonde. Une vive discussion s'en-
gagea dans la séance du 13 août consacrée à l'examen
des projets (166). D'une part, le ministre du commerce,
MM. Chagot et Martel soutinrent vivement le projet
de loi tendant à déclarer les échéances momentanément suspendues, au nom de l'intérêt même des
commerçants qui pouvant argumenter de la maxime,
« qui a terme ne doit rien » ne seraient pas
exposés à se trouver sous le coup d'une suspension
de payement et par suite d'une faillite. D'autre part le
rapporteur de la Commission et, avec lui MM. Le Cesne
Dalloz, Werlé et Mathieu, firent observer que proroger
les échéances au lieu de proroger simplement les
délais de protêt, c'était supprimer en France, toute
avance, tout payement, arrêter la vie commerciale. et
surtout exposer le commerce français à perdre le droit
de recours contre les cédants étrangers quand il s'agi-
rait de valeurs tirées de l'étranger sur la France. « ll
« y a un droit des gens pour les opérations commer-
« ciales, dit M. Werlé président de la Commission ; un
« de ses usages est que les formalités conservatoires
« sont réglées par la loi du pays ou le payement doit
« être fait....... Vous pouvez parfaitement en pro-
« rogeant les délais qui sont indiqués par notre loi

(166) V. *Journ. officiel*, 12, 13 et 14 août 1870.

« française, dire que la formalité du protêt, au lieu
« d'être remplie dans les 24 heures ne le sera que dans
« un mois ; vous pouvez ainsi établir une loi obliga-
« toire pour l'étranger comme pour vous. »

En présence d'une question aussi délicate, le Président de la Chambre, M. Schneider, fit voter successivement sur l'une et l'autre proposition. Le Corps
législatif, consulté sur la prorogation des échéances,
n'adopta pas. Le projet de la Commission tendant à
l'augmentation des délais de protêt, fut, au contraire,
admis par 246 voix sur 247 votants. Ce projet devint la
loi du 13 août 1870.

En raison de la continuation de la guerre, les dispositions de cette loi furent maintenues en vigueur par
les décrets du Gouvernement de la Défense nationale
des 10 septembre, 11 et 14 octobre, 5 et 14 novembre,
9 décembre 1870, 8 janvier 1871. Enfin, après la ces-
sation des hostilités, l'Assemblée nationale, réunie à
Bordeaux, régla définitivement la situation anormale
créée par tants de décrets successifs, par la loi du 10
mars 1871. Le gouvernement de la Commune de Paris
lui-même soucieux des intérêts du commerce français
rendait dans le même sens le décret du 16 avril 1871.
(*Journal officiel de la Commune de Paris*, n° du 16
avril 1871).

L'exécution de ces dispositions connues généralement sous le nom de lois moratoires françaises, ne
pouvait soulever en France, entre citoyens français,
aucune difficulté. C'était la loi inflexible, indiscutable,
s'imposant à tous. Il n'en fut pas de même devant les
tribunaux étrangers, quand le porteur impayé qui,
sur la foi des délais accordés, avait tardé à lever protêt, voulut recourir contre ses garants étrangers. On

discuta la valeur des lois moratoires. L'agitation juridique fut grande (167).

La jurisprudence allemande se prononça dans un
arrêt célèbre contre leur autorité à l'égard des garants
étrangers (168), tandis que les tribunaux des autres
nations admirent généralement la conservation du
recours au profit du porteur ayant notifié le protêt
dans les délais qu'elles avaient impartis (169). —

(167) On s'en fera une idée par la nomenclature d'ouvrages et d'articles
parus á ce sujet, qui est donnée dans le recueil de Goldsmidth (*Zeitschrift
für das gesammte Handelsrecht*, vol. 17, p. 294-309; vol. 18, p. 625-
643).

(168) Le jugement du 21 février 1871 de la Cour de Leipzig souleva une
vive agitation jusque dans les conseils de commerce allemands-qui voyaient
là une atteinte aux intérêts nationaux et réclamaient une déclaration ne
tendant à rien moins qu'à reconnaître les lois françaises obligatoires pour
les tribunaux allemands. Le Conseil des anciens des marchands de Berlin
prit l'initiative; les chambres !de commerce de Francfort-sur-le-Mein, de
Worms, de Brême et de Cologne s'y joignirent.

En Autriche, le comité des avocats de la Basse-Autriche se prononça, par
6 voix contre 5 pour l'application des lois françaises.

Enfin, pour répondre à la décision de Leipzig, la Banque de France
annonça que toutes les maisons étrangères qui ne respecteraient pas leur
signature apposée sur des traites visées par les lois moratoires,seraient, par
elle traitées comme mauvais payeurs et verraient leurs titres refusés à son
escompte.

(169) Ont déclaré le recours conservé:

Aix, 9 avril 1872 (S. 72, 2, 202). — Cassat., Genève, 25 mars 1872 (*J. dr.
intern.*, 1874). — Gand, 15 mai 1873 (id. 1874, p. 211). — Bruxelles, 29
avril 1872 (id., p. 210.) — Cour d'appel de Milan, 4 avril 1873 (id., p. 126).
— Cassat., Turin, 6 mars 1872 (*Annali*, 1872, 1, 107). — Rome 12 juin 1872
(id., 72, 2, 266). — Cassat., Turin, 30 juillet 1873 (*Monitore*, 1873, p. 893).
— Florence, 16 janvier 1873 (idem, *eod. loc.*) — Cassat., Turin, 20 mai
1879 (*Monitore*, 1879, p, 636). — Cour suprême de Stockolm, 14 mai 1873,
(*J. dr. intern.*, 1874, p. 100). — Cour du Banc de la Reine, 5 juillet 1875
(*Revue de dr. intern.*, VIII, p. 478). — Cour suprême d'Autriche, 28 mai et

Chose remarquable! Tous ces arrêts, celui de la Cour de Genève excepté, sont parfaitement d'accord sur les principes généraux qui doivent ici recevoir application. La divergence, dans les solutions données, ne provient que d'une diversité d'appréciation et d'interprétation des lois moratoires elles-mêmes.

Pour arriver à la solution de la question, deux études bien distinctes sont donc nécessaires. Il faut tout d'abord reconnaître et déterminer exactement les règles abstraites du droit international, relatives aux conditions des recours. Cette étude une fois faite, il reste encore à rechercher la portée, le caractère et le sens véritable des mesures édictées par le gouvernement français.

En ce qui concerne la détermination des principes applicables au cas présent, il suffira de rappeler brièvement ce que nous avons admis précédemment dans le cours de ce travail.

1° Les effets juridiques que peut produire la Lettre, par conséquent les conditions dans lesquelles le droit de recours pourra être exercé contre les garants, sont régis en général par la loi du lieu dans lequel la convention a été conclue.

13 juin 1872 (*Allg. Œster. Gerichtszeitung*, 1872, n° 47 et 53, cité par Goldsmidth). — Tribunal consulaire Austro-Hongrois à Constantinople, 15 avril 1872 (*J. dr. intern.*, 1874, p. 100.)

En sens contraire: Cour suprême de Leipsig, 21 février 1871 (*J. dr. intern.*, 1874, p. 185-186). — Même Cour, 9 février 1872 (id.) — Trib. de comm. de Bruxelles, 1871 (*J. dr. intern.*, 1874, p. p. 210). — Cour d'appel de Milan, 16 avril 1872 (*Annali*, 1872, 2, 266). — Trib. de comm. de Hambourg, 26 mai et 15 juin 1871. — Trib. d'appel de Cologne, 28 juin 1871 (*Journ. du Palais*, 1872, 909). — Trib. de comm. de Vienne, 16 janv. 1872 (*Zeitsch. f. H.*, 1873, p. 637).

2° Cette convention une fois conclue ne peut être modifiée valablement que d'un commun accord des parties contractantes. Un délai pour le payement accordé volontairement par un quelconque des garants n'oblige que lui-même ; il n'empêche pas la décharge des autres si le recours n'a pas été dûment exercé lors de l'échéance originaire. Par la même raison, une prolongation d'échéance accordée par la loi du lieu du payement n'oblige que les engagés soumis à cette loi et ne peut être opposée aux engagés étrangers.

3° Tout ce qui concerne la forme, le temps, le mode dans lesquels doit être faite la présentation et levé le protêt est réglé par la loi en vigueur au lieu du paye-ment. Par suite, les jours de grâce admis en ce lieu sont opposables aux engagés étrangers. Cela reste vrai lors même que ces délais auraient été accordés ou prolongés postérieurement à la souscription de la Lettre.

4° Une suspension de protêt édictée par la loi du lieu du payement, pour quelque temps seulement, est également opposable aux étrangers soumis à l'exer-cice de l'action en recours.

5° La force majeure empêchant la présentation et la levée régulière du protêt, qu'elle résulte d'une loi prohibitive ou d'autres circonstances de fait, ne garantit le porteur de la déchéance pour cause de tar-diveté du protêt qu'autant que la loi du lieu où s'est obligé le garant contre lequel il veut recourir, admet cette exception.

6° Le seul fait de ne pouvoir par application de la règle précédente recourir contre le tireur n'empêche pas le recours contre un quelconque des endosseurs si la loi du lieu de l'endossement ou une stipulation expresse l'autorise.

Ces principes sont reconnus et consacrés par presque tous les arrêts rendus sur la matière. Mais on se sépare bientôt quand il s'agit de leur application aux lois françaises, parce que ces lois présentent, il faut bien le reconnaître, une équivoque ; que le caractère exact des mesures qu'elles ont édictées manque d'une précision suffisante. Les uns, comme la cour de Leipzig, y voient une véritable prorogation des échéances (170). D'autres n'y reconnaissent qu'une prolongation des délais de protêt (171).

Dans cette appréciation même est le véritable nœud de la question. Si les lois françaises établissent une prorogation des échéances, elles ne peuvent comme telles obliger les garants étrangers ; si au contraire elles établissent de simples jours de grâce, une prolongation des délais accordés pour lever protêt, les endosseurs étrangers s'y trouvent soumis et ne peuvent argumenter contre le porteur d'un prétendu retard entraînant sa déchéance.

Nous n'hésitons pas pour notre part à reconnaître dans les mesures prises en 1870-71 une véritable prorogation des échéances. — Sans doute dans la discussion de la loi du 13 août 1870 on fit nettement la dis-

(170) GOLDSMIDTH, (*Zeitsch, f. d. g. Hand.*, 1872, p. 300-309. — NORSA, *Sul Conflito..... passim*).

(171) LADENBURG, (*Central. Organ*, VII, 287-292, cité par Goldsmidth). MASSÉ, nº 628 bis.

Munzinger et Niggeler, Opere citato.

tinction entre l'un et l'autre système. Du vote qui la
créa il résulte bien qu'on voulut simplement proroger les délais accordés pour la levée du protêt. Si la
loi du 13 août avait été la seule à réglementer la
matière il eût bien fallu admettre que les 30 jours
qu'elle accordait au débiteur étaient trente jours de
grâce pendant lesquels le protêt ne pouvait même à
l'égard de l'étranger être fait utilement. Mais ce délai
de trente jours fut constamment renouvelé de telle
sorte qu'en fin de compte il atteignit une durée de
sept mois. Or il nous semble absolument impossible
de voir dans une prorogation de sept mois une simple
prolongation des délais ordinaires pour lever protêt.
Un législateur peut à son gré qualifier comme il
l'entend les mesures qu'il édicte ; mais ce qu'il ne
peut pas c'est changer par le seul fait d'une qualifica-
tion fausse la nature exacte et intime · des mesures
qu'il a prises. « Comme au cas de simulation des con-
« trats, dit le juge de Zurich, il faut s'en rapporter non
« au texte, mais au sens de la loi » (172). Or, il faut
bien reconnaître dans l'ensemble des mesures prises
par le gouvernement français en 1870-71, une véritable prorogation des échéances ; comment s'y refuser
d'ailleurs en présence de la loi du 10 mars 1871 que
l'on intitule franchement Loi sur la prorogation des
effets de commerce. Le titre d'une loi, dira-t-on, ne fait
pas partie de la loi elle-même. Soit encore : en droit
strict cela peut être vrai. Mais cet intitulé fut-il inexact
prouve au moins que cette idée de prorogation des

(172) *Zeistschrift fur das Handelsrecht*, T. 17, p. 301 302.

échéances était loin d'être en désaccord avec les mesures prises depuis le mois d'août précédent. D'ailleurs les dispositions même de cette loi créée précisément pour régulariser le plus promptement possible un état de choses anormal sont en parfaite harmonie avec une idée d'échéances prorogées. Les termes mêmes des articles 1 et 2 contribuent à prouver que les sept mois de prolongation ne constituaient pas autre chose qu'une prorogation des échéances. Prétendrait-on d'ailleurs sérieusement qu'un législateur pourrait en qualifiant exactement la mesure qu'il édicte, accorder au débiteur un délai de plus de 210 jours pour la levée du protêt !

Il faut donc bien le reconnaître : Malgré les précautions prises par la Chambre des députés en 1870, de l'ensemble des mesures adoptées par le gouvernement français il se dégage cette idée que les échéances ont été retardées !

Va-t-il en résulter immédiatement la perte du droit de recours contre tout endosseur étranger pour cause de tardiveté du protêt? Pas nécessairement à notre avis. Sans doute le changement du jour de l'échéance en lui-même ne pourra être opposé à ces garants. Mais ces dispositions législatives auront pu aboutir à ce résultat de rendre impossible la levée du protêt pendant toute la durée des délais. Elles ont pu aussi constituer un obstacle insurmontable de telle façon, que le porteur proposant l'exception de force majeure, réussira encore dans son recours si cette exception est admise par la loi du pays de l'endosseur. — La solution sur l'applicabilité ou la non applicabilité des lois françaises aux garants étrangers, est donc en réalité subordonnée à celles qui seront données sur ces deux autres questions :

1° Les lois moratoires constituaient-elles pour la levée du protêt un empêchement de force majeure?

2° L'excuse de force majeure est-elle admise par la législation du lieu ou l'endossement a été passé?

La première question se réduit au point de savoir si le porteur d'un effet de commerce, eut pu dans le cours des délais trouver un officier ministériel consentant à dresser un protêt. Nous inclinons à croire que le plus souvent cet officier ministériel s'y serait refusé. Il est vrai que la loi du 13 août dans ses termes, n'interdit pas formellement qu'un acte de protêt soit levé. Mais cette interdiction on la trouve dans l'esprit de la loi. « La Commission pense, disait le rapporteur « M. Argence. (173), qu'il suffit d'accorder pour tous « les effets de commerce un délai d'un mois pendant « lequel aucun protêt ne pourra être fait et aucune « poursuite exercée. Le protêt est considéré comme « un acte entachant l'honneur commercial; nous « devons le proscrire quand nous savons que le sous- « cripteur est victime d'événements malheureux « ou qu'il a abandonné ses affaires pour défendre sa « patrie. »

Ce fut précisément le projet de la commission qui devint la loi du 13 août dont l'esprit se trouve ainsi dans ces quelques lignes. Il y avait donc bien impossibilité de lever protêt et par conséquent force majeure.

(173) *Journ. Offic.*, 13 août, p. 1413.

La Cour de Turin l'a parfaitement constaté dans ses arrêts du 6 mars 1872.

« Attendu que.....

« ... S'il est vrai que la dite loi française et les décrets
« successifs qui en ont prolongé les effets de mois en
« mois ne présentent pas la défense expresse de faire
« le protêt, on y trouve cependant l'équivalent de
« cette défense, dans l'interdiction qu'elle fait d'exiger
« du tireur et des autres engagés ﬂe remboursement
« avant l'expiration du terme prorogé puisque le délai
« de l'aclion en garantie commence à courir à la date
« du protêt, que l'article 1er de la loi du 13 août
« porte..... que si le porteur d'une Lettre pouvait la
« présenter à l'échéance il ne devait, il ne pouvait pas
« cependant la faire protester faute de payement ».

Presque tous les arrêts rendus en la matière s'accordent sur ce point. La même solution est donnée par MM. Munzinger et Niggeler, Fick en Suisse, Gœtze et Cambon en Autriche, Vidari en Italie.

Mais quelles vont être les conséquences de cette impossibilité de lever protêt. Admettrons nous que le porteur devait purement et simplement attendre l'expiration des délais pour présenter la Lettre, protester et recourir contre ses garants? Ce serait à notre sens une solution absolument contraire à l'esprit des règles générales reçues en matière de change. Le possesseur de l'effet ne pouvait faire dresser un protêt régulier : nous l'accordons. Mais quel devait donc être l'effet de cette force majeure? Elle le dispensait de la présentation d'un acte de protêt ; mais elle ne le dispensait pas de la présentation de l'effet, présentation toujours possible, présentation infructueuse qu'il eût fait certifier soit par témoins, soit autrement, puisqu'il ne pouvait employer la forme régulière. Voilà ce qu'exigeait de lui son devoir de diligence stricte et absolue. Notifiant alors le mauvais accueil fait à la traite il eût pu, dans les pays dont la législation ne laisse pas à sa charge les conséquences de la force majeure, intenter son action contre ses garants. La force majeure lui permettait de se présenter à eux sans avoir en main l'acte de protêt ; mais rien de plus. Elle ne l'autorisait pas à attendre pour présenter la Lettre et notifier le refus, l'expiration du temps requis par la loi française.

Voilà notre solution. Elle a pour base ces deux considérations.

1° Les lois moratoires ont prorogé non-seulement les délais de protêt mais l'échéance même des effets de commerce.

2° Elles constituaient pour le porteur un empêchement de force majeure en ce qui concerne la levée du protêt.

Elle aboutit en pratique aux conséquences suivantes :

1° Quand la loi du pays où l'endossement a été signé, laisse les cas de force majeure à la charge du porteur, celui-ci se retrouve déchu de tout recours contre l'endosseur.

2° Dans le cas inverse, le possesseur conserve son droit à la garantie, sous la condition d'avoir immédiatement suppléé à l'acte de protêt par un acte équivalent. A défaut de cette diligence il encourt déchéance absolue de ses droits.

Notre doctrine aboutit pour l'Allemagne, l'Autriche

et en général les pays n'admettant pas l'exception de force majeure à une solution identique à celle donnée par la Cour de Leipzig dans l'arrêt du 21 février, bien que cet arrêt ne considère pas les lois moratoires comme ayant créé un empêchement de force majeure. Elle se sépare absolument de celle des autres arrêts précités, non-seulement en voyant dans les lois et décrets français une véritable prorogation des échéances, mais en ne reconnaissant pas au porteur empêché de lever le protêt, le droit d'attendre pour l'exercice du recours l'expiration du délai accordé en France.

Il faut ajouter que conformément à l'opinion émise dans un précédent numéro, nous repoussons comme inexacte la distinction proposée par MM. Munzinger et Niggeler. Suivant eux, il faudrait écarter la demande formée contre tout endosseur, alors que la législation du domicile du tireur ne permettrait pas à cet endosseur de recourir ensuite contre le souscripteur. Sans avoir à revenir sur la discussion de cette opinion qu'on étaie surtout de considérations d'équité, nous déclarons ne pas comprendre où peut être l'injustice consistant à demander à un contractant l'accomplissement des obligations qu'il a librement souscrites.

73. — Le protêt ayant été dressé dans la forme et dans les délais voulus, le porteur, après notification faite, est en droit d'actionner en recours un quelconque de ses garants.

Lorsqu'il s'est agi de la garantie demandée pour défaut d'acceptation il n'a pu être question d'un délai quelconque dans lequel le droit dut être exercé. Toutes les lois de change sont muettes à cet égard.

L'époque de l'échéance n'étant jamais fort éloignée de celle de l'acceptation et les endosseurs demeurant en tous cas responsables du payement lui-même, il ne pouvait exister pour eux de sérieux inconvénients à ce que le possesseur différât plus ou moins longtemps son action. Mais il en est autrement au cas de refus de payement. A défaut de dispositions particulières des lois de change, le porteur impayé eut conservé son droit d'action pendant tout le temps fixé pour la prescription extinctive générale des actions. Pendant tout ce temps, tous les garants quels qu'ils soient, se seraient ainsi trouvés à sa discrétion sous le coup d'une menace continuelle de poursuites. On comprend quels inconvénients en seraient résultés pour les relations commerciales qui exigent avant tout, rapidité et sécurité. Aussi les législateurs de tous les pays se sont-ils accordés à déterminer pour la prescription des actions nées de la Lettre de change un laps de temps beaucoup plus court que celui exigé pour la prescription extinctive ordinaire. Mais ce délai généralement assez bref est loin d'être conforme dans les différentes législations. Aussi dans l'hypothèse d'une Lettre émise en un lieu, payable en un autre, est-ce une question qui n'est pas sans difficulté que celle de savoir quelle loi va régler l'étendue du délai pour l'exercice du recours. On peut la formuler d'une façon plus générale et demander à quelle loi doit en droit international, être soumise la prescription extinctive des actions personnelles.

Sur la difficulté ainsi posée, il faut reconnaître avec M⁰ Labbé que toutes les solutions possibles ont eu des partisans.

Pothier (174) faisait régir la prescription par la loi du domicile du créancier. Il en donnait ce motif que la prescription dépouille d'un droit celui contre lequel elle s'accomplit, et qu'une personne ne peut être privée d'un droit que par la puissance de la loi à laquelle elle est soumise. La raison était plus spécieuse que concluante et il était facile de répondre que le débiteur, lui aussi, serait fondé à prétendre ne pouvoir être privé de son exception par une loi à laquelle il n'était pas soumis. C'était donc tourner dans un cercle vicieux ; c'était résoudre la question par la question en admettant le créancier à se prévaloir de sa qualité de créancier alors qu'il s'agissait précisément de savoir s'il était encore créancier. Aussi l'opinion de Pothier est-elle restée absolument isolée et n'a-t-elle rallié, à notre connaissance, aucun suffrage. Force est donc de rechercher les éléments de la solution dans un autre ordre d'idées et de recourir à une autre loi.

Cette loi, c'est aujourd'hui encore pour un très grand nombre d'auteurs la loi du domicile du débiteur (175). Il est, dit-on en sa faveur une règle qui remonte aux textes législatifs les plus anciens, c'est que le créancier ayant à réclamer de son débiteur l'exécution d'une convention s'adresse aux tribunaux du domicile de ce débiteur. — La prescription libératoire n'étant d'ailleurs qu'une exception et un bénéfice personnel,

(174) *Prescript.* n° 251.

(175) Bar, § 86, n° 7. — Fœlix, n° 100.— Merlin, V° *Prescription* sect., I, § 3, n° 7. — Pardessus, n° 1495.

on en conclut que la seule loi qui puisse assurer ce bénéfice est celle du domicile. Cela résulte suivant un dès considérants d'un arrêt de la Haute Cour des Pays-Bas en date du 2 avril 1874 (176) « de ce que les lois « réglant la prescription comme celles réglant l'action « en elle-même font plus particulièrement partie de « celles qui doivent protéger les habitants d'un pays « contre des actions sans fondement et sans fin, et « que l'on peut admettre aussi que cette régle a été « acceptée comme loi générale de droit interna- « tional. » (177)

Quoiqu'en disent les rédacteurs de notre arrêt, cette solution bien que comptant aujourd'hui un certain nombre de partisans est loin d'être cependant élevée à la hauteur d'un principe général de droit international En fut-il ainsi que tout ne serait pas dit sur la question puis qu'il s'élèverait de nouveaux doute quand le débiteur aurait changé de domicile depuis le contrat. Quelle loi appliquer alors ? Faudra-t-il malgré ce changement conserver empire à la loi de l'ancien domicile ? Mais alors, il est bien difficile d'en rendre une raison autre que le simple désir d'assurer la stabilité et l'invariabilité des conventions. Admettra-t-on au contraire qu'un fait purement volontaire du débiteur va pouvoir influer sur la condition du créancier et sur la durée de l'obligation ? Tombera-t-on

(176) Voir *J, droit intern. privé*, 1874, p. 141. — En ce sens : Cassat., 13 mars 1869 (S. 69, I, 49).

(177) Dans le même sens : (Cour supérieure d'Autriche, 9 juin 1868, (*Zeitschrift f. d. H.*, II, 1, 135).

dans l'arbitraire comme Boullenois qui ne permettait au débiteur de compter que les années écoulées depuis le changement de domicile quand le temps requis par la loi nouvelle était moindre que celui exigé par la loi ancienne. — Toutes ces divergences et toutes ces incertitudes montrent bien que la seule circonstance du domicile n'est pas suffisante pour servir à déterminer la loi régulatrice.

Une troisième doctrine donne préférence à la loi du lieu d'exécution et à défaut de désignation particulière à la loi du domicile, parce que c'est en ce lieu que le créancier devra recevoir son payement. La déchéance du droit par la prescription est une peine pour le créancier négligent. A quelle loi le droit de prononcer la peine si ce n'est à celle du lieu où la faute a été commise ? En quel lieu la faute a-t-elle été commise si ce n'est en celui où le créancier devait venir chercher son payement et où il a négligé de le faire ? Voilà à coup sûr une argumentation spécieuse présentée d'ailleurs d'une façon beaucoup plus séduisante par M. Troplong (178). Massé qui l'adopte (179) fait valoir en sa faveur que dans ce système qui se « dessine mieux que les autres et qui repose sur des « considérations prises sur la nature même de la « prescription, on évite les difficultés qui naissent

(178) TROPLONG, *Traité de la Prescription*, n° 38,

(179) N° 599. — M. Flach se rallie à l'opinion de M. Massé parce que c'est au lieu où le contrat devait être exécuté que le créancier devait prévoir qu'il aurait soit à porter son action, soit à faire du moins les diligences nécessaires pour interrompre la prescription (*J. dr. intern.*, 1877, p. 243).

« dans celui qui se rattache au domicile, du point de
« savoir, au cas de changement de domicile, à laquelle
« des différentes résidences successives il faut deman-
« der une règle. Car si le payement doit avoir lieu au
« domicile du débiteur, il est évident que, à moins
« de conventions contraires, cela doit s'entendre du
« domicile actuel du débiteur, du domicile où le
« payement est réclamé et que c'est alors ce domicile
« qui règle la prescription.

« Mais il a été répondu, fort justement à notre sens,
« que l'action ne s'intentait pas toujours là où le
« payement aurait dû se faire; que la loi du lieu
« d'exécution n'avait donc pas toujours sous son
« empire, l'inaction, la négligence, qui entraîne
« l'accomplissement de la prescription (180); » que
d'ailleurs, un pareil système n'évitait pas les inconvénients pratiques attachés aux précédents en raison
de la variabilité du domicile.

Préoccupés d'éviter avant tout l'incertitude sur la
durée de la prescription, nombre de jurisconsultes
se prononcent aujourd'hui pour la loi du lieu où
l'obligation a pris naissance. La vérité consisterait à
donner force au droit local de l'obligation, à la loi
qui en régit la substance. On ne peut mettre en doute,
dit-on, que la durée de l'action ne tienne à la nature
même du contrat. Quelle différence n'existe pas entre
deux obligations, quand l'action qui naît de l'une
se prescrit par trente ans, tandis que celle qui naît
de l'autre se prescrit par quelques années ou peut-être

(180) Labbé, Notes sur l'arrêt de Cass. du 13 jauvier 1869 (S. 69, 1, 49.)

quelques mois. Ne voit-on pas combien cette différence dans la durée de la prescription se rattache intimement à la nature même de l'obligation? Dès lors ne doit-on pas admettre que la durée de l'action se trouvera déterminée, précisément par la loi même qui a présidé à la formation du contrat (181)?

« Conforme à la rigueur des principes, écrit M. de
« Savigny, cette doctrine se recommande en outre
« par des motifs d'équité. En déterminent d'une
« manière absolue la loi de la prescription, elle em-
« pêche tout ce que la volonté arbitraire de chacune
« des parties pourrait entreprendre au préjudice de
« l'autre (182). » « Puisque le créancier, ajoute
« Schæffner, peut et doit s'en rapporter à cette loi,
« pour reclamer à son profit la validité de l'obligation,
« il doit aussi l'accepter lorsqu'il s'agit de poser une
« limite à cette même validité. » — Dans ce système toute incertitude sur la durée de la prescription disparaît. Tout est fixé dès la conclusion du contrat : point de changements imprévus, point de surprises pour l'une ou pour l'autre des parties. La limite est posée à l'action du créancier, dès le jour même où elle est née (183).

---

(181) Schæffner, § 87. — Norsa, *Sul conflit...* p. 68 et suiv. — Esperson, n° 32.) — Fiore, n° 295 et suiv. — Savigny, *Droit romain*, VIII, § 374, 3° c.

(182) M. de Savigny suit, relativement à la prescription, une doctrine un peu différente de celle exposée au texte. Cependant nous croyons pouvoir rattacher son systeme à celui de la loi du domicile du débiteur.

(183) *Sic.* Sénat dirigeant de Varsovie, 5, 6, déc. 1873 (*J. dr. intern.*, 1874, p. 333.) — Trib. sup. de Leipsig, 5 mars 1877 (*J. dr. intern.*, 1878, p. 627). — Alger, 18 août 1848 (S. 49, 2, 264).

Une telle doctrine possède sur les précédentes l'avantage évident de ne donner lieu à aucun équivoque pour le créancier qui connait dès le moment du contrat, la durée du temps pendant lequel il peut faire valoir ses droits. Nous ne la suivrons pas cependant par ce qu'elle repose, à notre sens, sur une appréciation inexacte de la nature et du caractère de la prescription. On dit bien que les conséquences d'un contrat, les causes de libération sont soumises à la loi sous l'empire de laquelle les parties ont placé leur contrat; ce qui est vrai. Mais on ajoute qu'il doit en être ainsi de la prescription par ce que sa durée tient à l'essence même de l'obligation : ce qui est faux. Non ! la durée de la prescription ne peut faire partie intime et intégrante dans le lien conventionnel. Il est inexact de considérer la limite fixée à l'action, comme une des clauses, une des conditions de l'obligation, et cela parce que la prescription ne dépend pas de la volonté des parties, parce qu'en cette matière il ne saurait y avoir de dérogation conventionnelle. Comment dès lors soutenir avec quelqu'apparence de raison que ce sera la loi du lieu où cette obligation a pris naissance qui la régira ? Car enfin il faut s'entendre sur cette loi. Sera-ce toujours et en tout cas celle en vigueur au lieu où le contrat s'est formé ? Personne ne soutiendra qu'il faille se référer à elle pour la prescription, quand pour une raison ou pour une autre une législation différente sera applicable au contrat lui-même. Est-ce au contraire la loi quelle qu'elle soit sous l'empire de laquelle est placée la convention. Mais on arrive ainsi à permettre à la volonté individuelle de déterminer elle-même la durée de la prescription.

L'examen attentif de la nature de la prescription extinctive et du caractère des lois qui l'élablissent conduit à reconnaitre que seule la *lex fori*, la législation du lieu même où l'action est intentée peut en fixer la durée (184). La règle de la prescription dérive d'une loi absolument impérative, car elle limite la durée des procès dans des vues d'ordre public. Ce règlement se lie à l'organisation de la justice et tient à un ensemble d'institutions dont la loi positive fondée sur l'intérêt général, est absolument souveraine. Par conséquent si on cherche à faire exècuter dans un pays un contrat passé dans un auire, tout ce qui concerne les formes de procéder et la prescription doit être décidé d'après les lois de l'Etat où le procès est pendant et non d'après celles de celui où le contrat a été passé. « La loi sous l'empire de laquelle l'action « s'exerce, la loi qui accorde un juge au créancier est

---

(184) *Sic.* Labbé, (*loco citat:*)

Sont conformes la jurisprudence constante de l'Angleterre et des États-Unis d'Amérique. — Toutefois une loi locale rendue dans l'Etat de Louisiane en 1855 porte la disposition suivante. « Lorsque l'obligation aura été « contractée aucun jugement rendu entre des personnes domiciliées hors « de l'État de Louisiane, pour être exécutée hors de cet État, et que ladite « obligation et le dit jugement seront couverts par la prescription dans le « lieu où l'obligation avait été remplie où le jugement exécuté, ils seront « également couverts par la prescription en Louisiane, lorsque le débiteur « ainsi déchargé viendra ensuite s'y établir. »

(*J. dr. intern.*, 1876, p. 129.)

Ajouter — Montpellier, 31 mars 1873 (*J. dr. internat.*, 1874, p. 29). — Paris, cassat., 4 août 1875, (id. 1876, p. 454). — Trib. supér. de Leipsig, 18 mars 1875, (id 1877, p. 243).

« celle qui doit déterminer les conditions légales de
« l'action et elle est maîtresse de fermer au créancier
« par la prescription l'accès qu'elle lui avait ouvert
« devant un tribunal... Le créancier qui sollicite
« d'une autorité une condamnation doit respecter les
« limïtes de temps où l'intervention de cette auto-
« rité est, de crainte d'erreur, renfermée par la loi de
« son institution (185) ».

74. — Une application des principes précédents au
point de savoir dans quel délai devra être exercé le
droit de recours du porteur, soit contre le tireur, soit
contre les endosseurs d'une Lettre de change, conduit
à décider que la durée de ce délai se trouvera fixée
souverainement par la loi même du lieu où l'action
sera intentée (186). Lorsque le tireur et les endosseurs
résideront dans des pays divers, il arrivera ainsi que
le délai pour agir contre les uns sera différent de

---

(185) Labbé, (*loco citat*).

(186) *Contrà*. Esperson, 33. — Massé, n° 630-631. — Norsa *Sul confl.*,
p. 62.

Pour la loi du lieu du contrat. Chambéry, 25 nov. 1864 (S. 65, 2, 96). —
Cour suprême d'Autriche, 9 juin 1858 (*Zeitschrift f. d. H.*, II. 1, 135).

Sur ces questions les rédacteurs des art. 166 du Code com. français et
252 du Code italien se sont visiblement inspiré du système qui considère
comme compétente la *lex loci contractus*. En ne déterminant le délai de
recours que pour les Lettres tirées de France ou d'Italie, ils admettent
implicitement qu'un endosseur français d'une Lettre émise à l'étranger
poursuivi en France, serait soumis quant à l'exception de prescription à la
loi étrangère. — Les dispositions des articles 78 et 79 de l'Ordonnance allemande se concilient beaucoup mieux avec les principes qué nous avons
adoptés. Leur caractère général et absolu en permet l'application à tout
garant poursuivi devant un tribunal allemand, quelque soit d'ailleurs le
lieu d'émission de la Lettre où celui dans lequel il ait signé l'endossement.

celui accordé pour agir contre les autres. Le porteur, pour conserver l'intégrité de son droit, devra ainsi les poursuivre, chacun dans les termes accordés par la *lex fori*.

Mais il ne faut jamais oublier que, même assignant un quelconque des endosseurs dans les délais légaux, il ne pourra le faire condamner qu'autant qu'en remplissant toutes les formalités nécessaires il aura conservé le droit de recourir contre le premier garant qui est le tireur. Si par sa faute, l'obligation de celui-ci vient à s'éteindre par suite de l'inaccomplissement de la condition sous laquelle elle était contractée, l'extinction de toutes les autres obligations postérieures sera une conséquence nécessaire. Les endosseurs ne sont tenus envers le porteur, leur représentant, qu'autant que ce dernier aura fait ce qu'à défaut d'endossement, ils auraient dû faire eux-mêmes pour conserver le droit à la garantie. Soit donc un effet émis dans un pays où la loi exige comme condition du recours, la constatation du refus de payement par un protêt, endossé dans un autre où cette formalité n'est pas nécessaire ; le possesseur qui se serait contenté de se conformer à cette dernière législation, voudrait en vain, même avant toute prescription, exercer son action en garantie contre son endosseur. Le défaut de protêt exigé par la loi d'émission lui ferait perdre à la fois ses droits contre l'un et l'autre de ses garants.

Cette solution n'est pas en contradiction avec celle que nous avons admise précédemment dans le cas où le protêt n'aurait pu être levé pour cause de force majeure. Lors même que le créancier se verrait tout recours fermé contre le tireur, si la loi qui régit le contrat d'endossement accueille l'exception de force majeure, le recours sera néanmoins ouvert contre l'endosseur. Il y a entre les deux hypothèses cette différence essentielle que, dans l'une, on se trouve en présence d'un porteur coupable et négligent qui par sa faute a perdu ses droits contre le tireur ; dans l'autre, en face d'un porteur diligent agissant contre un cédant qui en donnant sa signature a volontairement contracté une obligation plus étroite que celle du tireur.

75. — Au lieu d'agir par voie d'action, le porteur est autorisé par les lois et les usages commerciaux à se procurer plus rapidement le montant de sa propre créance en tirant sur son garant une nouvelle Lettre de change, appelée retraite, parce que c'est une traite en sens inverse de la première. Il fait ainsi remplir à cette Lettre un des offices les plus importants de la monnaie, puisque par son moyen il obtient du banquier auquel il la transmet, le remboursement de ce qui lui est dû et se met en demeure de faire face à ses besoins comme s'il avait été payé à l'échéance.

Nouvelle Lettre de change, la retraite devra pour être valable remplir toutes les conditions que nous avons précédemment reconnues nécessaires, soit en ce qui concerne la capacité de celui qui l'émet, soit en ce qui touche aux formes qu'elle doit revêtir. Il en résultera une singulière conséquence. Dans le pays où la remise de place en place est encore exigée pour la validité de l'effet la retraite sera impossible lorsque l'endosseur garant résidera en la même place que le porteur impayé, la remise constituant par hypothèse une des conditions de validité de la Lettre.

§ III

Objet ou Montant du Recours.

76.— De quelque façon que le porteur agisse à l'égard de ses garants, soit qu'il recoure contre eux par la voie judiciaire, soit qu'il fasse simplement retraite, il peut exiger deux choses.

1° Le remboursement du montant intégral de la Lettre.

1° La réparation du préjudice que lui fait éprouver le refus de payement du tiré.

Cette réparation consistera

(*A*) en dommages-intérêts donnés sous forme d'intérêts moratoires.

(*B*) Lorsqu'il y aura retraite, en l'allocation d'une somme représentant le nouveau change que le créancier aura dû subir. Car le porteur escomptera sa retraite au lieu où le payement devait être fait, il subira ainsi la retenue du change de ce lieu sur celui où la retraite est payable, et il la réclamera à ses garants en grossissant d'autant le montant de cette retraite. C'est ce qu'on appelle le rechange. Pour déterminer le montant régulier du recours il est donc nécessaire de rechercher quel doit être le taux des intérêts moratoires demandés ou de quelle façon doit se calculer le rechange.

77. — Lorsqu'il s'agit en droit international de déterminer le taux des intérêts pouvant être légitime-

ment demandés il faut distinguer nettement les intérêts conventionnels des intérêt dits moratoires. « La
« régle générale lorsqu'il s'agit de reconnaître la
« légitimité du taux de l'intérêt conventionnel est
« qu'il faut suivre la loi du lieu où le contrat a été
« passé. L'obligation de les servir, est évidemment un
« des effets immédiats du contrat et de l'obligation
« principale ; elle doit dès lors être soumise à la même
« loi » (187)

Mais la même régle cesse d'être applicable lorsqu'au
lieu d'intérêts conventionnels ou légaux, il s'agit
d'intérêts moratoires, représentant en deniers la réparation du dommage auquel donne lieu le retard dans
l'accomplissement de l'obligation. Il est bien vrai que
le droit de les réclamer a sa première source dans le
contrat lui-même ; mais il serait faux de prétendre
que l'obligation de servir ces intérêts est un des
effets de ce contrat. L'existence du droit de les exiger
dépend pour le créancier d'une cause nouvelle et
purement accidentelle, se manifestant ex post facto.
Cette cause c'est la mora du débiteur, le retard qu'il a
mis dans l'exécution de sa promesse. En suite l'évaluation du préjudice doit se faire naturellement sur
le pied du dommage éprouvé au lieu où l'exécution
devait se produire. C'est donc la loi en vigueur en ce
lieu qui sera seule compétente pour cette évaluation

(187) Massé, n° 616. — Fiore, n° 264. — Bar, p. 255. — Trib. de Melun,
18 juin 1874. (*J. dr. intern.*, 1875, p, 353). — Bordeaux, 22 août 1865 (S.
66, 2, 217). Cassat. 21 décemb. 1874 (*J. dr. intern.* 1874, p. 128). — Grenoble, 12 juillet 1872 (idem).

et qui par conséquent fixera le taux des intérêts moratoires exigibles (188).

Appliquée à la matière des Lettres de change, cette
solution reconnaît autorité à la loi du lieu où le
paiement devait être fait.

On a objecté qu'en se portant garant du tiré, le tireur
et les endosseurs ne s'étaient pas obligés à payer à son
défaut la somme en la place même sur laquelle la
traite était payable, que le remboursement était exigible de leur part dans le lieu seulement où leur
signature avait été donnée, que dès lors le taux des
intérêts devait être régi, quant à chacun d'eux, par la
loi en vigueur en cet endroit. Mais on oublie que ce
n'est pas au lieu où l'action en recours est intentée
que s'est produit le préjudice subi par le créancier,
que d'ailleurs les endosseurs et le tireur, simples garants du tiré, doivent strictement et exactement ce
que le retard de ce dernier l'obligera lui-même à
payer au porteur, par conséquent les intérêts au taux
fixé sur la place du payement. C'est donc la loi en
vigueur en ce lieu qui déterminera ce taux. C'est elle
également et pour les mêmes motifs qui décidera si
les intérêts sont dûs du jour de l'échéance ou du
jour du protêt.

78. — Le mode ordinaire de recouvrer amiable-
ment les sommes impayées consiste, nous l'avons dit,
dans une retraite tirée par le porteur sur son garant.

(188) MASSÉ, n° 620. — FIORE, n° 266, 267. — ESPERSON, n° 42. — BAR,
page 113.— Cour suprême de Suède, 30 décembre 1875 (*J. dr. intern.*, 1877.
p. 191).

Outre le montant de la créance primitive et les frais déjà faits, le porteur a le droit de réclamer des dommages-intérêts sous forme de rechange. Sur ce point, toutes les législations sont d'accord. Mais elles se séparent lorsqu'il s'agit de déterminer si, en présence de plusieurs rechanges successifs, les frais de ces rechanges se répartiront entre les divers garants actionnés, ou bien au contraire s'ils pourront se cumuler sur un seul d'entre eux, le tireur.

Les lois d'Angleterre, des États-Unis d'Amérique, de l'Allemagne, de l'Autriche et du Danemarck (189), suivent ce dernier système et admettent ce qu'on a appelé le cumul des rechanges. Dans ce cas, l'endosseur, dernier en date, rembourse au porteur le nouveau change payé par lui pour la retraite ; puis en recourant contre son propre cédant il lui met en compte, outre le rechange qu'il a payé au porteur, celui que lui-même a dû subir pour effectuer retraite contre cet endosseur, et ainsi de suite. On arrive enfin au tireur, premier obligé, sur lequel retombent en dernier lieu tous les rechanges payés pour les diverses retraites causées par le non payement de la Lettre qu'il a mise en circulation.

Les législations françaises, espagnoles, portugaises, hollandaises et russes repoussent au contraire le cumul des rechanges. Le législateur n'y a pas voulu grever le dernier garant outre mesure. Chaque endosseur, ainsi que le tireur, ne voit qu'un seul rechange porté au compte de retour.

<hr>

(189) Hoechster et Sacré, p. 627, 628.

Lorsqu'une lettre émise, puis endossée sous l'empire d'une législation suivant le premier système, aura ensuite circulé dans des pays où le cumul n'est pas admis, une question fort délicate sera celle de savoir comment, pour chacun des garants, devra se régler le compte de rechange.

Suivant M. Pardessus, la réponse devrait être cherchée dans la loi du lieu d'émission. Si donc on suppose la Lettre émise dans un pays où le cumul est autorisé, quelle que soit ensuite sa circulation, ce cumul serait en tous cas, possible contre chacun des endosseurs. Le cumul des rechanges, fait observer cet auteur, est la conséquence de l'autorisation donnée par le tireur de négocier la Lettre à ses risques et périls, en quelque lieu que ce soit. Chaque endosseur a donné pouvoir semblable à tous ceux qui lui succèdent; mais en même temps chacun, ajoute-t-il, a garanti toutes les obligations du tireur. Elles existent donc aussi bien et dans les mêmes termes pour les endosseurs que pour lui-même. Ces derniers doivent comme lui supporter le cumul des rechanges lorsque la loi du lieu d'émission l'y astreint (190). — Il y a dans ce système une part de vérité et une part d'erreur. Il est vrai que le tireur et les endosseurs s'engageant sous l'empire d'une loi autorisant le cumul ne pourraient se refuser à le subir; mais il est faux que la

---

(190) M. Nouguier (II, n° 806) donne autorité à la loi du lieu où l'effet est payable. — Il cite à l'appui de son opinion un arrêt de la cour de Gênes du 17 août 1811 (S. V. 13, 223). Ce système analogue à celui proposé par M. Pardessus ne diffère de ce dernier qu'en ce qu'il considère le lieu d'exécution comme étant celui où le contrat doit être réputé s'être formé.

même obligation s'impose aux garants qui ont contracté sous l'égide d'une législation différente. En décidant autrement, M. Pardessus méconnaît absolument le principe de l'indépendance des divers engagements qui se succèdent en matière de change. Il est inexact de prétendre que les obligations du tireur deviennent nécessairement les obligations de l'endosseur. Car il est incontestable que la garantie assumée par ce dernier peut être moins étendue, puisqu'il peut même n'en assumer aucune. Cette restriction pourra résulter d'une clause spéciale ; mais elle résultera aussi de ce que chaque endosseur est présumé avoir promis seulement ce que fait supposer la loi du lieu où l'endossement a été signé. Qu'en conclure, sinon que le cumul ne sera possible contre un quelconque des garants qu'autant que la législation sous l'empire de laquelle il s'est engagé l'autorisera. Soit donc une lettre émise et endossée en Allemagne, où le cumul des rechanges est autorisé : elle circule en France puis y est protestée. Le porteur français ayant fait retraite sur un premier endosseur français et celui-ci agissant de même contre son propre cédant également français, devra se conformer à la loi française et ne pourra réclamer de ce cédant qu'un seul rechange, celui occasionné par sa propre retraite. Mais il en sera tout autrement quand le dernier garant français agira en garantie contre son cédant, tireur ou endosseur allemand, et rien ne s'opposera à ce qu'il réclame de lui à la fois, et le change qu'il a dû payer à son cessionnaire français et celui occasionné par sa propre retraite. De cette sorte, le tireur allemand ne supportera en définitive, que les rechanges qui, suivant la loi allemande, devaient demeurer à la charge des garants allemands (191). En résumé, pourront seuls donner lieu au cumul des rechanges, les endossements passés successivement sous l'empire d'une loi autorisant ce cumul.

79. — Outre le recours régulier et normal qu'il peut exercer contre le tireur et les endosseurs, le créancier pourra quelquefois également bénéficier de la garantie supplémentaire offerte et fournie au profit de l'un quelconque des obligés par un donneur d'aval. A propos de l'action intentée contre le nouveau garant, des difficultés pourraient s'élever sur l'existence même et l'étendue de l'obligation par lui souscrite.

En ce qui concerne l'existence de l'engagement, la solution devra être cherchée dans les règles générales, constatées souvent déjà dans le cours de cette étude. Quant à la substance même de l'obligation, à son étendue, aux effets qu'elle est destinée à produire, une dérogation aux principes généraux est ici nécessaire. Il semble bien tout d'abord que la loi du lieu où le donneur d'aval a souscrit son obligation, doive être souveraine. Cependant une telle solution ne saurait s'accorder avec la nature de l'engagement pris par le garant. Cet engagement est une véritable fidéjussion. Celui qui l'a souscrit a par le fait même promis l'accomplissement de tout ce à quoi pouvait être tenu l'obligé principal. Le donneur d'aval doit prendre exactement la place de celui qu'il a garanti ; les obligations de l'un et de l'autre doivent être absolument

(191) Bar § 86. — Dans un sens un peu différent voyez Massé, n° 622.

identiques. Pour qu'il en soit ainsi, il est nécessaire qu'elles soient régies par la même loi ; et comme il est de règle incontestable que l'accessoire suit le principal, cette loi devra être celle qui gouverne l'engagement du garanti. C'est donc la législation applicable à l'obligation du tireur, de l'endosseur ou du tiré, qu'il faudra consulter pour déterminer l'étendue et les effets de la garantie fournie par le donneur d'aval, suivant que celui-ci sera intervenu pour l'un ou pour l'autre de ces contractants. Concluons-en que l'action à exercer contre l'intervenant, ne pourra jamais l'être efficacement qu'autant qu'elle sera encore possible contre le garanti (192).

80. — A tout ce qui concerne l'exécution des obligations souscrites par voie de change, il convient de rattacher en dernier lieu les questions relatives à l'application de la contrainte par corps. — Ce moyen rigoureux d'arriver à l'exécution des obligations soit civiles, soit commerciales, est aujourd'hui abandonné par la plupart des législations. Il a été supprimé en France par la loi du 22 juillet 1867, en Suisse par l'art. 59 du nouveau statut fédéral du 9 mai 1874, en Belgique par la loi du 27 juillet 1871, en Angleterre au moins partiellement, en Italie et enfin en Allemagne. Cependant on le trouve encore maintenu dans d'autres pays pour assurer l'exécution des obligations soit civiles, soit commerciales.

Les anciens auteurs déjà s'étaient demandés quelle loi il faudrait appliquer quand, émise sous l'empire d'une législation répudiant la contrainte par corps,

(192) FIORE, n° 351.

une lettre se trouverait payable en un lieu où cette voie de rigueur serait admise et réciproquement. En général, on était d'accord à reconnaître autorité à la loi du lieu de payement. Cette solution doit encore être admise aujourd'hui (193). Elle se justifie d'ailleurs par cette considération absolument péremptoire, savoir que les lois qui interdisent l'emprisonnement pour dettes sont d'ordre public. Le juge du pays dans lequel elles sont en vigueur ne pourra donc en aucun cas autoriser cet emprisonnement quelles que soient, d'ailleurs, les dispositions de la législation sous l'empire de laquelle l'obligation a été souscrite.

Une disposition expresse insérée dans le contrat ne saurait davantage sortir ses effets.

Cependant on peut se demander quel serait le sort d'une convention par laquelle le citoyen d'un pays où une loi expresse interdit aux nationaux de s'obliger par corps, aurait contracté à l'étranger une obligation de ce genre. Il est évident tout d'abord, que l'exécution de la convention serait vainement demandée, soit dans la patrie du débiteur, soit dans tout autre pays n'autorisant pas l'emprisonnement pour dettes. Mais la difficulté est plus grande si ce débiteur était poursuivi devant les tribunaux d'un pays où l'arrêt pour dettes soit encore en vigueur. Faut-il voir dans la défense édictée de se soumetttre conventionnellement à la contrainte par corps une règle constitutive du statut personnel, et comme telle pouvant être

(193) Massé, n° 633. — Esperson, n° 64. — Chambéry, 29 janv. 1873. (*J. dr. intern.*, 1874, p. 307)

invoquée dans quelques pays et envers qui que ce soit?
Une telle décision sera peut-être rigoureuse. Elle semble cependant la plus conforme à la nature même
d'une interdiction qui règle en définitive, une question de capacité où d'incapacité. M. Massé objecte, il
est vrai, qu'elle ne s'applique pas à l'état universel de
la personne comme la détermination de la majorité,
qu'elle repose au contraire sur une loi particulière et
exceptionnelle dont l'étranger n'est pas toujours à
portée de s'instruire. — Nous ne voyons pas cependant en quoi une loi interdisant à tous les nationaux
d'un Etat de se soumettre conventionnellement à la
contrainte par corps, doit être considérée comme
moins générale que toute autre disposition réglant en
quelque point la capacité de la totalité ou d'une partie
des citoyens d'un pays. L'interdiction fut-elle restreinte
à certains cas déterminés que le caractère de généralité
de la disposition législative n'en serait pas de ce fait
entamé, puisqu'il demeurerait toujours vrai qu'elle
s'applique à la totalité des nationaux. Quoi qu'on
fasse il faut bien reconnaître qu'il y a là une question
de capacité civile. La loi qui la tranche, appartenant de
ce fait au statut personnel, s'impose donc en tous
lieux aux citoyens de l'Etat qu'elle est destinée à
régir. Peu importe d'ailleurs quelle est la nationalité
du créancier, qu'il soit compatriote du débiteur ou
étranger, qu'il ait connu ou ignoré la capacité de son
cocontractant à cet égard. La maxime « *nemo ignarus*
« *esse debet conditionis ejus cum quo contrahit* »
reste toujours vraie tant que des machinations frauduleuses n'auront pas été employées pour faire croire
à une capacité fictive.

CONCLUSION

L'étude de ces questions si nombreuses soulevées constamment en matière internationale devant les tribunaux de tous les pays par la circulation des effets de commerce, ne peut qu'affermir en nous cette idée qu'une loi de change générale est aujourd'hui nécessaire. Les relations commerciales plus que toutes autres ont besoin de sécurité; cette sécurité, elles ne la rencontrent pas en matière de change. L'unité de jurisprudence internationale est loin d'exister; les tribunaux d'un même pays se déjugent à de courts intervalles; on ne trouve aucune règle fixe, tout est livré à la discussion et à l'incertain. Il y a là un mal auquel il faut un remède, et ce remède ne peut être autre qu'une loi de change générale. Pour arriver à ce résultat il faudrait d'abord que l'on se soit complètement accordé sur le véritable caractère de la Lettre de change, que l'on ait franchement reconnu ou abandonné soit les idées modernes, soit les idées anciennes. Mais cet accord est-il donc si difficile à réaliser? Les Etats de l'Allemagne ont prouvé le contraire en 1848, les cantons suisses sont sur le point d'en faire autant. Chaque jour des conventions postales, télégraphiques, des unions douanières, des traités relatifs à la propriété industrielle, littéraire et artistique, à l'assistance judiciaire se concluent entre les nations. Ne peut-il en être de même en matière de change? La chose est d'autant plus facile que, les intérêts sociaux étant à cet égard les mêmes chez tous les peuples, la réforme demandée ne soulèverait aucune de ces questions religieuses ou politiques si fécondes en dissensions internationales. Ici, peut-être plus qu'ailleurs, le terrain est admirablement préparé pour une union des peuples commerçants. L'association pour la réforme du droit international, où se rencontrent les jurisconsultes les plus éminents de toutes les nations civilisées, a discuté et préparé dans les congrès de Brême et de La Haye un projet de règlement général en matière de change. Pourquoi la France, toujours si féconde en grandes conceptions, ne prendrait-elle pas l'initiative d'une réforme dont la réussite serait un progrès nouveau dans la voie de l'union et de la concorde entre les peuples?

TABLE DES MATIÈRES

—

SECTION I.

ACCEPTATION.

SECTION II

DE L'ÉCHÉANCE

SECTION III

DU PAYEMENT DE LA LETTRE

SECTION IV

DES RECOURS

§ Ier

Nature du droit de recours.

§ II

Conditions de l'exercice du recours

§ III

Objet ou montant du recours

POSITIONS

DROIT ROMAIN

I. — La mise en gage d'une chose frugifère n'emporte pas engagement tacite des fruits qu'elle produit.

II. — Le mari est en tous cas, dans la législation romaine, propriétaire de la dot.

III. — Lorsque plusieurs créanciers ont reçu du même débiteur, hypothèque sur les biens présents et à venir, ils doivent tous venir au même rang quant aux biens acquis après la dernière constitution.

IV. — Le *bonæ fidei possessor* n'acquiert sur les fruits un droit irrévocable que par la consommation.

HISTOIRE DU DROIT

Sous l'ordonnance de 1673 les endosseurs étaient garants de l'existence de la provision.

DROIT CIVIL

I. — Les contrats constitutifs de rentes viagères au profit et sur la tête de deux époux, avec clause de réversibilité en faveur du survivant, sont valables en leur entier et sont à l'abri de toute révocation.

II. — L'article 8 de la loi du 23 mars 1855 est applicable aux héritiers mineurs d'un pupille, alors même que ces héritiers sont eux-mêmes non en tutelle, mais sous l'administration légale de leur père, en vertu de l'article 389 du Code civil.

III. — Lorsqu'une succession est acceptée purement et simplement les créanciers et légataires à terme ou conditionnels du défunt, ne peuvent, pour le payement de leurs créances ou de leurs legs, exiger de l'héritier des garanties qu'il ne serait pas obligé de leur fournir aux termes de leur contrat ou du testament du *de cujus*.

IV. — La femme mariée étrangère n'a pas, en France, d'hypotèque légale sur les biens de son mari.

V. — Lorsque deux époux sont mariés sous le régime dotal, le remploi ne peut plus être utilement effectué après la dissolution du mariage.

DROIT COMMERCIAL

I. — Au cas de faillite du tireur, le porteur a un droit exclusif sur la provision existant entre les mains du tiré.

II. — Le failli concordataire peut valablement s'engager envers un ou plusieurs de ses créanciers, à leur payer la somme dont leurs créances ont été réduites par le concordat.

PROCÉDURE CIVILE

L'opposition est interruptive de la prescription. encore bien qu'elle n'ait pas été suivie d'une demande en validité conformément aux articles 563 et 564 du Code de procédure.

DROIT CRIMINEL

I. — Le droguiste, vendeur de fuchsine préparée sous le nom de caramel à vin peut, sur ce seul fait, être condamné comme complice en matière de falsification de vin par la fuchsine.

II. — La commission des gardes particuliers prend fin par la mort du commettant.

DROIT ADMINISTRATIF

Le droit, reconnu à l'administration, d'autoriser d'office les dons et legs faits à une commune, et en général à un établissement public, comprend le droit de réduire d'office la libéralité et doit logiquement embrasser le droit de refuser d'office.

DROIT INTERNATIONAL

Lorsqu'une obligation est souscrite à l'étranger, entre étrangers, la convention de tenir compte de l'agio, c'est-à-dire de la différence du change entre le papier et la monnaie métallique, doit être considérée comme valable même dans le pays où doit se faire le payement alors même que le cours forcé de titres fiduciaires y a été décrêté.

Vu :

Nancy, le 15 décembre 1880.

LE PRÉSIDENT DE LA THÈSE,

ERNEST DUBOIS.

Vu :

Nancy, le 16 décembre 1880.

Pour le Doyen absent,

LE PLUS ANCIEN PROFESSEUR,

A. LOMBARD!

Vu et permis d'imprimer :

Nancy, le 27 décembre 1880.

LE RECTEUR,

M. MOURIN.